GOAT

UNA HISTORIA DE LA PITIPEDIA

¿Quién es el mejor: Jordan o LeBron?

PITI HURTADO & ANTONIO PACHECO

Primera edición: junio de 2024

Printed in Spain – Impreso en España

ISBN: 978-84-19743-95-4
Depósito legal: B-7845-2024

Compuesto en Grafime, S. L.

Impreso en EGEDSA
Sabadell (Barcelona)

RE 43954

DE PACH:

A Nil, mi jugador favorito y mi persona favorita.
A Marta, GOAT de la belleza, el talento y la elegancia.
A Álex, que, una mañana de otoño, tiró a canasta y dio al aro, convirtiéndose con todo merecimiento en la estrella deportiva de la familia.
A Julio, por reinstalar nuestra canasta cada vez que se nos iba la mano en los concursos de mates con pared.

DE PITI:

A Manolo Hurtado, que se fue sabiéndolo.
A Magic Johnson, que abrió el camino. Con una sonrisa.

ÍNDICE

PRÓLOGO/*DISCLAIMER*

Esto del GOAT —fabuloso acrónimo de *Greatest Of All Time*— es cuestión de gustos. Por nuestra parte, nos vemos obligados a comenzar este volumen con un *disclaimer* gigantesco: creemos que Magic Johnson es el mejor jugador de todos los tiempos. Qué le vamos a hacer, somos de los Lakers de toda la vida. Magic se instaló en nuestros corazones cuando empezábamos a disfrutar de este juego, y no hay ninguna Alteza Aérea ni ningún Rey que nos quite tal sentimiento. En nuestra imaginación de chavales, la sonrisa de Magic es sinónimo de diversión, de baloncesto-espectáculo, de pases inverosímiles, de *baby skyhooks*, de contraataques finalizados por Worthy, de besos con Isiah, de choques de manos con Kareem. Y de ganar, ganar y ganar. Es la magia de nuestro deporte.

Esta ventaja con la que salimos de serie nos permite discutir con mucha más objetividad el peso de Michael Jordan y LeBron James en la historia del baloncesto. O eso creemos. El amor que sentimos por Magic no nos impide ver el bosque por el que solo corretean los dos candidatos a ser nombrados GOAT. Ambos son, objetivamente, mejores que nuestro favorito. Pero sobre el corazón no manda la razón.

Es evidente que ambos merecen que la discusión sobre quién es el mejor jugador que jamás haya pisado una cancha se centre en ellos. Michael Jordan: la competitividad feroz, la inquebrantable ética de trabajo, el instinto ganador, la facilidad para elevar el nivel en los momentos críticos, la gracilidad, la plástica, la excelencia física. LeBron James: el dominio del juego, la visión panorámica, el cuerpo soñado, la capacidad atlética inigualable, la longevidad imposible, el liderazgo desde la generosidad, la responsabilidad en los últimos segundos, la potencia, la habilidad, la aceleración, el destrozo.

Pero nuestro análisis no se limitará a estas prestaciones sobre la cancha, que, dirán ustedes, son lo único que realmente importa. «Yo soy yo y mi circunstancia, y si no la salvo a ella, no me salvo yo», escribía José Ortega y Gasset. Pensamos que la circunstancia tan compleja de estos ídolos influye tanto en sus carreras como en la percepción que el público tiene de ellas. Los astros de esta magnitud viven rodeados de una serie de satélites que multiplican o difuminan su acción en el parquet, y resulta interesante conocerlos y debatir sobre ellos.

Por eso, aquí escribimos acerca de lo requetebuenísimos que son con el balón en las manos y lo potentes que pueden ser cuando se ponen a defender, pero también de escuderos de lujo como Pippen o Wade, y de no tanto postín como Rusty LaRue o London Perrantes, elegidos, ni falta hace decirlo, por su *naming*. Analizamos su impacto como hombres-anuncio. Medimos la influencia de los distintos entrenadores en su desarrollo como estrellas. Juzgamos la belleza de sus zapatillas y su habilidad como *entrepreneurs*. Desgranamos las razones de sus fracasos más estrepitosos. Comparamos sus contribuciones al baloncesto FIBA. Incluso nos da tiempo a hablar sobre Leonardo Sbaraglia, Neznad Sinanović, Collado Villalba, Tractor Traylor, la diosa Niké de Samotracia, Antonio

Díaz-Miguel, las tortillitas de camarones, Virgil Abloh, el Llagar Begoña-APS Fisioterapia CB Barrio de la Arena, Rick Rickert o *Space Jam*, entre otros asuntos de obligado conocimiento para poder responder con los argumentos necesarios a la gran pregunta:

¿Quién es el mejor jugador de baloncesto de todos los tiempos?

☐ MICHAEL JORDAN
☐ LEBRON JAMES

Si le apetece, marque su respuesta antes de comenzar a leer este libro. Se lo preguntaremos también al final, por si ha cambiado algo tras ingerir los quince capítulos. En cada uno de ellos, los autores daremos nuestro veredicto sobre el tema en cuestión y las victorias (o derrotas) parciales.

EL GOAT
Y EL JUEGO

1

EN ATAQUE

Anotar: puntos, puntos y más puntos

Antes que nada, pero después de todas las canastas que han metido, Jordan y LeBron son los dos grandes anotadores de la historia de este deporte tan antropológicamente excluyente, donde solo los más altos dotados de la máxima psicomotricidad y del físico más completo pueden soñar con ser los mejores en anotación. Sin ninguna duda. Por cercanía al aro, por habilidad frente a la oposición defensiva y por resistencia. Ellos dos. Seguro que se les ocurren un montón de nombres de líderes de anotación, pero ninguno alcanzó la perfección ofensiva de nuestros protagonistas.

No son los mejores tiradores de largo rango. De hecho, es un apartado del juego en el que fueron progresando a diferente velocidad. Tampoco son los mejores posteadores cerca del aro, pero seguramente sí de los más hábiles entre todos los que nunca recibieron la etiqueta de pívot. Aunque LeBron se ha ganado el derecho en el baloncesto actual no solo de evitar que lo coloquen en una posición fija, sino de cambiar el método de elección de los quintetos de los All-Star.

James es el jugador que más puntos ha anotado en la historia de la NBA; Jordan es el jugador que más puntos ha anotado de media por partido en la historia de la NBA. Anotadores, metedores, *killers*, depredadores del aro, finalizadores natos con tendencia a sentir un reto cada vez que el partido colocaba en sus manos la bola y delante de ellos a un defensor con ganas de impedir que salieran victoriosos. Lo que te hace ganar un partido en este bendito juego que creó el doctor Naismith es meter más puntos que el rival. Por tanto, la discusión sobre quién ha sido el mejor anotador entre ambos marca el inicio de la batalla por el título del jugador más grande de la historia. Es la esencia del juego. Para eso tienes el balón en la mano, para que caiga por el aro y roce la red como primera opción. Luego ya hablaremos de pasarla. O de no pasarla.

Sabemos que le gustaría que nos acordáramos de Wilt Chamberlain y su promiscua relación con el aro (y con la vida). O del gancho del cielo de Kareem y su récord batido, longevidades paralelas. O de la suma de puntos ABA y NBA del Doctor J. o de Kobe. Pero no, usted compró este libro para leer sobre LeBron James y Michael Jordan.

Botar

Comenzamos con el primer factor que los diferencia. Michael Jordan fue un muy buen driblador, y, aunque no alcanzó el nivel de destreza en el arte malabar de Kyrie Irving, sí que aunó el uso del bote fuera del cuerpo con la efectividad en el avance mediante el *dribbling* («regate» en el reglamento castellanizado), gracias a una flexibilidad portentosa.

Contraponemos tal elasticidad con la potencia de progreso hacia el aro de LeBron. El de Ohio es un cuerpo totalmente centrado en botar camino del aro con una fluidez en movimiento que experimenta un empuje horizontal hacia delante y hacia arriba, igual al peso de los rivales y al oxígeno desalojados en su trayectoria.

Si Arquímedes nos ayuda a explicar esa fuerza del bote y de la penetración, en *GOAT* somos así y será Silvio Rodríguez quien nos apoye —sin saberlo— para expresar lo que sentimos ante la decisión de bote y salida de Air23: «Elevó los ojos, respiró profundo, la palabra cielo se hizo en su lengua y, como si no hubiera más en el mundo, por el firmamento pasó Michael Jordan, vals del equilibrio, cadencia increíble».

El concepto *hang time* mide el tiempo que un jugador permanece en el aire tras saltar para anotar o pasar el balón. Si perteneces al gremio del común de los mortales, al saltar ejerces una fuerza que te permite elevarte en el aire, de promedio, durante 0,53 segundos. En el concurso de mates de 1987, MJ duplicó esta cifra al elevarse poco más de un metro sobre el suelo. Físicos tiene la ciencia, y ellos certifican que si ese All-Star Weekend se hubiera celebrado en la Luna, Jordan hubiera alcanzado los seis metros de altura, con casi seis segundos de *hang time*. Para imponerse a Jerome Kersey en la final, su mate llegó tras un vuelo sin ninguna turbulencia que le mantuvo 0,92 segundos en el aire. Menudo *bote*.

Conocemos a adolescentes ochenteros que tenían sueños (no de esos bonitos que se idealizan y se recuerdan al despertarte, sino de los que hacen que te levantes de la cama medio sudado) con la jugada que definió al primer Michael en la NBA. Un partido de playoffs de 1986. Un uno contra uno con Larry Bird en la parte derecha del campo de ataque. En el Boston Garden, palabras mayores. Jordan trata de ir hacia la línea de fondo, pero el Pájaro lo detiene. Esto genera una respuesta automática de tres botes eléctricos, pero absolutamente acompasados, por debajo de las piernas y una suspensión perfecta desde media distancia. Uno de los principales estímulos de la frase que pasó a la historia en el *canutazo* de vestuarios: «Hoy Dios se ha disfrazado de Michael Jordan». Su autor, el defensor de esa jugada, una de las voces más autorizadas del mundo del baloncesto: Larry Bird. Esos dos puntos formaron parte de la barbaridad total de 63 que llevaron a Chicago Bulls a forzar la prórroga en casa de los orgullosos verdes. Era un 20 de abril. El mismo día, unas décadas antes, nació Boza Maljković, el entrenador yugoslavo que consiguió una Copa de Europa dirigiendo a un Limoges que anotó solamente 59 puntos en la final, cuatro menos que Michael Jordan la noche del cumpleaños de Boza. ¿Es el mismo deporte?

La leyenda de los Bulls tenía un bote de derecha duro, rítmico y letal en carrera, que acompañaba con dos movimientos parecidos, pero diferentes. Uno consistía en envolver la bola, lo que sus compatriotas llaman *in & out*; esto es, fintar con su pierna y cadera izquierdas, para rectificar la trayectoria del bote a derechas, acompañado de un cambio de ritmo supersónico. El que se enfrentaba a él con la inocente intención de pararlo se quedaba tres metros atrás, y el último hombre que hacía la ayuda, con Jordan en ventaja (y sin ella), sabía que en el momento de saltar compraba casi todas las papeletas para salir en el póster central de *Gigantes del Basket, Giganti del Basket*, *Géants du basket* o *Basketball-Giganten*. Vamos, que se hacía famoso por cometer la imprudencia de estar en el lugar equivocado con los pies en el aire.

El segundo movimiento es el *stutter step*, o paso tartamudo. No, no vamos a hacer alusión a ningún chiste de esos que han envejecido tan mal en los casetes del humorista Arévalo que inundaban las gasolineras patrias, sino a esos pasos cortos que se usan en deportes como el boxeo o el tenis para equilibrar el cuerpo antes de la pegada o el golpeo. Nuestro número 23 los empleaba para acercarse al defensor (recordemos que le flotaban porque, a mediados de los ochenta, casi nunca se tiraba el triple tras bote); entonces, desde esa duda creada, se iba a derecha y acababa, tal vez, con un mate, o se iba a izquierda y ejecutaba un tiro de media distancia.

En algún periodo al principio de su carrera, Michael Jordan fue utilizado como base. Predominaba su manejo con la derecha, pero, con el tiempo, aprendió a dosificar botes y empezó a emplearlos con más limpieza en los momentos previos al posible *fade away* (traducción directa: desvanecerse, irse hacia atrás), para acabar en un lanzamiento que provocaba el desmayo de los aquejados por el síndrome de Stendhal baloncestístico.

Para LeBron James, librarse de la monserga de que solo es un jugador de físico prodigioso se ha convertido en misión más que imposible. Incluso resulta impopular afirmar que tiene una buena conducción de balón, hasta cierta finura. Todo se analiza bajo el crisol del volumen de tórax que protege el motor de esta máquina humana. Por cierto, nos contó Berni Rodríguez —campeón del mundo de baloncesto con España en 2006 y campeón de ser un tipo normal pese a todo lo ganado— que, cuando nuestra selección se enfrentó a Estados Unidos en 2008, al ver sus hombros y su torso de lejos pensó: «¿Por qué este hombre usa una camiseta dos tallas por debajo de la que debería?». Al irse acercando para defenderle, notó que la distancia desde el punto más alto de la pechera hasta el omóplato era sobrehumana. En el patrón de medida de la tierra de Berni, a King James le caben muchos espetos ahí dentro.

Si LeBron bota a izquierdas, llegará un remolino de reverso que le devuelva a la derecha. Durante muchos años, ese despliegue de energía le permitía salir de las situaciones de ventaja más exigua con posibilidades para una volcada de aro. Si James fuera una presa y central hidroeléctrica, estaría abriendo compuertas constantemente, porque su capacidad está siempre por encima del 80 por ciento y es bueno que alivie caudal. Porque el desborde ya lo pone él mismo.

Si LeBron bota a derechas, suele tener más alternativas. Se presentan otras salidas distintas al camino directo al aro, el carril central y los defensores saltando a la cuneta, lo que hemos visto mucho de adolescente, en su primera, segunda y enésima juventud. También hay en el repertorio un tiro de paso atrás, algo oblicuo, pero muy equilibrado.

Cuando el Elegido se siente presionado, puede usar botes de distinto tipo. Su gran capacidad competitiva le impulsa a no renunciar a tal presión. Todo lo contrario, él quiere el balón en las situaciones más comprometidas y para ello luce un buen *dribbling,* por técnica y por jerarquía.

Pasar

Nuestros dos contendientes por ser la CABRA (*best* acrónimo *ever*) siempre podían tirar al monte, como reza el dicho popular. Anotar los coloca en la peña más alta, pero entendieron en todo momento que ganar implicaba implicar. Tal vez influidos por la oración por la paz de Francisco de Asís, «porque dando es como se recibe», o quizá por la letra y música de los Beatles: *With a little help from my friends.*

Jordan y James tienen una media de presencia en cancha casi idéntica, unos treinta y ocho minutos por partido. Sin embargo, a la hora de meter puntos, el mito de los Bulls le saca tres al de los Cavaliers/Heat/Lakers. No obstante, en la métrica de las asistencias, el actual jugador de Los Ángeles (o no, depende de su hijo y del momento en que se lea este libro) reparte dos pases de canasta más cada noche. Y asume con más naturalidad el papel de director de orquesta, el control táctico del juego. Incluso cuenta con memoria eidética, que sería algo parecido a la fotográfica: la supuesta habilidad de recordar imágenes con niveles de detalle muy precisos. La reserva de recuerdos de jugadas de

LeBron le lleva a tomar decisiones muy rápidas con el pase. Muchas veces a partir de ángulos y espacios, pero dando peso también al cálculo en tiempo real de las habilidades de sus compañeros, los potenciales receptores de sus pases.

El fenómeno de Akron no solo es un gran asistente, sino que valora el pase como la base de un juego mejor. Por sus fracasos y éxitos con el Team USA, además de por coincidir con jugadores como José Manuel Calderón, sus reflexiones laudatorias sobre un baloncesto inteligente son aclamadas en este huso horario, que, por otro lado, a menudo desprecia erróneamente una forma más directa de jugar al básket. Es contradictorio que te guste que te piropee uno de los mayores representantes de ese baloncesto que desprecias… «They don't produce guys who don't have high basketball IQ». Ellos no crean jugadores que no tengan una gran inteligencia baloncestística, dijo, en referencia a la llamada ÑBA, la selección española.

El concepto *point forward* parece estar acuñado a la medida de las cualidades de James. Las posiciones modernas no se encorsetan en las cinco genéricas; podemos definir bastantes más en consonancia con las características de cada jugador. Y LeBron James, precisamente por ese dominio del pase en muchas de sus variantes técnicas, es el perfecto *point forward*. Larry Bird fue su antecesor en esta suerte cuando le pidieron anotar menos y pasar más. Pippen, más de lo mismo.

Para ser un buen pasador, la estatura y la fuerza de tus antebrazos son un valor añadido que no paga aranceles, que asegura envío de buenos paquetes a su destino, sin necesidad de paradas. Así puede pasar más lejos y más rápido que cualquiera. LeBron cumple también en esto. Un grandísimo generador de juego para sus compañeros. Podríamos asegurar que, contando con peores escuderos que Jordan, consiguió que muchos de ellos brillaran más de lo esperado y le ayudaran a competir gracias a su capacidad táctica de lectura del juego. Este hecho condicionó las filosofías que pudieran imponerle.

Mucho antes de que James Harden dijera: «No soy un jugador en un sistema, yo soy el sistema», LeBron ya era un jugador sobre el que resultaba imprescindible adaptar todo lo que pasaba a su alrededor, por su forma de jugar y pasar la bola, lo cual engrandece su figura, pero empequeñece a cada entrenador que le ha dirigido.

Michael Jordan era un buen pasador que fue entendiendo el juego colectivo, pero que tenía un mandato interno que le empujaba a sentir el pase como un fundamento por respetar, pero siempre en segundo lugar. Dean Smith y Phil Jackson le ayudaron a conectar con sus compañeros. Sus mejores asistencias a menudo eran el último recurso de un ataque que apuraba el final, y tener a su lado a bases tiradores del mismo biotipo (Paxson, Kerr) le permitió casi clonar dos pases de canasta que fueron definitivos para ganar campeonatos.

Fintar

Pocos saben que Michael Jordan es un ser humano con unas manos especialmente grandes, incluso para una persona que medía cerca de dos metros. Lo escribimos en pasado porque todos menguamos un poco, por la edad y por esa maligna ley de la gravedad que nos tira hacia abajo. Usted ya no mide lo que asegura que mide, esa talla es de hace más de veinte años. Lo sentimos.

Tanto Su Alteza Aérea como Julius Erving —el ídolo estético de Jordan, con su elegancia y juego volador— son los dos exteriores con manos más grandes de la historia de la NBA. Otros jugadores como Marjanović, Shaquille o Connie Hawkins los superan, pero son *centers*. No es casualidad que ambos sean dos de los mejores matadores de siempre. Cada uno de nosotros hicimos mates increíbles en el marco de la puerta de nuestra habitación con una pelota de tenis, controlada al cien por cien…, hasta la tercera venida del aviso patriarcal o de la zapatilla matriarcal.

Jordan utilizó esa ventaja de la mano *oversized* en el control del bote y en el equilibrio en tiro, pero cuando realmente nos dejó perplejos fue con esas fintas de pase a una sola mano. Parecía que tenía una naranja adherida con Loctite, enviaba al rival a mirar a otro lado, para luego acometer un mate tremendo por la línea de fondo. Él mismo lo define como *wide thumb*, un pulgar muy ancho que le permitía un agarre excelente para fintas en seco con el brazo extendido. Una técnica muy poco vista en la historia del baloncesto, acompañada de un nuevo cambio de ritmo y el inminente vuelo al aro. Si la *posterización* se convirtió en la forma casi normalizada de sometimiento al juego del escolta, la *desgeolocalización* que producía su finta de pase a una mano fue otro modo incluso más cruel para el rival (si era pívot, ni te cuento), porque salías de ese movimiento con el cuello mirando al lado equivocado mientras se ejecutaba otro bello mate que solo podrías ver por televisión, pese a tener entrada de pista.

Recordamos un pase de James del mismo concepto (tampoco tiene manos pequeñas, precisamente...): en un Cavaliers contra Lakers, finta con la mano extendida al lado izquierdo donde se quedaba solo Kyle Korver, fija la atención de dos defensores y, mirando a la grada, le envía la bola a un Ante Žižić que continuaba hacia el aro y se quedó solo. La mejor acción, por mucho, de la carrera de este jugador croata que rebota de equipo en equipo, de LeBron a Tel Aviv, Estambul o Bolonia. Siempre le quedará el recuerdo de que, una noche, el Rey le dejó solo. Una suave pero imparable cuesta abajo.

Tirar a canasta

LeBron nació en el mismo hospital que Stephen Curry, diferentes paritorios para jugadores completamente distintos. Uno, cuya base es el físico y el entrenamiento, frente a otro que ha construido una carrera legendaria y unos espacios transgresores con el apoyo del fundamento combinado bote-tiro y de una habilidad extraordinaria. Seguro que el servicio de enfermería del Summa Akron City Hospital colocó una cinta nominativa en la muñeca de estos dos bebés a los pocos minutos de que, con cuatro años de diferencia, Gloria James y Sonya Curry les dieran a luz. No sabía aquella matrona (¿imaginan que fuera la misma en ambos casos?) que era la primera persona que rozaba dos muñecas que iban a meter más de sesenta mil puntos combinados en la NBA.

Dejemos a Don Stephen a un lado, seguro que no le molesta que le pongamos lejos. Desde allí tira muy bien. Centrémonos en la comparación entre LeBron y Jordan como tiradores, porque tiene bastante miga. Si nos ceñimos a los porcentajes, LeBron es mejor tirador de larga distancia, y Jordan, de media distancia —un auténtico número uno en esa suerte— y de tiros libres. Cerca del aro, en bandejas, mates y rectificados, no sabríamos por quién decantarnos.

Resulta intrigante que el jugador que tira mejor de tres sea mucho peor en los libres, un 10 por ciento menos de acierto que un MJ que llegó hasta el 83,5 por ciento desde la línea de los suspiros. Con defensa, menos tiempo y más distancia, LeBron tira mejor. Hay que recordar que Jordan compitió en sus años de instituto y universidad sin que existiera línea de tres puntos, implantada en esos torneos a partir de 1986. Siete años después que en la NBA, dos más tarde que en el baloncesto FIBA.

Con esto queremos decir que a usted, estimado padre de jugadores y jugadoras de categorías inferiores, que madruga de nuevo este sábado para desplazarse a una cancha recóndita en la otra punta de su comunidad autónoma y que lo primero que se encuentra es a un preinfantil lanzando un pedrusco desde la línea de tres (¡estaba solo!), debería servirle de consuelo saber que Jordan no tuvo la fortuna de contar con esa línea hasta su debut profesional. En esa temporada de novato con los Bulls, acertó 9 de 52 desde la distancia de tres puntos. Nunca encestó más del 20 por ciento hasta su quinta temporada en la NBA. Pero al final de sus días en Chicago, ya enchufaba a más del 35 por ciento.

Esta circunstancia motivó que Jordan trabajara hasta la extenuación en un tiro de media distancia tras suspensión elevadísima, cohetes estabilizadores. LeBron ha sido más un jugador bidimensional, que, desde pequeño, pudo dedicarle más horas al triple. No se trata del arma de destrucción masiva de su arsenal, pero le ha permitido lanzar como mínimo tres por partido hasta los ocho de media de la temporada 21-22. Eso sí, solo en una campaña de las más de veinte que lleva sobre sus anchas espaldas ha alcanzado el 40 por ciento. Con este porcentaje como tónica habitual, habría sido el Elegido por unanimidad.

La mecánica de Jordan es plástica y fluida. Tire de dos, de tres, de uno o, si se implantara una línea para eso, de cuatro. Por cierto, la de tres se consideró una categoría casi circense del juego. Popovich aún la desprecia. No sean tan reacios a los cambios que pudieran mejorar el juego, como la mayoría de los mejores entrenadores europeos, que rechazaron esa posibilidad en la serie de entrevistas *The Coaching Experience*, realizadas por Piti. Barruntamos que, si el programa viajara en el tiempo a los setenta, la respuesta con la línea de tres sería parecida.

LeBron, por su parte, presenta una mecánica de tiro eficiente, con una gran estabilidad de tren inferior, con tendencia a un agarre más desde la izquierda de su cuerpo. La angulación del brazo izquierdo es muy abierta, manos bastante juntas, derecha muy fluida y finalización limpia. La saca desde muy arriba, con sus 2,06 nunca ha necesitado saltar mucho para tirar de larga distancia.

Sin embargo, los lanzamientos sin ventaja de media distancia son otra cosa. Los movimientos que van desde el juego de espaldas en poste medio hacia esquina corta. Ahí ambos han usado sus extrasensoriales capacidades físicas, con mayor éxito para un Jordan que disfruta de un número superior de recursos técnicos, seguramente relacionados con la flexibilidad, la reactividad y el salto.

En las finalizaciones de penetración con ventaja, el inminente *dunk* iguala la partida. Por mucho que usted se haya posicionado antes de abrir este libro, debería considerar que James no tiene la culpa de presumir genéticamente de una armadura de músculos y tendones. Este argumento no puede convertirse siempre en un lastre opinativo para todo, y menos para dar espectáculo en muchos de sus puntos. Si ese fuera el baremo, nuestro GOAT sería Spud Webb —aquel ganador del concurso de mates ochentero que apenas rozaba el 1,70—, por su tremenda capacidad para meter la bola hacia abajo, a pesar de ser bajito y endeble. Y no.

La superabundancia de recursos físicos del Elegido hay que valorarla junto con la velocidad de desplazamiento, y con las páginas y páginas escritas sobre cómo ha llegado a la pintura y al aro con una contundencia vista a retazos en otros jugadores. Este chico de Akron vuelve a defender su candidatura por la continuidad en el esfuerzo. Los baloncestistas que acababan con esa violencia fueron pasto de su misma llamarada o solo ofrecieron fogonazos. LeBron es un faro que emite un chorro potente de luz y anotación cercana las veinticuatro horas del día. O tal vez no, pero su dosificación es tan sabia que nos lo ha parecido los últimos veinte años.

El *fade away* de Jordan, su *último* tiro en Utah, *The Shot* sobre Craig Ehlo..., los lanzamientos del hijo de Deloris y James contienen mucha fuerza muscular y vienen mejorados por un empaquetado cinético y anatómico perfecto. La motricidad llevada a la perfección. Una lengua que anticipaba una canasta aún más bonita que la anterior.

NUESTRO VEREDICTO

PACH: En estos casos, siempre evalúo en términos puramente técnicos: si tuviera que defenderlos, ¿quién me acongojaría más? Creo que Jordan. Con LeBron tendría un miedo supremo a que me embistiera. Y que His Airness es mucho más estético. Quizá el que más.

PITI: Siendo LeBron mejor pasador, el resto del paquete *premium* ofensivo nos deja a un Michael Jordan superior que se fue superando en el tiro exterior. LeBron cerca del aro y como *falso* pívot sería más consistente, pero, en el resto de las habilidades para meter canasta con la defensa bien establecida, la pericia de Michael Jordan es superior, en mi opinión. Mira que trato de dejar a un lado lo ornamental, pero es que, incluso para un devoto de Magic como yo, ver acabar jugadas al 23 de los Bulls era hipnótico, y siempre lo será (gracias, YouTube).

P. D.: Kareem Abdul-Jabbar jugó la mitad de su carrera profesional sin línea de tres puntos y la mitad de su carrera con ella. Encestó 1 de 18 tiros desde detrás del arco. Un solo triple. Y ha costado superarle. Idolísimo.

2

EN DEFENSA

Eddy Merckx contra Eddy Merckx en diferido.

Siempre se hace la comparación entre mitos de una misma modalidad deportiva aludiendo al manido Caníbal Merckx, para clasificar al deportista ambicioso y poco planificador a largo plazo. Quería ganar todas las pruebas, pequeñas, grandes, metas volantes, la general final y la etapa intrascendente, y no dosificaba nada. Michael Jordan era Eddy en ataque y también en defensa. Quería taponar, robar, correr y machacar. Quería el MVP, el anillo, el premio al mejor defensor, el concurso de mates y ser el máximo anotador de cada temporada...

Esa ansiedad por tenerlo todo se le notaba más en defensa, ya que su equipo no tenía el balón, y eso no entraba en sus planes. Un dato sorprendente es que Black Cat —como le llamaban antes de la universidad— consiguió robar más balones en su carrera profesional que los que LeBron lleva actualmente, cuando los editores nos aprietan con la entrega (temporada 23-24). Ha jugado más de cuatrocientos partidos menos, pero exhibiendo una *felinidad* explosiva en los movimientos en línea de pase y en los desplazamientos defensivos.

Ahora viene a cuento encajar en la comparación a Miguel Indurain como ejemplo de la defensa que hace LeBron James, más reservona, más *cuentagarbanzos style* en liga regular, más táctica a la hora de ceder espacios y momentos. Y sí, podría ser. Hace seis o siete campañas esta argumentación se sostendría. Su objetivo eran los anillos y llegar bien a la postemporada, a los playoffs..., tópico clavado y a seguir. Pero no.

LeBron James también es Eddy Merckx, también lo quiere todo. Pero, en diferido, llegar a ser el mejor en todo: números totales, estadísticas, campeonatos, presencias en el All-Star... Incluso recibió seis nominaciones consecutivas (2009-2014) para el mejor equipo defensivo y para el segundo mejor equipo defensivo. No puedes ser un desastre atrás si te sitúan entre los cinco que más se preocupan en defensa durante varios cursos. De hecho, él mismo declaró que en 2013 creyó que podría ser elegido mejor defensor de la NBA, pero se lo arrebató Marc Gasol. La principal crítica de LeBron atacaba al sistema de elección, y estaba en lo cierto. El mejor defensor de 2013 no entró en el mejor quinteto defensivo, sino en el segundo equipo. Los entrenadores votaban al premio de mejor defensor, y la prensa, los dos mejores quintetos, de ahí la inconsistencia. No solo le ocurrió a Marc Gasol, también a Alvin Robertson (1986), Dikembe Mutombo (1995) y Tyson Chandler (2012). Ay, amigos, en todas partes cuecen habas, y para nada es verdad esa máxima tan categórica que dice que ¡lo que pasa en España no pasa en ningún sitio!

La relación entre la defensa de James y el apellido Gasol merece ser estudiada con detenimiento. Las misiones especiales se han convertido en uno de los acicates más repetidos, y el Martillo de

Akron ha preferido ese papel en lugar del de yunque en ocasiones escogidas. Como en 2012, cuando decidió defender a un Pau Gasol en su *prime* o cerca de él. Puso toda la tensión en estorbar por delante, tratando de empujar con los cuartos traseros al de Sant Boi hacia atrás y cerrar el hueco de un posible pase bombeado sobre él. Pau tuvo la mala suerte de que esa noche había *presu* para la *phantom cam* en el Staples Center. Eso significa seguimiento e imágenes muy ralentizadas y vendibles, donde se veía a un «pequeño» hipermotivado de 2,06 (x 2,06) contra un grande de 2,16 que trataba de recibir, sin éxito. Cuenta la leyenda oral del baloncesto que el arbitraje suele ser tolerante con los jugadores en inferioridad física que *pegan* a un grande. Son muy famosos los *carazos* al codo de jugadores *pelmazos* como Dennis Rodman por parte de otros más altos y fuertes. Aquella noche, el Elegido votó por el palo más que por una defensa contemplativa.

No podemos defender que LeBron haya sido un gran defensor durante toda su carrera, sino que tuvo un quinquenio a tope de energía. Si miramos en conjunto sus *ratings* defensivos por año, son un suave valle de poca defensa, mucha defensa, y ahora en los Lakers, pues eso..., eligiendo momentos.

Seguramente, en el difícil amparo de su candidatura defensiva contra Michael Jordan, resaltan a su favor varios relámpagos absolutamente épicos que el otro número 23 no tiene en los partidos grandes:

- El tapón sobre Tiago Splitter. Partido de las finales de 2013, San Antonio visita Miami. El pívot brasileño, criado en su adolescencia a base de *txuletones*, gildas y bacalao al pilpil entre Vitoria-Gasteiz y Bilbao, en aquella caída de *pick and roll* rememoró sus años en el Bocho y se dijo a sí mismo: «No hay huevos de posterizar a LeBron en unas finales». Sí los hubo, pero Kawhi Leonard estaba mal posicionado —sí, amigos lectores, el manido *spacing*...— y, en lugar de estar abierto en esquina larga, se encontraba pegado a la línea de fondo junto a la canasta. Así pues, King James salió de su trono para saltar sobre el intento de Splitter y cazar esa bola muy cerca del aro, que se iba a convertir en un mate con toda seguridad. La cobertura de minicámaras, grúas y planos especiales en The Finals también es inacabable, y lo sentimos por Tiago, que tuvo la gloria cerca, pero fue congelado durante varios segundos por la *superslow*. Los Heat ganaban por 19 puntos a los Spurs. LeBron no corrió al contraataque, se quedó gritando al tiempo que miraba a su grada.

- El balance defensivo sobre Andre Iguodala, más conocido como The Block. Son las finales de 2016, es la remontada desde el 1-3, es el último cuarto del séptimo (y definitivo) partido, solo restan dos minutos y el tanteo está empatadísimo. Kyrie Irving realiza un mal tiro, muy bien defendido en la ayuda por Draymond Green. Iguodala lucha y gana el rebote; estaba defendiendo en el lado opuesto a LeBron, que permanece en la esquina larga izquierda. La transición de Golden State Warriors es en *hyperloop*. Andre pasa a Curry, que ve claro hacer una pared a doscientas millas por hora: la devuelve. Y ahí se mete en una trampa que no vieron. El balance defensivo del hombre de los ciento cincuenta apodos —el prefijo «Le» ayuda mucho— es LeGendario: veintiocho metros con la sexta marcha y el turbo encendido para llegar a la estación sin retorno en el momento adecuado, cuando la bandeja de Iguodala rompía la igualada (perdón). Casi le estorba el aro, que roza en el preciso instante en que engancha el balón contra el tablero. El alero *warrior* fue nombrado mejor jugador de las finales el curso anterior, el primero de la historia en conseguirlo sin ser titular en ningún choque. Tras este tapón, pocos recuerdan que consigue ese MVP por su rendimiento ofensivo y también por la defensa a LeBron James. Tras The Block, el rostro de un jugadorazo como

Andre Iguodala —un veterano que siempre hizo vestuario con su sabiduría— quedará marcado también por aquel que no fue a aro pasado, por aquel que, para evitar a J. R. Smith, ejecutó un perfecto rectificado de hombros, por aquel que fue taponado por LeBron. Uno de los álbumes preferidos de rap del hombre que esprintó es *Life after death*, de The Notorious B.I.G. Puede que en esa carrera viera su vida deportiva pasar por delante, y aceleró más para saltar a un vacío que se llenó de balón en su mano. Esa jugada cambió el final del encuentro. Bueno, eso y un supertriple de Kyrie Irving.

En el, tal vez, análisis simplista del lector más *jordaniano* de los que leen este capítulo, podría aparecer la opinión de que The Chosen One no lo fue por su actitud atrás. Pero el estudio no es tan sencillo, tan categórico, tan rudimentario; además, faltaríamos a la verdad. Ha puesto menos cara de esfuerzo defensivo que Jordan, sí. Ha cerrado mejor los espacios en desplazamientos laterales que Jordan, también. Estamos hablando de una diferencia de más de quince kilogramos y de una estructura corporal opuesta. Como último defensor, sin duda ha representado más que MJ en una era donde, en muchas ocasiones, le ha tocado jugar con equipos de cinco *bajitos*. A ver, con 2,06 no es que sea Torrebruno o Tyrion Lannister. Queremos decir sin alguien de más de 2,13. James ha sido en jerga táctica The Last, con mucho éxito en centenares de situaciones. El *dance* ya lo añaden Kukoč, Rodman y demás. No solo es mejor taponador que Su Alteza Aérea —que te podía esperar allí arriba y arrancarte el corazón mientras bloqueaba tu tiro—, sino que su presencia de último en el lado débil da mucha información a sus compañeros. LeBron James habla más durante el juego y lidera mucho vocalmente. Además, el conocimiento táctico colectivo de LeBron es superior por deseo propio, pero también porque la memoria colectiva de los jugadores inteligentes funciona como la IA: los anteriores los han alimentado. Como en todos los órdenes comparativos de este libro, el posterior agradece la senda abierta porque es parte de su éxito.

Finalmente, sobre el jugador de Cavs, Heat y Lakers, hay que decir que, si pensamos en los numerosos partidos de la liga regular en los que decidió no competir, no podemos evitar que se nos venga al oído la melodía del *Se dejaba llevar*, del recordado Antonio Vega. No por los motivos por los que la utilizaba Andrés Montes —Christian Laettner, los grandes contratos que aflojan a grandes talentos—, sino porque hemos visto a James salir al contraataque sin esperar el rebote, sin puntear el tiro, sin hacer un gran último esfuerzo. Quizá por fiarse mucho en sus compañeros como salvadores, tal vez por no confiar en la puntería rival o, simplemente, como plan específico añadido a su inmensa inversión en aparatos recuperadores de esfuerzos musculares. Quién sabe. Eso también es LeBron James. Si Jordan aflojaba, no se le notaba tanto. Había menos enfrentamientos televisados, menos muestras microscópicas de contenido en redes sociales o, simple y llanamente, no lo hizo.

Cuando la estrella baloncestística no sabe qué hacer, canta raps con el micro. En el cierre patronal de 2011, Kevin Durant y LeBron James se marcaron un dueto tipo Amaia y Alfred, pero de música más suya. El tema era *It ain't easy*. De salida no es nada fácil escucharlo, pero pongamos atención a lo que dice. En las estrofas que le tocaron a nuestro candidato a GOAT, rapeaba esto:

Uh, no es fácil, en el camino en el que estoy.
Pon el mundo sobre mi espalda, porque soy así de fuerte.
Largo viaje que he emprendido desde el principio.
De ninguna manera me muero con este corazón de hierro.

El tema recurrente de la gestión de la crítica, de las expectativas, del *haterismo*, siempre acecha en fenómenos como LeBron cuando no se alcanza la perfección absoluta. Todo este proceso se puede resumir en lo defensivo. ¿Se le recordará como el mejor defensor de la historia? Es obvio que no. ¿Es y ha sido un mal defensor? Concluyente y objetivamente, tampoco. Y durante un lustro de los cuatro que, de momento, ha jugado, podríamos situarle sin problemas entre los ocho o diez mejores defensores de la liga. *Not bad*.

Eso sí, usted no hubiera querido entrenar con Michael Jordan.

Todas las historias —magnificadas o no— del líder de los Bulls en entrenamientos colectivos, el acoso verbal a sus compañeros, la amenaza física e incluso la pelea con alguno de ellos en los entrenos han generado un escenario que define la personalidad defensiva de Jordan. No transigía con que si él daba el cien por cien o más en cada esfuerzo el de al lado no lo hiciera. Pero seamos reflexivos, no pretendía que el jugador número diez, once o doce de la plantilla anotara 45, 50 o 60 puntos. Para nada. Entre otras cosas, porque en el 5x5 no habría bolas para él mismo. Y eso sí que no puede ser.

Jordan tuvo una gran academia en casa. Ser el cuarto de cinco hermanos y hermanas curte y te hace defender tus cosas con mayor fuerza. Los mayores eran deportistas y competitivos, Michael más aún. Pero es que la quinta hermana, Roz, un año más pequeña, tomó clases extra y consiguió que la subieran de curso para que se graduaran juntos. Fue al mismo tiempo a la Universidad de Carolina del Norte y se graduó antes. La naturaleza competitiva de MJ nace de sus hermanos, del entorno familiar.

La gran academia defensiva consistió en tener como mentor a Dean Smith. Los Tar Heels reclutaban a excelentes prospectos ofensivos y tenían que ponerlos a todos en la misma frecuencia defensiva, una muy alta. Antes de glosar premios defensivos o cotas estadísticas, recordemos su postura. Si todo en su juego ofensivo fue un prodigio de anatomía y motricidad, aquí nos encontramos con idéntica situación con una suma de componente «alerta», absolutamente reactivo a lo que el rival intentara decidir.

Defendió con éxito a los mejores *point guards* de su generación y de la anterior. Su lateralidad era excepcional, y no solo para matar espacios, sino para pasar bloqueos por arriba. Recordemos que la mente táctica de LeBron le ha hecho ser el líder de la defensa del cambio, de la continua permuta de asignación para tratar de ganar segundos sin ventaja creada. También es cierto que, en la actualidad, los tramos más decisivos de los grandes partidos se juegan con quintetos más pequeños o más uniformes en tamaño. Pero en la época de Jordan aún tenía premio, y reconocimiento, poner toda la energía y la actitud en presionar la bola muy arriba en medio campo.

Jerry Krause ha sido el gran villano de esta narrativa tan revisitada de la saga de los Bulls, pero si nos paramos a pensar en la elección de los jugadores que acompañaron a Jordan —titulares y principales reservas—, casi todos (Pippen, Paxson, Horace, Cartwright, Ron Harper, Rodman...) tienen un patrón: la habilidad defensiva. El plan consistió en rodear al mejor atacante de defensores élite, no para permitir que su líder descansara mientras defendía al peor jugador ofensivo del rival, sino para otorgarle cierta libertad de movimientos y vivir con intensidad su pasión: la ambición máxima en cada acción. Sus 0,8 tapones por encuentro son estratosféricos para un jugador de su tamaño. Dos de las tres mejores temporadas de un exterior de la historia estadística pertenecen a Jordan: 1,6 en la 87-88 y 1,5 en la 86-87. Solo Vince Carter (1,5 en la 98-99) ha conseguido números similares. Nos acordamos de Dwyane Wade, como otro exterior muy bueno en esto, pero no tanto. Colocación, piernas y deseo.

También fue muy complicado de superar en el uno contra uno, aunque a usted se le escape la sonrisa recordando aquel mítico *crossover* de Allen Iverson que le rompió los tobillos. En una carrera de tantos momentos, encontramos a John Stockton haciéndole la 13-14 (no es una temporada, aunque el base de los Jazz podría haber jugado hasta ese año con los mismos pantalones apretados) a Bobby Hansen y algún jugador *random* más que consiguió que Michael Jordan por un instante perdiera el equilibrio terrenal, que no el aéreo.

Pasemos a los robos de balón. Manos rápidas, pies rápidos, instinto, buenos compañeros cerrando ángulos. Pocos ladrones del calibre de Jordan en la historia de la NBA. Su promedio de 2,3 bolas mangadas por partido es el tercero más alto de todos los tiempos, solo superado por Alvin Robertson (2,7) y Michael Ray Richardson (2,6). Además, también figura tercero en robos totales (2.514) y, para los *frikazos* de las estadísticas avanzadas, es el decimoctavo en porcentaje de robos (3,1 %).

Un verdadero perito en el arte de birlibirloque que, sobre todo en sus primeros años, transformaba esas acciones en jugadas ofensivas para la memoria audiovisual del contraataque. La edad y las dos retiradas de las que volvió —guiño *yankee* a la carrera del diestro Antoñete, que se cortaba la coleta, pero volvía a cada cuanto— le convirtieron no en un jugador que sacara el capote en defensa, pero sí en uno más sabio, que arriesgaba menos, pero que seguía persiguiendo a tiradores como Jeff Hornacek por toda la pista, atravesando sistemas de bloqueos indirectos. De hecho, sus mejores *ratings* defensivos (puntos recibidos por cada cien posesiones jugadas) los obtuvo en 1996 y 1998 (segunda y última tanda de anillos), donde logró un gran equilibrio entre un físico que mediaba la treintena y una mente experimentada en la acción más eficiente para la victoria. Su tercer mejor *rating* es de 1988, el año dictatorial donde todos los premios individuales fueron suyos. Ataque y defensa.

Los números dicen que, en promedio, es peor reboteador que King James, pero si volvemos a usar los hándicaps por estatura, o por estructura de quintetos contemporáneos, igualaríamos o preferiríamos a Jordan, y las cosas no son así. Este capítulo es solo de defensa —un jugador se pasa la mitad de su carrera en esta dimensión, lo sentimos por la generación *scroll* que solo quiere dopamina—, pero analizando los rebotes totales (defensa y ataque) en la parte más difícil y competitiva, la postemporada, LeBron atrapó 9 rebotes por partido (y contando) en 53 series de playoffs, mientras que Michael se quedó en 6,4 en 37 series.

Antes escribíamos sobre los *highlights* defensivos de LeBron que forman parte de su legado (término tan manido que apenas lo usaremos en este legajo). Pero con Jordan nos deslumbran sus momentos *clutch* —canastas ganadoras sobre la bocina, o cerca de ella— y se nos olvida que su canasta más memorable, la que cerró su histórica carrera en los Bulls, la suspensión sobre Byron Russell que acababa con el último baile, vino precedida de un zapateado defensivo donde abandona a su hombre, el Virginiano Hornacek, que venía de hacerle un bloqueo a Karl Malone para que el cartero recibiera el mejor envío de su vida. Esa bola podía forzar el séptimo partido, que volvería a disputarse en el manicomio decibélico mormón del Delta Center. Pero Su Alteza Aérea decidió que conseguiría más por lo bajini. Atacó desde la espalda de Malone, usó su característico zarpazo mondanaranjas para llevarse la bola limpiamente y acometió aquel ataque tan fotografiado, tan lírico. Pero antes hubo una prosa que alimentó a la leyenda con la posesión definitiva.

Que Jordan fuera elegido nueve veces en el mejor quinteto defensivo no es casualidad, ni un premio marquetiniano gentileza de la NBA. El escolta se ganó con esfuerzo y dedicación cada una de esas distinciones, ayudando a consolidar a Chicago como una potencia en los dos lados de la cancha. Que Scottie Pippen estuviera a su lado tantos años mejoró lo inmejorable: en ataque, por enfrentarse a un espejo de brazos más largos y capacidad extraordinaria; en defensa, por clonar la excelencia cerrajera.

Cuentan que el *David* de Miguel Ángel fue esculpido con unas manos grandes, casi gigantes en proporción con el cuerpo, porque la perspectiva, con su estatura de más de cinco metros de mármol, era mirarla siempre desde abajo. A Jordan, como jugador, la mayoría del tiempo también se le vio en contrapicado sobre la cancha, mientras él, con esas manos, tallaba otra jugada ganadora de atrás hacia delante.

Es evidente, MJ no solo fue grande por lo que anotó, sino también por todo lo que evitó. Más que nunca y como siempre será, con su talento demostró que defensa y ataque no son otra cosa que partes confluyentes de lo mismo, el juego, pese a que nuestro limitado cerebro nos lleva a capitularlos y aislarlos por norma.

Aprovechando que hablamos de obras de arte hechas arabesco, o de hombros y músculos que parecían labrados en mármol de Carrara, hay que decir que a pocos kilómetros de este pueblo italiano vivía Kobe Bryant, al pie de una canasta en el descanso de los partidos de su padre, cuando fantaseaba con ser Michael Jordan, del que quiso averiguar cuáles eran sus secretos defensivos con preguntas lanzadas de madrugada vía WhatsApp.

La obsesión por tener el balón en sus manos llevó a los más grandes a desarrollar la mejor defensa posible, para recuperar la bola en las mejores condiciones y con el mínimo de besos a la red contraria.

NUESTRO VEREDICTO

PACH: El mejor Jordan defensivo es muy superior al mejor LeBron defensivo. Jordan.

PITI: Michael Jordan es de los cinco mejores defensores exteriores de la historia del baloncesto. Eso ya le pone en una situación favorable. Las normas defensivas que no le permitieron llegar a los ¿80, 90, 100 cien puntos? también le impulsaron a poder ser más físico en la destrucción. Pero su deseo, flexibilidad y liderazgo fueron extraordinarios. Es él.

LeBron, cuando ha querido, ha sido un defensor interior y exterior (podía defender a todos menos a los bases más escurridizos) sólido, táctico e inteligente. Su balance defensivo más famoso no nos hace olvidar que la carencia de este le ha penalizado en diferentes momentos. La actual normativa defensiva y las coberturas televisivas también. No es él.

3

MENTALIDAD DE GOAT

Michael Jeffrey Jordan nació el 17 de febrero de 1963 en la bulliciosa localidad de Brooklyn, Nueva York. Sin embargo, no creció en una gran ciudad, sino en Wilmington, una pequeña población de unos cincuenta mil habitantes en Carolina del Norte. Por otro lado, LeBron Raymone James vio la luz el 30 de diciembre de 1984 en Akron (Ohio), una urbe un poco más grande, con doscientos veinte mil censados. Sin embargo, aunque ambos se criaron en ciudades que no se consideraban los típicos guetos urbanos, sus orígenes diferían bastante. Los Jordan residían en una zona más acomodada que la familia James, que se enfrentaba siempre a los retos de vivir en una ciudad en declive como Akron, y tenían que mudarse a menudo en busca de nuevas oportunidades.

En ambos hogares encontramos a una figura materna poderosa que ejerce el control de la familia. En el caso de LeBron,

Gloria es una madre soltera (dieciséis años cuando dio a luz al portento), que ha asumido todas las responsabilidades desde el primer día, y su hijo reconoce su fortaleza: «Siempre he tenido a una madre y a un padre dentro de mi madre, así que nunca me pregunté: "¿Dónde está mi padre?". Ella me dio fuerzas y jamás tuve que pensar en eso, aunque sigo sin saber de dónde saca esa fuerza. Pero no importa, porque ella es la verdadera campeona». La familia Jordan, por otro lado, estaba estructurada de manera más convencional, con Deloris a los mandos, con James, su esposo, y sus hermanos Roslyn, Deloris Jr., Larry y James Jr. Deloris es un personajazo, instrumental en decisiones como la firma de Michael por Nike, en lugar de por Adidas; se fabricó así la mayor y más productiva operación de marketing del universo mundo: «Mi madre me obligó: "¡Vas a ir a escucharlos! ¡Puede que no te guste, pero vas a ir a escucharlos!". Me hizo subir a ese avión e ir en contra de mi voluntad. Después, Nike me lanzó una propuesta increíble. Mi padre me presionó: "Serías tonto si no aceptaras este trato. Es la mejor oferta posible"».

Autora de libros infantiles, su primera obra, *Salt in his shoes*,[1] relata la historia de cómo se unió su familia para ayudar a Michael a alcanzar su sueño de ser jugador profesional, todo ello mientras hacía malabarismos con las necesidades de todos los demás: «Siempre les decía a mis hijos: "Cada uno de vosotros tiene dones especiales, todo depende de cómo los utilicéis". Cada uno tenía un talento, pero la forma en que lo abordaban era diferente a la de los demás. Michael podría tener habilidades para el baloncesto, Larry construía cosas con sus manos, y nuestro hijo mayor estaba en el ROTC (Reserve Officers' Training Corps) y era un líder natural».

1. El Jordan niño era de los más bajitos de su clase y solo pensaba en crecer para poder ser jugador de baloncesto. Le daba tanto la tabarra a su madre con el tema que un día esta le aconsejó: «Si quieres ser alto, ponte sal en los zapatos y reza». De ahí el título «Sal en sus zapatos».

La influencia de una madre es crucial para forjar la personalidad de los hijos, sobre todo en familias como estas. En este entorno, el amor materno puede ser lo único que te impida caer en el abismo que te rodea: drogas, violencia, problemas y malos rollos de todo tipo. Pero, al mismo tiempo, el hecho de haber crecido en una familia estructurada se ha utilizado en contra de jugadores como Jordan o Magic Johnson, que no han tenido que pelear tanto como otros (LeBron) que fueron abandonados por sus padres.

«Cuando te haces mayor, miras atrás y comprendes cómo te has convertido en la persona que eres hoy. No creo que estuviera aquí sin las lecciones que aprendí a una edad muy temprana. Esa competitividad que llevo dentro empezó cuando era niño», decía LeBron. Los dos candidatos a GOAT, desde muy jóvenes, se acostumbraron a asumir las responsabilidades que acarrea ser un jugador de este nivel.

Mientras reflexionábamos sobre los candidatos al trono de mejor jugador de siempre antes del advenimiento de His Airness, nos dimos cuenta de que la lucha estaba muy abierta. Bill Russell era el líder indiscutible de uno de los equipos más laureados de todos los tiempos (con doce finales y once anillos), pero el verdadero macho alfa estaba sentado en su despacho del Boston Garden, el señor Red Auerbach. Wilt Chamberlain estaba muy ocupado quedando con personas del otro sexo para tomar un té con pastas.[2] Kareem Abdul-Jabbar… Kareem va a su bola y conecta poco con sus

2. Wilt Chamberlain afirma haberse acostado con veinte mil mujeres a lo largo de su vida (incluida la madre de Quentin Tarantino). Su amigo Rod Roddewig cuenta en la biografía de Wilt cómo llegó a esa conclusión: «Estuvimos durante diez días en un ático en Honolulu. Cada vez que Wilt se iba a la cama con una chica distinta, yo hacía un *check* en mi *daytimer*. Después de los diez días, tenía veintitrés *checks*. Esto son 2,3 chicas al día. Tomó 2,3 y lo dividió por la mitad, para ser conservador. Luego, restó quince años a su edad actual, lo multiplicó por 1,2 mujeres al día, y así llegó a la cifra de veinte mil».

compañeros de equipo. Tanto Russell como Abdul-Jabbar ganaron mucho, pero no eran auténticos líderes. Bill no lo fue 24/7 pese a los anillos. Magic Johnson, otro contendiente posible, sí cuenta con las características que nos gustaría atribuir al GOAT, aunque, comparado con Michael, le falta colmillo.

Ese colmillo, esa voracidad de Jordan cambia el paradigma: lo quiere ganar todo, todo y todo. Y dominarlo todo, no solo la NBA y el baloncesto. Ansía conquistar el mundo entero. Y eso implica pisar algún callo que otro. Tim Grover, su fisio/coach de toda la vida, lo explica así: «Si aspiras a ser el mejor en lo que haces, no puedes preocuparte por si tus acciones molestan a los demás, o por lo que pensarán de ti. Hay que eliminar toda emoción y hacer lo necesario para llegar a donde quieres estar. ¿Egoísta? Probablemente. ¿Egocéntrico? Sin duda». Busca que se le perdone el ser una persona manifiestamente mejorable por la grandeza demostrada. Tiene tanto carisma que capta de inmediato la atención de las masas, sin necesidad de intermediarios. LeBron toma un camino diferente, carece de ese magnetismo y persigue la redención social maximizando sus acciones con la comunidad y seleccionando con cuidado a un séquito fuerte y sin fisuras, que le apoya en todos sus proyectos.

LeBron aprende de lo que ha sucedido con Jordan. Se centra más en mantener bajo control las emociones. A él no le va a pasar ese drama de tener que retirarse por no poder aguantar la presión que genera la dimensión de su figura y la muerte de su padre (vale, lo de las apuestas también, pero eso no está probado). Se sabe dosificar mejor, quizá por estar apoyado en un equipo que le ayuda a absorber esa presión tan fabulosa. Jordan es un velocista, y James, un corredor de medio fondo, porque Michael va a tope desde el primer partido de la temporada regular hasta el último encuentro de su carrera, y LeBron tiene la capacidad de activar la velocidad de crucero y meter alguna marcha menos en periodos determinados. Demuestra una gran madurez competitiva sobre su propio esfuerzo: si no gano este partido, no pasa nada; si me pierdo este partido, tampoco pasa nada…, porque así voy a tener opción a llegar a más finales y ganar más anillos.

JORDAN VS. LEBRON PARTIDOS/VICTORIAS

	Partidos jugados Jordan	Partidos ganados equipo Jordan	Partidos jugados LeBron	Partidos ganados equipo LeBron
T1	82	38	79	35
T2	18	30	80	42
T3	82	40	79	50
T4	82	50	78	50
T5	81	47	75	45
T6	82	55	81	66
T7	82	61	76	61
T8	80	67	79	58
T9	78	57	62	46
T10	0	0	76	66
T11	17	47	77	54
T12	82	72	69	53
T13	82	69	76	57
T14	82	62	74	51
T15	0	0	82	50
T16	0	0	55	37
T17	0	0	67	52
T18	60	19	45	42

	Partidos jugados Jordan	Partidos ganados equipo Jordan	Partidos jugados LeBron	Partidos ganados equipo LeBron
T19	82	37	56	33
T20			55	43
T21			71	47

La mirada de Jordan es mucho más cortoplacista, se centra en objetivos específicos que pueden alcanzarse en un breve espacio de tiempo. LeBron es más de adoptar un enfoque más macro: va a sostenerse jugando al baloncesto de primerísimo nivel —aunque deje pasar algún partido y alguna temporada— y manteniendo sus estadísticas con cuarenta años mientras espera a que llegue su hijo para hacer historia como el primer James que asiste a un James Jr. Hace tiempo que cree que trascender no es solo ganar títulos, sino que es más importante batir el récord de anotación de Abdul-Jabbar y compartir parquet NBA con su primogénito. Piensa que se puede ser el mejor de todos habiendo ganado menos anillos. Pero si se pone a tiro el primer In-season Tournament, pues vamos a por él.

La teoría de la dosificación es muy bonita, pero, en términos de mentalidad, el 6-0 en finales de Jordan tiene un peso aplastante. Un cien por cien de efectividad: cuando se llega a una final, se gana. Es una de las cosas que más pesan en contra a Magic Johnson para no ser considerado en esta competición por el GOAT: gana cinco anillos, pero pierde una final ante Philadelphia (barridos por 0-4, además), otra consecutiva en Boston, y después contra Detroit y Chicago. LeBron está en 4-6 en la suerte suprema: pierde más finales de las que gana. Otra manera de mirarlo: MJ juega quince temporadas y alcanza la final en seis (40 %). LeBron lleva veintiuna, con diez finales disputadas (47,6 %). Michael llega menos, pero, cuando llega, muerde.

En el juego, la mentalidad se manifiesta sobre todo en defensa. Jordan se formó en una cultura universitaria donde defender es sagrado. Esos tres años con Dean Smith, más ese bonito verano con Bobby Knight, le marcan una manera de conducirse por los partidos de baloncesto: es, como se dice ahora, «un motivado». Un animal competitivo. Son nueve selecciones para los quintetos defensivos, eso es pura mentalidad. Además, Michael es de los que quiere imponerse hasta en las partidas de *¿Quién es quién?* familiares celebradas con su descendencia. Sus ansias de competir y ganar le han llevado a darlo todo hasta en los dos concursos de mates en los que participó, y que ganó. Cualquier terreno es bueno para apostar algo. En especial, el golf. A LeBron le intuimos esa mentalidad depredadora, pero no ha querido mostrarla en público de un modo tan frontal.

Este tipo de perfil tan competitivo no puede limitar su acción a las líneas de una cancha. Su ambición por ganar abarca desde una partida de cinquillo con los fisios de los Bulls en un vuelo Chicago-Milwaukee hasta convertirse en el jugador con las mayores ventas de zapatillas en la historia de cualquier deporte. La mentalidad hipercompetitiva de Jordan se refleja incluso en las situaciones más insignificantes, como quedó demostrado en la serie documental *The last dance* y en los cientos de memes que surgieron al respecto. El escritor Mark Vancil lo resume así: «Se inventaba razones por las que jugar duro una noche. Estos pequeños desaires le indignaban profundamente. Eso es todo lo que necesitaba. Era como echarle carne a un tigre. Encontraba un partido dentro del partido de verdad para mantenerse interesado, pero todo estaba en su mente».

LaBradford Smith lo sufrió en carne propia. Era un escolta del montón con un *naming* extraordinario, pero nunca había anotado más de 30 puntos en la NBA. Una noche contra los Bulls estuvo especialmente *on fire*: anotó 37 puntos con un notable 15 de 20 en tiros de campo. Jordan, por el contrario, estuvo poco fino: 25 puntos, con 9 de 27 en sus lanzamientos. Entró al vestuario rojo de ira renegando porque LaBradford le había vacilado: «Buen partido, Mike». Era un *back-to-back*, se volverían a ver las caras al día siguiente. His Airness juró venganza: «Mañana, al descanso, ya habré metido tantos puntos como este tío ha metido hoy en todo el partido». Dicho y hecho: 36 puntos en el entretiempo, para un total de 47. Cuando los periodistas le preguntaron si era cierto que Smith le había dicho ese condescendiente «Buen partido, Mike», Jordan respondió: «No. Me lo inventé». Amigos de Córner, estamos tardando en lanzar la *Guía Jordan de automotivación*, en fascículos coleccionables.

James busca su motivación conectando las luces largas, visualizando objetivos más allá del medio plazo. El día en que rompió el récord histórico de anotación, declaró que su impulso era: «Ser considerado el más grande que jamás haya jugado a este deporte y ser una fuente de inspiración para niños de todo el mundo, además de ponerme a mí mismo en posición de ganar campeonatos». Ganar, claro. Pero no un duelo con LaBradford Smith, sino con la historia.

Ese brillo que intuimos en los ojos de LeBron cuando aceleró en dirección a Andre Iguodala cuando quedaban dos minutos del séptimo partido de la final de 2016, lo hemos visto mucho más a menudo en Jordan.

¿En qué se parecen?

1. **Aquí hemos venido a ganar.** Ambos jugadores son practicantes de la religión de Luis Aragonés cuyo credo es el ganar, ganar y volver a ganar. LeBron puede tener la habilidad de relajarse en ciertos momentos, pero su objetivo siempre es la victoria. Porque el acceso al panteón de los GOAT se consigue, en su mayor parte, mediante una larga lista de triunfos a tu nombre.

2. **Ética de trabajo impecable.** A pesar de su talento natural, ambos dedican horas y horas al gimnasio y al entrenamiento, con una búsqueda perpetua de la perfección en detalles que les parecen imperceptibles al resto de los mortales. Cuentan de serie con el máximo talento posible, pero, además, saben que, si no se lo curran, ese talento no sirve de nada.
3. ***Clutch time junkies.*** Cuando el partido entra en su fase decisiva, ambos activan el sentido arácnido de «hoy me convierto en leyenda» y asumen la responsabilidad de llevar a su equipo al siguiente nivel, decidiendo partidos con inverosímiles tiros ganadores.
4. **Resiliencia en la adversidad.** No todo son días de vino y rosas en el camino de nuestros héroes. La adversidad es una compañera inevitable en la autopista hacia la grandeza, y ambos han demostrado su capacidad para recuperarse de los reveses y, como escriben los cursis de los cursos de autoayuda de garrafón, convertir los retos en oportunidades de crecimiento. Los dos han sufrido sus crisis existenciales, aunque hayan sido más públicas en el caso de Jordan.
5. **Tanto *basketball IQ* como físico.** En cuanto a condiciones físicas y conocimiento del baloncesto, ambos son excepcionales. Sin embargo, su verdadera ventaja radica en su capacidad para leer el juego y tomar decisiones en fracciones de segundo, con una visión panorámica de todo lo que sucede en cada rincón de la cancha. Son los jugadores más completos, capaces de destacar en cualquier faceta del juego si se lo proponen. Quizá en esto LeBron tiene más capacidad colectiva.
6. **Búsqueda constante de la excelencia.** Sus trayectorias están marcadas por un deseo irrefrenable de ser los mejores; luchan por cada partido, por cada trofeo, por cada premio y por cualquier aspecto que les permita hacer historia. Así se van superando récords y alcanzando cotas inimaginables al principio de sus carreras.

7. **Son unos motivados.** Insaciables, su fuego interno los impulsa a buscar desafíos cada vez más difíciles. Desde ganar anillos hasta revivir franquicias agonizantes. Y si no hay suficientes retos a la vista, se los inventan creando afrentas semiimaginarias, como aprendimos en *The last dance*.
8. **Fortaleza mental nivel 10 en la escala de dureza de Mohs.** Mantienen la compostura en situaciones de extrema presión, lo que los hace destacar como unos tremendos competidores. Especialistas en superar obstáculos en modo apisonadora.
9. **Pasión por jugar al baloncesto.** Aman el juego y, sobre todo, la competición en la cancha. Además, son capaces de transmitir esta pasión por nuestro deporte, inspirando a los que le rodean. Este amor, como cantaría Yuri, no se toca.
10. **Foco (incluso obsesión) en la construcción de su legado.** Más allá de las estadísticas, más allá de los anillos y de los MVP, ambos buscan la trascendencia a base de crear un legado que los separe del resto, consiguiendo hazañas inverosímiles y transformando no solo el mundo del baloncesto, sino también la cultura popular.

¿En qué se diferencian?

1. **La presión inicial.** Michael Jordan era el MOP (*most outstanding player*) del último campeón de la NCAA, pero su llegada a la NBA no fue recibida con tanto entusiasmo. Mucho *hype*, sí, pero ni siquiera fue elegido en el primer puesto de su draft. Por el contrario, todos los ojos estaban puestos en The Chosen One desde que pisó por primera vez el parquet de su instituto. Y ahora, además, tenía que liderar al equipo de su estado, que carecía de historia y títulos. Demasiada presión.

2. **La forma de intentar ganar.** Jordan deja que le construyan un equipo a su alrededor, y Jerry Krause dirige las operaciones de un modo convencional: vamos haciendo algún traspaso, intercambiando *jordanaires* por jugadores más complementarios, drafteamos perfiles interesantes y nos acercamos a la agencia libre, pero nunca a por una superestrella (porque ya la tenemos, claro). LeBron no tiene paciencia y parte de su adorado Cleveland hacia Miami en busca de un atajo en forma de Big Three.
3. **El estilo de liderazgo.** Muy diferente. Jordan se caracterizaba por su implacable enfoque y confrontación, presionando a sus compañeros de equipo para exprimirlos y que alcanzaran sus elevados estándares. LeBron también es muy exigente, pero prefiere la colaboración y el empoderamiento de sus colegas, buscando una unidad inclusiva. Muchos menos grados de adoración ciega al líder.
4. **Volver a casa.** Ambos retornaron a sus franquicias de origen, pero en circunstancias muy diferentes: mientras LeBron volvía a Cleveland en 2014 para cumplir su promesa y llevar un campeonato a su estado natal —con sentimiento de culpa por haberlos dejado tirados—, vaya usted a saber las causas reales de la vuelta de Jordan a Chicago en 1995.
5. **Al final, esta me la juego yo.** Es evidente que ambos son jugadores clave en las situaciones de final de partido, pero, mientras Jordan entra en modo túnel y solo ve el aro, LeBron tiene la capacidad de decidir él mismo o de generar una jugada para que resuelva otro compañero.
6. **Y esta otra, también.** Jordan fue el máximo anotador de la NBA durante diez temporadas (récord de la liga) y, en la temporada 97-98 se convirtió en el jugador con más edad en conseguirlo (treinta y cinco años). Cualquier tiro era bueno para Michael. LeBron solo consiguió liderar la clasificación de anotadores en la temporada 07-08, pero

también cuenta en sus vitrinas con un trofeo al máximo asistente, en la temporada 19-20. Mucho más versátil y menos *chupón* que Michael.

7. **Me dejo las narices en defensa.** La destreza defensiva de Jordan es incuestionable, cosa que le llevó a obtener múltiples selecciones para el mejor quinteto defensivo y una reputación como uno de los mejores protectores del perímetro cuando activaba el modo *aquí no pasa nadie*. Sin embargo, LeBron, aunque es un defensor competente, posee todos los atributos físicos para haber sido mucho mejor. Ha desarrollado un enfoque más estratégico, reservándose en defensa para estar más fresco en ataque, especialmente en el tramo final de su carrera.
8. **La utilización del cuerpo.** Dos colosos, pero la combinación de tamaño, fuerza y velocidad de LeBron James le otorgan un dominio físico nunca visto y, a menudo, utilizado con maestría para arrasar a rivales y penetrar en zonas superpobladas como cuchillo en mantequilla. Jordan, otro superatleta, utilizaba la finura y la habilidad tanto como el físico.
9. **Trascender el deporte.** Difieren en su enfoque para construir un legado fuera del baloncesto. LeBron se dedica a mejorar y transformar su comunidad con iniciativas educativas, la filantropía y la actividad en varios frentes de justicia social. Su voz es un poderoso megáfono que denuncia las desigualdades y aboga por un cambio. Real. Jordan es más de básket, zapas y tequila.
10. **Hacerse mayor en la NBA.** Han tratado la longevidad deportiva de manera muy distinta. Mientras el compromiso de LeBron por mantener una forma física óptima le ha llevado a destacar en sus últimas temporadas, registrando números espectaculares cuando rozaba los cuarenta, la vuelta de Jordan de su segundo retiro a esa misma edad

> careció de la ambición y la preparación necesaria para estar a la altura de leyenda.

Qué difícil es ser Michael Jordan retirado después de ser Michael Jordan en activo. Como dijo Bartzokas, los jugadores profesionales mueren dos veces: una al retirarse y otra cuando realmente fallecen. LeBron parece no querer morir nunca, busca aferrarse al mito de la inmortalidad. No soporta vivir su propia decadencia ni sentir a su alrededor la compasión que conlleva el declive físico.

Apéndice. ¿Quién dijo cada una de estas frases motivacionales: Jordan o LeBron?

1. Esto es un trabajo y queremos divertirnos. Pero es un trabajo y debe parecer que vamos a trabajar.
2. Algunos quieren que ocurra, otros desean que ocurra, otros hacen que ocurra.
3. Para tener éxito hay que ser egoísta; si no, nunca lo alcanzarás. Y una vez que llegas a tu nivel más alto, entonces tienes que ser desinteresado. Mantente accesible. Mantente en contacto. No te aísles.
4. Durante toda tu vida te dirán las cosas que no puedes hacer. Te dirán que no eres lo bastante bueno, o lo bastante fuerte, o lo bastante talentoso. Te dirán que no tienes la altura o el peso o el tipo adecuados para jugar a esto, o para ser esto, o para conseguir esto. Te dirán que no. Mil veces no. Hasta que todos los noes dejen de tener sentido. Durante toda tu vida te dirán que no. Con firmeza y rapidez. Y tú les dirás que sí.
5. Puedo aceptar el fracaso, todo el mundo fracasa en algo. Pero no puedo aceptar no intentarlo.
6. Mi instinto natural es ganar a toda costa. Si es necesario, lo lograré por mi cuenta.

7. Otro día, otra oportunidad para demostrar que todos los que dudan de ti se equivocan.
8. En una ocasión, Warren Buffett me aconsejó que siempre siguiera mi instinto. Si sientes algo en tu interior, debes hacerle caso y no echarte atrás.
9. El compromiso es una parte importante de lo que soy y de lo que creo. ¿Hasta qué punto te comprometes a ganar? ¿Hasta qué punto te comprometes a ser un buen amigo? ¿A ser digno de confianza? ¿A tener éxito? ¿Hasta qué punto te comprometes a ser un buen padre, un buen compañero de equipo, un buen modelo de conducta? Hay un momento cada mañana en el que te miras al espejo: ¿estás comprometido o no?
10. La gente te odiará, te calificará, te sacudirá y te romperá. Pero lo que te construye como persona es lo sólido que te mantengas.
11. Una vez que tomo una decisión, no vuelvo a pensar en ella.
12. Juego para ganar, tanto en los entrenamientos como en los partidos. Y no permitiré que nada se interponga en mi camino y en mi espíritu competitivo.
13. Siempre digo que vivo con las decisiones que tomo. Siempre hay formas de corregirlas o de hacer que mejoren. Al final, vivo con ellas.
14. Tienes competencia todos los días porque te pones un listón tan alto que debes salir todos los días y estar a la altura.
15. Nunca he perdido un partido, simplemente se me acabó el tiempo.
16. Es extremadamente difícil tratar de hacerlo todo y satisfacer a todo el mundo. Mi función era simplemente salir ahí y jugar al baloncesto lo mejor que pudiera. Algunos pueden estar en desacuerdo con eso, pero no puedo vivir según las expectativas que otros tienen sobre lo que debería o no debería hacer.

17. Voy a usar todas mis herramientas, la habilidad que Dios me ha dado, y a construir con ellas la mejor vida que pueda.
18. Pienso primero en el equipo. Esto me permite tener éxito, y le permite a mi equipo tener éxito.
19. No puedes tener miedo a fracasar. Es la única manera de tener éxito. No vas a tener éxito todo el tiempo, y lo sé.
20. Cada vez que me siento cansado mientras entreno, cierro los ojos y visualizo esa foto, esa lista que incluye mi nombre. Esto suele motivarme para volver a trabajar.
21. Me gustan las críticas. Te hacen fuerte.
22. Los campeones no se convierten en campeones cuando ganan algo, sino en las horas, semanas, meses y años que pasan preparándose para ello. La actuación victoriosa en sí no es más que una demostración de su carácter de campeón.
23. No existe el jugador de baloncesto perfecto, y tampoco creo que haya uno solo que sea el mejor.

SOLUCIÓN: 1-L, 2-J, 3-J, 4-L, 5-J, 6-J, 7-J, 8-L, 9-L, 10-L, 11-J, 12-J, 13-L, 14-J, 15-J, 16-J, 17-L, 18-L, 19-L, 20-J, 21-L, 22-J, 23-J.

NUESTRO VEREDICTO

Pach: La mentalidad asesina de Jordan es imbatible, creo, busques la comparación que busques en cualquier deporte. No conozco a otro deportista igual, con esa ansia de ganar hasta a las chapas. LeBron también es un ganador y es mucho más cerebral, lo que le beneficia en muchos aspectos, sobre todo fuera de la cancha. Pero el instinto depredador de Jordan no tiene comparación.

PITI: No estoy de acuerdo, aquí los empato. LeBron tiene una mentalidad competitiva de este milenio y de esta década, sin mucha relación con toda la generación de las grandes guerras o de la de Vietnam, cuando vivir era urgente. Para él, ganar es la clave, pero previamente se tomaron muchas decisiones estratégicas, quizá algunas erróneas. Jordan tuvo la suerte de un gran GM, denostado pero muy acertado. Y eso hizo que su mentalidad brillara aún más. Viendo de dónde viene cada uno, creo que mentalmente empatan en cómo se han motivado para conseguirlo. Jordan, por las razones que sean, renunció a seguir en dos ocasiones.

4

MR. JUNIO CONTRA MR. SEPTIEMBRE

A lo largo de su legendaria carrera, Michael Jordan ha sido rebautizado con distintos apodos: Air Jordan, MJ, His Airness, Money, Black Cat, Captain Marvel, Black Jesus, GOAT… y Mr. June, porque cuando llegaba junio —la fecha de las finales— nunca fallaba. En cambio, LeBron se ha dejado alguna asignatura para septiembre en varias temporadas, aunque gracias a la LOMLOE puede pasar de curso. Un saludo muy afectuoso desde aquí a todos los docentes.

Ambos jugadores se enfrentan a los exámenes a su estilo. Durante el curso, LeBron se dosifica mucho más y aprueba por los pelos la asignatura de la temporada regular. MJ va a por cada examen parcial como si fuera el último que hace en su vida. Sin embargo, cuando llegan los playoffs, la selectividad, los exámenes finales, las fuerzas se igualan porque los dos fenómenos entran en modo depredador, aunque uno con más éxito que el otro.

Una muestra de esta mentalidad es que, en tantas temporadas como han disputado, Michael solo ha sido barrido de los playoffs en dos ocasiones y LeBron en tres. Las derrotas de Jordan, además, se produjeron en eliminatorias a cinco partidos: en la primera ronda de 1986 contra Boston Celtics (recién recuperado de la lesión, con 49 y 63 puntos de su cosecha en la noche en la que Dios se disfrazó de escolta de los Bulls), y al año siguiente en la misma ronda contra idéntico rival. Por su parte, LeBron luce en su currículum dos agujeros en las finales: en 2007, contra San Antonio Spurs, y en 2018, ante Golden State Warriors, además de la caída el año pasado ante Denver Nuggets en la final de la Conferencia Oeste.

A pesar del récord de James de cuatro victorias en diez finales disputadas, es importante destacar que ha estado en todas las finales de la década de 2010 (salvo en las de 2019), jugando en tres franquicias diferentes. Jordan, por otro lado, presenta un inmaculado seis de seis, con sus dos *three-peats* separados por el paréntesis beisbolero. Pero ninguno de los dos candidatos a GOAT presume de la mejor marca de victorias/derrotas en las finales. Lo de Bill Russell es insuperable.

Ranking de finales ganadas-perdidas

1. Bill Russell 11-1
2. Sam Jones 10-1
3. John Havlicek 8-0
4. K. C. Jones 8-0
5. Satch Sanders 8-0
6. Tom Heinsohn 8-1
7. Robert Horry 7-0
8. Jim Loscutoff 7-0
9. Frank Ramsey 7-1

10. Michael Jordan 6-0
11. Scottie Pippen 6-0
12. Bob Cousy 6-1
13. Kareem Abdul-Jabbar 6-4
14. Ron Harper 5-0
15. Steve Kerr 5-0
16. George Mikan 5-0
17. Don Nelson 5-0
18. Jim Pollard 5-0
19. Larry Siegfried 5-0
20. Tim Duncan 5-1
21. Dennis Rodman 5-1
22. Kobe Bryant 5-2
23. Derek Fisher 5-2
24. Slater Martin 5-2
25. Michael Cooper 5-3
26. Magic Johnson 5-4
27. Vern Mikkelsen 4-0
28. Will Perdue 4-0
29. Kurt Rambis 4-0
30. Frank Saul 4-0
31. Bill Sharman 4-0
32. Manu Ginóbili 4-1
33. Horace Grant 4-1
34. Robert Parish 4-1
35. Tony Parker 4-1
36. John Salley 4-1
37. Stephen Curry 4-2
38. Draymond Green 4-2
39. Shaquille O'Neal 4-2
40. Klay Thompson 4-2

41. Andre Iguodala 4-3
42. LeBron James 4-6

Examinando estos resultados, se podría argumentar que un Jordan espoleado por Jerry Krause tensó la cuerda lo necesario para sacar el máximo. La narrativa era perfecta: los buenos somos nosotros y el malo lo tenemos en casa. Con la tensión adecuada, va buscando pequeños enemigos a corto plazo y lo gana todo, siempre pensando que hay alguien dentro de la franquicia lo suficientemente loco como para apretar un botón, despedir a Phil Jackson y acabar con todo. En cambio, LeBron parecía no tener contrapesos: nadie cuestionaba que él era el mejor, el Rey, y que podía hacer lo que quisiera, ganara o perdiera, tuviera razón o no. Porque, en realidad, si perdía, no importaba. Lo fundamental era que siguiera en el equipo.

Las finales de LeBron

2007. Llegar a las finales con estos Cavaliers (quinteto inicial: James, Pavlović, Hughes, Gooden e Ilgauskas) y ser barridos por San Antonio, 4-0, ¿es un éxito o un fracaso? Si nos atenemos a la calidad de los *lebronaires* del momento, es un triunfo, sin duda. Pero es innegable que la Conferencia Este era mucho menos competitiva que la Oeste, aunque LeBron tuvo que tirar de épica en el quinto partido de la final de conferencia contra Detroit: 48 puntos, anotando los últimos 25 de su equipo, incluida una bandeja *game winner* marca de la *house* cuando faltaban dos décimas para el término de la segunda prórroga.

Se encuentra con unos Spurs en su mejor momento, casi inalcanzables. Y él no es nuestro LeBron en ningún instante, en particular en el primer partido: 14 puntos, con 4 de 16 en tiros de campo. En el raquítico tercer partido (75-72), dispone de un lanzamiento triple para empatar en la última jugada, y lo falla.

2011. Todo el mundo los odia, son el equipo construido a base de talonario para reunir a tres niñatos consentidos. Pero los Heat son capaces de superar este *hate* y presentarse en la final tirando del que quizá sea el LeBron más colectivo. Ganaron el primer partido, liderados por el combo James-Wade, pero en el segundo dejaron escapar una diferencia de 15 puntos y perdieron la ventaja de campo. A partir de ahí, la producción del candidato a GOAT cae drásticamente: solo 17 puntos en el tercer partido; 8 (3 de 11 en tiros) en el cuarto, y otros 17 en el quinto, acompañados de un triple doble que no sirve de nada. En el sexto y decisivo anota hasta 21 puntos, pero pierde 6 balones y los Mavericks de Nowitzki y Kidd se imponen por un contundente 4-1. Todo bien con el rollo de *La decisión*, pero quizá tendrías que haber sido más decisivo.

A toro pasado, LeBron hizo examen de conciencia: «En mi primer año en Miami, estaba allí y, literalmente, quería demostrar al mundo entero que estaban equivocados. Estaba demasiado concentrado en eso. Me perdí. Y aunque llegamos hasta la final, la perdimos. Después, entendí por qué... Perdimos porque yo ni siquiera estaba realmente presente».

2012. A la tercera va la vencida, que rezan los clásicos del tópico: 4-1 a unos Oklahoma City Thunder compuestos por la chavalería que, parecía, iba a dominar la liga los próximos años: Durant (23), Harden (21), Westbrook (23), Ibaka (21) y el «veterano» Perkins (56..., es broma, tenía 29, pero siempre ha parecido más que cincuentón).

Pero no nos olvidemos de LeBron, al que se le encendieron todos los sensores de alarma tras la remontada de OKC en el primer partido: a ver si me va a pasar lo de siempre cuando llego a la final. Nada de eso. En el segundo partido se imponen con claridad gracias a la ayuda de un adjunto al Big Three: Shane Battier. Luego se dirigen a Miami, donde James domina como una bestia con 29 puntos y 14 rebotes, para imponerse también en el cuarto y quinto partidos, a pesar de los calambres *reales* que le hacen jugar medio cojo los últimos minutos del penúltimo encuentro. Primer y merecido anillo para el genio de Akron, nombrado MVP, con un promedio de 28,6 puntos, 10,2 rebotes y 7,4 asistencias.

2013. Entendemos que, tras la disputa de esta final, LeBron envió un jamón Joselito y/o Cinco Jotas a Popovich como muestra de gratitud por los servicios prestados. A falta de 28,2 segundos para el final del sexto partido, los Spurs mantenían una ventaja de cinco puntos y los empleados del AT&T Center comenzaron a acordonar la cancha, cinta amarilla en ristre. LeBron falló un lanzamiento de tres puntos, pero Miller atrapó el rebote y se la pasó otra vez a James, que no duda y anota el triple crucial. Con solo veinte segundos para el final y dos puntos abajo, los Heat hacen falta *ipso facto* a Leonard, quien solo puede convertir uno de los dos tiros libres. En una jugada frenética, James vuelve a intentar el tiro decisivo desde larga distancia, pero Bosh consigue capturar el rebote ofensivo más trascendente de su vida y encuentra a Ray Allen en la esquina, que ejecuta un maravilloso *stepback* y empata el encuentro desde la línea de tres. ¿Por qué no hicieron falta los Spurs? ¿Por qué Popovich decidió jugar un *small ball* sin Duncan los minutos finales del partido y permitió que Miami cogiera rebote tras rebote? Nunca lo sabremos, pero Miami salió victorioso en una prórroga épica de uno de los partidos más memorables de la historia de las finales. Y todo gracias a una actuación monstruosa del de Akron: triple doble de 32 puntos, 10 rebotes y 11 asistencias.

En el séptimo y definitivo encuentro, LeBron entra en modo Belauste[3] y arrasa con todo: 37 puntos y 12 rebotes. Números que

3. José María Belausteguigoitia, Belauste, fue el primer capitán de

esconden cinco triples de diez intentos y la canasta decisiva, que tapa la portentosa actuación de Bosh y sus cero tantos. Otro MVP de las finales consecutivo para el Rey.

2014. En esta ocasión tenemos excusa para la derrota, al estilo del mejor Xavi Hernández, pero no cuela mucho. El aire acondicionado del AT&T Center dejó de funcionar en pleno primer partido, haciendo que el calor agobiante afecte a LeBron y le provoque calambres insoportables. A pesar de ser sustituido varias veces durante la segunda mitad, aguantó, pero abandonó definitivamente la contienda a falta de 3:59 para el final del último cuarto, con los Heat a solo dos puntos. No hay vuelta atrás: los Spurs arrasan con un parcial de 31-9 y se llevan la primera victoria.

Lo cierto es que la serie no fue competida: 4-1 para los Spurs, que vencieron los tres últimos partidos por 19, 21 y 17 puntos de diferencia, gracias a la presentación de Kawhi Leonard como nueva superestrella de la liga —anota un 65 por ciento de sus tiros cuando le defiende James— y a la fluidez en el pase mostrada durante toda la serie. Los Heat se desmoronan ante el uso de la línea de tres puntos que cada vez es más relevante, y un juego de equipo que acaba desnudando a la colección de estrellas. Estadísticamente, LeBron, como casi siempre: 28,2 puntos, 7,8 rebotes y 4 asistencias. Pero los Spurs juegan el mejor baloncesto colectivo que se recuerda para ganar un anillo de la NBA.

2015. Es el comienzo de una bonita rivalidad con Golden State Warriors, con Draymond Green como el villano definitivo. Los

---

la selección española de fútbol. En los Juegos Olímpicos de Amberes se hizo famoso su gol, en el que pidió el balón a su compañero Sabino al grito de «¡A mí el pelotón, Sabino, que los arrollo!», y marcó de cabeza introduciendo el esférico en la portería junto a cuatro o cinco suecos a los que se había llevado por delante en el salto.

Cavaliers salen como *underdogs* en las cuatro finales, pero presentan mucha batalla, sobre todo en los dos primeros choques de esta serie, que se deciden en la prórroga por primera vez en la historia de las finales de NBA. LeBron se tira hasta las zapatillas: 45 y 39 puntos (18 de 38 y 11 de 35 en tiros de campo), liderando al equipo tras las lesiones de Irving y Love.

Tenía clara la estrategia: «Tenemos una *Grit Squad*. No somos un equipo que busque el juego bonito y atractivo. Ahora mismo, nuestro juego es duro y agresivo, tanto en defensa como en ataque. Ganar un partido de las finales con solo un 32 por ciento en tiros de campo demuestra lo aguerridos que podemos ser. Tiene que seguir así el resto de la serie, sin importar cuántos partidos nos lleve».

En el tercer encuentro, LeBron se elevó por encima de todos: unos cuarenta puntos que superan el récord de Rick Barry como el jugador con más anotación en los tres primeros encuentros de unas finales (123). A pesar de tal despliegue, los Warriors lograron salir victoriosos en tres partidos relativamente tranquilos, superando el triple doble de James en el quinto (40-14-11). Andre Iguodala sustituyó a Andrew Bogut en el quinteto inicial para ocuparse de defender a James y jugar *small ball* (Curry, Thompson, Iguodala, Barnes y Green) en cantidades industriales. Impresiona que logre el MVP un jugador que «consigue dejar» a su rival en 35,8 puntos, 13,3 rebotes y 8,8 asistencias por partido.

2016. Bastante épico todo. La maldición de Cleveland se ha roto —ningún equipo profesional de la ciudad había ganado un campeonato desde 1964— y LeBron por fin trae a casa el anillo prometido. Expía sus pecados por la traición infame de la decisión *miamera*, remontando un 3-1 en contra por primera vez en una final de la NBA. MVP, por supuesto, con sus ya clásicos 29,7 puntos, 11,3 rebotes y 8,9 asistencias. Además, es el primer jugador en liderar una serie de playoffs en puntos, rebotes, asistencias, robos de balón y tapones. La apisonadora James en su mejor momento.

Es maravilloso, para los amantes del juego, que se recuerde esta increíble actuación de LeBron por The Block, la jugada defensiva que hemos glosado en el capítulo anterior. Ese taponazo que le atiza a Andre Iguodala a falta de 1:50 con el marcador empatado: 89-89. La vibración del tablero al recibir el impacto del balón propulsado por la mano lebroniana aún resuena en el Oracle Arena.

Toda esta épica alcanza su punto más intenso en el cuarto partido, cuando LeBron y Draymond Green se enredan y este pone en práctica su jugada favorita: golpeo en las partes nobles. Hay que remontar el dolor y un 3-1. Contra todo pronóstico, lo hace sumándose a un inspirado Kyrie, que anota 41 puntos en el quinto encuentro y 26 en el último, incluido el triple decisivo que otorga el tan ansiado campeonato a Cleveland. James anotó 41 puntos en el quinto y sexto, añadiendo un triple doble de 27-11-11 en el séptimo. Actuación que certifica su candidatura al GOAT.

2017. En una serie marcada por la clembuterización artificial de Golden State Warriors con el fichaje de Kevin Durant, LeBron se pone el traje de superhéroe: es el primer jugador en promediar un triple doble en las series finales con 33,6 puntos, 12 rebotes y 10 asistencias. No sirve de mucho.

Ambos equipos habían arrollado en los playoffs. Cleveland, 12-1, solo había cedido un partido a Boston Celtics en la final del Este. Golden State, 12-0, ni eso. Aunque esa competitividad no se vio en los dos primeros partidos, que se saldaron con victorias de los Warriors con márgenes cercanos a los veinte puntos. El tercero fue más disputado, pero nuevamente cayó del lado de los de la Bahía, mientras que en el cuarto los Warriors se tomaron el día libre y encajaron el récord de puntos anotados en el primer cuarto en un partido de series finales (49) y al descanso (86), para acabar perdiendo 116-137. En cualquier caso, era cuestión de tiempo que se certificara la derrota de los Cavaliers, que, por lo menos, evitaron la humillación de un 4-0.

2018. El barrido fue inevitable. No ayudó que LeBron decidiera dar un puñetazo a la pizarra donde Tyronn Lue escribía sus X y sus O y se lesionara la mano, frustrado por la derrota a pesar de sus 51 puntos: «Después del primer partido, estaba cegado por la emoción. Sabía lo crucial que era ese primer choque para nuestro equipo, lo que habría supuesto ganarlo, las decisiones que se tomaron a lo largo del partido. La ira se apoderó de mí y jugué los tres últimos partidos con la mano rota».

Tampoco parecía el mejor movimiento el intercambio de Kyrie Irving por Isaiah Thomas, Jae Crowder y Ante Žižić, aunque ficharan a Dwyane Wade y Derrick Rose. Nada pudo salvar al equipo de la gran diferencia promedio de 15 puntos por partido. Sin embargo, en los números de James no se notó caída alguna: 34 puntos, 8,5 rebotes y 10 asistencias.

2020. LeBron nos regaló una actuación inolvidable, dominando a su ritmo cercano al triple doble: 29,8 puntos, 11,8 rebotes y 8,5 asistencias, lo que le sirvió para obtener su cuarto MVP de las finales. Pero no recordaremos esta final por tal circunstancia ni por el rendimiento de Jimmy Butler, que igualó el récord de James de 2016 al liderar a Miami Heat en cinco categorías; tampoco por la sorprendente aparición de unos Heat que iban de tapados y se plantaron en las finales; ni por la trágica decisión de convertir a los entrenadores en domingueros que van a comprar el pan en chándales que les quedan regular tirando a mal. La recordaremos por ser la final de la Burbuja.

Qué distopía. La pandemia. Los equipos confinados en una burbuja en el ESPN Wide World of Sports Complex de Florida.

Partidos disputados entre el 30 de septiembre y el 11 de octubre. Las gradas vacías sustituidas por pantallones led que muestran rostros de aficionados desconocidos, observando desde sus hogares como si fueran un Gran Hermano absurdo y multicolor. Tiene mucho mérito el esfuerzo realizado por LeBron, Anthony Davis & Cia. para conseguir este anillo histórico que cerraba el círculo de éxitos lebronescos al imponerse en la liga con tres franquicias diferentes.

Las finales de Jordan

1991. Qué presión debes de sentir cuando eres el mejor jugador del planeta, has vapuleado a tu némesis Detroit Pistons en la final de la Conferencia Este (4-0) y te colocas a un paso de conseguir ese anillo que le puede dar sentido a tu carrera. Pero eso no es todo: te enfrentas al *showtime*, que, aunque ya está en las penúltimas, sabe un rato del arte de ganar finales.

Para Michael Jordan, esta presión parece manejable. En el primer cuarto del primer partido sumó 15 puntos, 3 rebotes y 5 asistencias. Aunque finaliza con 36 en su casillero, los Lakers logran imponerse en el Chicago Stadium por un apretado 91-93. Esto es solo el comienzo, Jordan está preparado para remontar.

En el siguiente encuentro, arranca mal: solo dos puntos en los primeros veinte minutos..., pero lo compensa anotando sus siguientes trece tiros, incluido el rectificado: la mítica canasta en la que salta para hacer un mate y se encuentra en el aire con la oposición de Sam Perkins, al que evita cambiándose el balón de mano y dejándolo caer suavemente con la izquierda. Todo esto sin aterrizar, claro.

Son momentos de cambio en la liga y parece que el *showtime* ha quedado relegado a un segundo plano hasta que alguien decida rescatarlo para producir una serie de televisión, o algo así.

Es la NBA en tecnicolor, el púrpura contra el rojo pasión de un Jordan que es el máximo anotador de todos los partidos de la serie, excepto en el último. Será por el mosqueo de Phil Jackson: «No estaba satisfecho con lo que veía. A pesar de lo que habíamos hablado, Michael dejaba a Paxson en el limbo. Magic dejaba libre a su hombre (Paxson) para ayudar a otros jugadores en defensa. Yo apostaba a que Michael no le pasaría el balón. Paxson era un tirador excepcional en el *clutch time* y Michael confiaba en él más que en otros. Pero, con el campeonato a la vista, Michael estaba volviendo a sus viejos hábitos de tratar de ganar los partidos él solo. Así que pedí un tiempo muerto y reuní al equipo. "¿Quién está solo, MJ?", pregunté, mirando directamente a los ojos de Michael. No contestó. Así que insistí: "¿Quién está solo?". "Paxson", respondió. "Bueno, pues entonces dale el maldito balón"».

1992. Jordan parecía decidido a resolver esto por la vía rápida y batió el récord de más puntos anotados al descanso en un partido de playoffs con 35 (incluidos seis triples). Tras anotar el último, realiza el icónico encogimiento de hombros mirando a la mesa de comentaristas de televisión donde está sentado Magic Johnson, como queriendo señalar que no puede evitar ser tan bueno. Carne de meme, cuando quedaban décadas para que existieran los memes.

A Drexler, la estrella de Portland, se le conocía como el «Michael Jordan pobre». Poca resistencia se esperaba con tales coordenadas, pero dieron mucha guerra, especialmente en el quinto partido, en el que MJ tuvo que irse hasta los 46 puntos. En los otros cinco anotó: 39, 39, 26, 32 y 33. Segundo MVP de las finales consecutivo, por supuesto.

1993. Estos Bulls alcanzan las finales como el segundo equipo en la clasificación de *rating* defensivo de la liga y el que juega más lento. Después de deshacerse en la final de conferencia de unos

Knicks que se pegan como una garrapata, reciben a unos Suns muy divertidos para el espectador: Barkley, Chambers, el Alcalde Kevin Johnson, Ainge, Majerle, Oliver Miller (en máximos de orondidad), Ceballos, Dumas, Jerrod Mustaf...

En los choques disputados en el America West Arena, Chicago se impone con autoridad, llevando a Phoenix al dudoso honor de ser el primer equipo que pierde los dos primeros partidos de unas series finales jugándolos en casa. Es en el segundo encuentro cuando la rivalidad Barkley-Jordan alcanza su máximo esplendor: cada uno anota 42 puntos. Michael, además, andaba picado *again* porque Dan Majerle era uno de los jugadores favoritos de Jerry Krause y se le consideraba un gran defensor.

En el tercer enfrentamiento, tres prórrogas. Un acontecimiento extraño, que solo se ha producido dos veces en las finales, y en las dos aparecen Phoenix y Paul Westphal: como jugador en 1976 y como entrenador en esta ocasión. Partido épico, antesala de los 55 puntos que les iba a meter Jordan en el cuarto. Acabó estas series con 41 puntos de media, mejor marca de todos los tiempos.

Parecía imposible que Phoenix pudiera ganar otro partido en Chicago, pero lo hicieron, superando los 41 puntos de Jordan, y se plantaron en el America West Arena dispuestos a forzar un séptimo enfrentamiento. Casi, casi. Si no se llega a despistar Danny Ainge, que dejó solo a John Paxson para encestar la canasta decisiva a falta de 3.9 segundos para el final, quizá ahora no hablaríamos de la dinastía de Chicago. En el último cuarto, Jordan anotó todos los puntos de los Bulls, excepto la suspensión de Paxson. MVP de las finales por tercera ocasión, un logro nunca antes alcanzado.

1996. De los Bulls originales, ya solo quedan Pippen y Jordan, los únicos que disponen de derecho a complemento por sexenios. Los demás tienen trienios, como mucho. Paxson, por ejemplo, continúa en el banquillo, pero ahora como ayudante. Vienen de barrer 4-0 a Orlando Magic en la final de conferencia, así como de obtener el récord histórico en la temporada regular (72-10). No se les puede escapar el anillo.

El quinteto inicial era totalmente diferente al del primer advenimiento: ya no están Paxson, ni Cartwright, ni Grant, ni Armstrong, ni King, ni Perdue, ni Williams. Jordan sí que es el mismo de siempre, después de haber pasado el sarampión beisbolero. No es el jugador avasallador de los tres primeros anillos, pero continúa siendo el máximo anotador en cada partido de los seis de la serie y se lleva a casa su cuarto MVP de las finales. Sin embargo, George Karl, entrenador de Seattle SuperSonics, no estuvo de acuerdo con la elección: «No sé a quién le tocó el MVP, pero Dennis Rodman ganó dos partidos de baloncesto. Gracias a él consiguieron las posesiones y oportunidades extra». Rodman, además, había logrado expulsar a Frank Brickowski en el primer partido con dos técnicas consecutivas después de una falta antideportiva. Briconsejo: no te pongas nervioso cuando te enfrentes a The Worm.

Jordan piensa que este *comeback* no se le ocurre ni al guionista de *Succession*: «¿Quién habría escrito esta temporada? ¿Quién podría haber predicho esto? Las cosas funcionan de forma misteriosa. He tenido la suerte de poder estar sano toda la temporada, de devolver un campeonato a la ciudad de Chicago. Además, sucedió en el Día del Padre, lo que lo hizo aún más especial para mí».

1997. El comienzo del bienio mormón,[4] que empieza y acaba de la misma forma. Observen las palabras de Bryon Russell sobre la última acción del primer partido de estas series: «Jordan recibió el balón, el tiempo se agotaba y lanzó un gran tiro con mi mano en

4. Dennis Rodman fue multado con 50.000 dólares por decir: «Es difícil entrar en sintonía con todos esos putos mormones que hay por allí», en referencia al tremendo ruido que se producía en el Delta Center, cosa que obligó a Phil Jackson a dirigir con tapones en los oídos.

su cara. Hizo la típica jugada de Michael Jordan: un *backbreaker*. Le mantuve delante de mí, sin dejarme superar por su habilidad. Hizo un tiro en suspensión mientras yo tenía una mano en su cara». ¿Les suena?

La plantilla de Utah Jazz no está compuesta por jóvenes imberbes en su primer viaje a las finales. Son igual de veteranos que los Bulls en su penúltimo *dance*, o incluso más. Y eso que Chicago había incorporado a un Robert Parish de cuarenta y cuatro años con movilidad restringida, elevando de manera considerable la media de edad. Al final, se enfrentaba Jordan contra el *pick & roll* letal de Stockton & Malone. Michael y sus guerras psicológicas. En el primer partido, con 82-82 en el marcador, Karl Malone tiene un tiro libre para ganar el partido. MJ se le acerca sigilosamente y le susurra al oído: «Recuerda una cosa: el cartero no entrega los domingos». Malone falla el tiro libre, Jordan atrapa el rebote y pide un tiempo muerto a falta de 7,5 segundos. Después, la suspensión por encima de Russell para inaugurar la serie.

Otro momento épico llegó en el quinto partido, que ha pasado a los anales como The Flu Game. Jordan empieza a vomitar en su habitación de hotel a primera hora del día del encuentro, lo que provoca la visita de los *trainers*, que dictaminan que, en ese estado, será imposible que juegue esa noche. Pero se levanta de la cama en dirección al Delta Center, aunque ni calienta. Comienza el encuentro a cámara lenta, pero se va animando y acaba con 38 puntos, derrengado en brazos de Scottie Pippen, que evita que se desplomara en el suelo por el agotamiento. Dos días después, en el sexto y definitivo, aún no está recuperado, pero se va hasta los 39 puntos para dar el quinto anillo a los Bulls y lograr su quinto MVP.

1998. *The last dance*. Nos ponemos nostálgicos al escribirlo. Los cinco primeros partidos se decidieron por menos de cinco puntos, salvo el tercero, en el que los Jazz se mostraron especialmente espesos y solo consiguieron anotar 54 puntos, récord negativo de los playoffs. La leyenda se creó en el sexto partido, con ese último tiro glorioso para cerrar una final en la que Utah contaba con ventaja de campo: los dos últimos choques se iban a jugar en el Delta Center. Con 83-86 en el marcador para los Jazz y faltando treinta y siete segundos, Jordan penetra a canasta superando a Russell y anota una bandeja: el partido está en un punto. En el siguiente ataque, Stockton encuentra a Malone en el poste bajo, pero recibe el manotazo de un Jordan que acude a la ayuda defensiva, roba el balón y lo bota hasta que faltan 7,5 segundos. Entonces, ataca de nuevo a Russell, le rompe la cintura, se levanta en suspensión y anota. ¿Fue falta el robo a Malone? Ni siquiera Hernández Hernández a los mandos del VAR se hubiera atrevido a pitarla.

En la mente de Phil Jackson no cabe pensar en una jugada de Jordan superior a esta: «Para mí, el momento más importante fue el último partido que jugamos juntos contra Utah. Estaba fallando tiros, no tenía la mano fina y le aconsejé: "Tienes que seguir el tiro", y luego le dije: "Escucha, tenemos cuarenta y un segundos, tienen un tiempo muerto, no lo van a pedir. Perdemos por tres, esto es lo que vamos a hacer: cuando anotes y ellos vuelvan a atacar, van a buscar a Karl. Puedes anticiparte y robarle el balón. Conoces la jugada, sabes lo que van a hacer: un bloqueo de Hornacek; a ver si puedes quitarle el balón de las manos", y lo hizo. Fue un gran robo, y después anotó en la misma jugada, pero esta vez lo hizo con un tiro en suspensión. Esa secuencia fue la culminación de unas mentes jóvenes que trabajan juntas».

Al final, 45 puntos en el partido, 33,5 de media en la serie, sexto MVP de las finales.

Nos hubiera gustado que tanto LeBron como Jordan hubieran vivido una rivalidad en las finales como la de Magic Johnson y Larry Bird, pero ninguno de ellos ha encontrado adversarios de su talla. ¿Quiénes han sido los grandes rivales de LeBron? Tal vez, Stephen Curry. Una bestia dominadora contra un tirillas. LeBron no tiene un verdadero rival en su época, su pelea es contra MJ y contra sí mismo. Jordan tampoco se enfrentó a un archirrival. Quizá la franquicia de Utah Jazz en su conjunto, pero, tiros épicos aparte, ni siquiera ha tenido que jugárselo todo en el séptimo partido de una final.

NUESTRO VEREDICTO

PACH: Seis finales, seis victorias, seis MVP. Cuando se trata de enfocar la mirada del tigre al estilo *Rocky III* y salir a arrasar, no hay (ni habrá) otro como Michael Jordan. La década prodigiosa de LeBron es impresionante, pero para ser el *King* de las finales hay que ganar más.

PITI: Camaleón LeBron, jugar finales y ganarlas con tres colores distintos. Mataleón el haber perdido hasta seis, una llave de la que no puedes escapar por mucho que destaquemos su liderazgo con plantillas, estilos y talentos tan diferentes. La victoria final es el baremo. Y aquí Jordan es incontestable e impecable.

EL GOAT
Y EL ENTORNO

5

ESCUDEROS DE LUJO

Las reglas no escritas de la escritura advierten de la inconveniencia de comenzar un capítulo con un tópico, pero aquí hemos venido a jugar: el baloncesto es un deporte en el que juegan cinco contra cinco. Se enfrentan equipos, no individualidades. Por muy GOAT que seas, los anillos no se ganan en solitario.

A lo largo de sus carreras, nuestros protagonistas han compartido el dolor y la gloria con compañeros de todos los perfiles. La mayoría de ellos pasaban por ahí y tienen la suerte de poder presumir con sus descendientes de haber coincidido en el espacio-tiempo con los más grandes de siempre. Algunos, solo algunos, se convirtieron en esos cómplices que con solo mirarlos sabes que disponen de todas las respuestas. Personas en las que puedes confiar, en las que puedes apoyarte cuando las cosas vienen mal dadas y de las que extraes lo mejor, aunque sea en tu propio beneficio. Al final, esos con los que ganas. Estos son los escuderos de lujo.

En tantos años de campeonatos de baloncesto, en tantas ligas por el mundo, se han acuñado pocos términos más despreciativos y, al mismo tiempo, más descriptivos que los *jordanaires*. Todo comenzó con esa cuadrilla que se encontró Michael Jordan en sus primeras temporadas en los Bulls: Quintin Dailey, Orlando Woolridge, Dave Greenwood, Steve Johnson, Caldwell Jones, Kyle Macy, Sidney Green... De estos no se salva ninguno. Woolridge, quizá, pero de escudero tenía poco. Don Orlando solo jugaba para don Orlando: ni para Jordan, ni para Kevin Loughery, ni para Jerry Krause, ni para Chicago, ni para los fans, ni para nadie. Por no hablar de la ingestión múltiple de estupefacientes de todos los formatos y calidades —los llamaban el Traveling Cocaine Circus—, como relató Jordan en *The last dance*, comentario por el que le cayó una buena en nuestras amadas redes sociales.

Es curioso cómo, incluso después de que Scottie Pippen se uniera al equipo tras su selección en la quinta posición del draft de 1987 (a través de un intercambio por Olden Polynice con Seattle SuperSonics, muy bien ahí, Krause), en la prensa se continuaba tildando de *jordanaires* al resto de los jugadores de los Bulls cada vez que las cosas iban mal. Pippen es cualquier cosa menos un actor secundario. Es el escudero perfecto. El que merece los mismos elogios tanto como el supuesto protagonista. El Robin para Batman. El Casemiro para Modrić. El Sergio para Estíbaliz. El Codeso para Lussón.

Si la NBA creara el Premio Escudero of the Year, debería denominarlo Memorial Scottie Pippen. Nadie como él en lo suyo. Una especie de avatar defensivo de Jordan con diez centímetros más de envergadura, un alienígena. Puede que no destacara en ningún aspecto concreto en ataque, pero cada temporada mejoraba algo. El complemento perfecto, aunque Scottie se sienta infravalorado: «Cada vez que hablen de Michael Jordan, deberían hablar de

Scottie Pippen». Tanto que, en su opinión, su excompañero no gana la carrera por ser el GOAT: «LeBron será estadísticamente el mejor jugador que haya jugado nunca al baloncesto. He visto a Michael Jordan jugar antes de que yo llegara a los Bulls. Era un jugador terrible, horrible de ver. Era todo uno contra uno, todo malos tiros. De repente, nos transformamos en un equipo y comenzamos a ganar, y todo el mundo se olvidó de quién era realmente», explica en *Relevo*.

Digamos que a Scottie se le nota *ligeramente* resentido con Michael. Lo suficiente para escribir su autobiografía (*Sin defensa*, también publicada en esta magnífica editorial), treinta años después, solo para airear lo que piensa de su colega en el juego exterior de los Bulls. Incluso en el prólogo le atiza hasta en su norteamericano documento de identidad: «En *The last dance,* Michael estaba decidido a demostrar a la generación actual de aficionados que era el más grande de su época, aún más que LeBron James, el jugador al que muchos consideran su igual, si no superior [...]. Incluso en el segundo episodio, que se centra en mi difícil educación y en mi improbable camino hacia la NBA, la narración volvía a MJ y a su determinación para ganar. Yo no era más que un accesorio. Me llama "su mejor compañero de equipo de todos los tiempos". Si lo hubiera hecho aposta, no podría haber sido más condescendiente. [...] ¿Cómo se atreve Michael a tratarnos así después de todo lo que hicimos por él y por su preciada marca? Michael Jordan nunca habría sido Michael Jordan sin mí, Horace Grant, Toni Kukoč, John Paxson, Steve Kerr, Dennis Rodman, Bill Cartwright, Ron Harper, B. J. Armstrong, Luc Longley, Will Perdue y Bill Wennington». No parece que queden todos los jueves por la tarde para degustar un *caramel macchiato* en su cafetería sobrepreciada de confianza.

No habría que descartar una versión norteamericana de *Muertos de risa* protagonizada por Jordan y Pippen en los papeles de Bruno y Nino.

Michael somete a todos sus escuderos a tal presión psicológica que la cosa acaba fatal. Los rumores de las crueldades que sufren a manos de la superestrella son constantes, como se encargan de filtrar ellos mismos a su conveniencia. No es el caso de LeBron, del que no sabemos (¿existe?) nada malo, quizá por el entramado profesional que ha construido con su agencia de representación. Nadie se atreve a meterse con él, tal vez intimidados por el affaire Delonte West, del que se rumoreaba que salía con la madre de James y que empezó a caer en desgracia en la liga hasta desaparecer, más allá de sus problemas mentales. ¿Coincidencia? Podría ser.

A pesar del maltrato, Jordan sabe que necesita a sus escuderos para triunfar. En algunos casos, los clona cuando ya no le sirven. John Paxson y Steve Kerr compartían biotipo de jugador: bases tradicionales, caucásicos, no muy atléticos, con habilidad en el tiro exterior y en subir el balón para dárselo al macho alfa y quitarse de en medio. Jugadores que saben reconocer su rol en el equipo, lo aceptan y lo ejecutan a la perfección.

Otro escudero prototipo es el jugador al que pondremos de cuatro. Por fuera ya estamos nosotros: Jordan y Pippen. Por dentro, ¿qué buscamos? Alguien que rebotee como una bestia, que sea duro, que no gaste botes, porque los botes ya están repartidos... Con Horace Grant les va bien, pero carece de la consistencia mental para situarse al nivel de Jordan & Pippen, S. A. No está preparado para soportar la presión *jordanística*, esa que apuntaba Chuck Daly: «Era capaz de motivar a todo un equipo y que se creyeran que eran invencibles». MJ te exprime, y fuera de la cancha ni siquiera tiene tu teléfono. Dispone de un núcleo pretoriano al que no están invitados sus compañeros. Hay que tener mucho carácter para ponerte *al servicio* de una persona así.

Por eso, Rodman se convirtió en la pieza perfecta para el esquema de los Bulls posbéisbol: te da lo que te da Horace, pero sin ningún afán por el lucimiento personal. Yo reboteo y te la paso.

Reboteo y te la paso. Reboteo y te la paso. No es que no necesite botar, es que no le importa tirar a canasta. Defiende como el mejor, es durísimo... Si nos abstraemos de su personalidad fuera de la cancha y de sus cambios inverosímiles de *pantone* capilar, es el complemento soñado para los Bulls de Jordan.

Dentro de esta selva, la pantera rosa es la especie más rara y Jerry Krause tiene mucha culpa de ello. Durante tres temporadas, amenaza de manera constante con traerlo como solución a los problemas de una franquicia que, en realidad, no los tenía: lo ganaban todo. El pobre Kukoč lucha por adaptarse, enfrentándose a reacciones xenófobas porque «es un yugoslavo blando al que le van a pagar lo que le debería ganar Pippen». En Europa gana todos los títulos con la Jugoplastika y mucha pasta en la Benetton. En los Bulls, ni afecto ni reconocimiento. Al principio, ni siquiera juega con Jordan, ya que debuta en la temporada beisbolera del astro. Después se va convirtiendo en parte fundamental del equipo gracias a sus cualidades como jugador generoso, de los que no acaparan balón, con una excepcional visión de juego.

Tal vez podríamos considerar a Ron «Hollywood» Harper como el escudero más atípico. Cuando le fichan, en la temporada 94-95, acababa de promediar 20,1 puntos por partido con Los Angeles Clippers. Harper era un Jordan de garrafón, un escolta anotador que acepta subirse al transatlántico de los Bulls como tercer ayudante del contramaestre, para promediar 6,9 puntos, pues su papel cambió por completo. Pasó de realizar 18 tiros por partido, a 6. De jugar 38 minutos, a menos de 20. De cobrar 4 millones de dólares, a 2,4. Renuncia a la mitad de todo por la gloria.

Cerrando el círculo, en el ocaso de su carrera se reencuentra con Charles Oakley en los Wizards, un tremendo reboteador y viejo compañero de los primeros Bulls. Es uno de sus pocos amigos en la NBA junto con Rod Higgins: «Es mi guardaespaldas. Voy a ser como su hermano mayor. Tenemos una gran relación. Hemos de aprender a ayudarnos el uno al otro cuando vienen mal dadas».

Quince años después de que ambos se retiraran, cuando Charles fue expulsado entre vapores etílicos del Madison Square Garden por los guardias de seguridad tras decirle de todo a James Dolan, el propietario de los Knicks, Michael intercedió por él. Ahora bien, la amistad no quita que, deportivamente, Oakley le tuviera calado: «Me preguntaron: ¿con quién prefieres jugar, con LeBron o con Mike? Respondí que LeBron, aunque Mike es mi mejor amigo. Mike no me pasaría nunca el balón. No le importa nada si consigo algún tiro hoy, o me tengo que esperar hasta mañana. Pero, ya sabes, tiene que ser Mike».

Escoger un escudero para LeBron es una tarea complicada. ¿Cómo eliges a un socio para un jugador que puede ocupar él mismo las posiciones de base, escolta, alero o ala-pívot? Es LeBron & LeBron, S. L., el auténtico hombre orquesta.

Desde su debut en la liga, James no contaba con un gran escudero que sobresaliera entre los demás. Zydrunas Ilgauskas (nombre clave: Zabonis), pívot de 2,21 nacido en la hermosa localidad de Kaunas, quizá era el más constante de todos, con promedios de 15 puntos y 8,5 rebotes por partido. Pero su verdadero impacto fue como mentor del fenómeno de Akron en su primera etapa en la liga, un chaval de dieciocho años recién salido del instituto. «Cuando llegas como novato, buscas un líder, un veterano, alguien que haya estado allí para aprender de él. Él me enseñó a ser un profesional dentro y fuera de la pista. Eso es algo que nunca se debe dar por sentado. Lo era todo para mí... Desde el primer día, supe que siempre iba a estar a su lado [...]. Quería esforzarme al máximo para ayudarlo a tener días más brillantes que los que había vivido. Quería ganar un campeonato para él. Me quedé un poco corto, pero le di algunos momentos inolvidables», explicó James sobre su relación con Ilgauskas. Zydrunas. El pívot también es el amigo más íntimo de Jasikevicius (nombre clave: Bolas), un dato que no viene mucho a cuento, pero que es de los que nos gustan. Mucho golf han jugado juntos.

Carlos Boozer y Drew Gooden eran indistinguibles como escuderos. Los típicos cuatros que igual te promedian 20/10, pero que pasan completamente desapercibidos. Nunca jugaron en equipos ganadores y su carisma tiende a cero. Podrían haber sido unos buenos complementos para LeBron, pero no daban la talla. Varejão, el suplente, era mucho más fiable para James que su ala-pívot titular, era uno de sus hombres de confianza. Apareció en un entrenamiento con un tatuaje falso con la inscripción CHOSEN 2, riéndose del CHOSEN 1 que luce la perla de Akron en sus anchas espaldas. Le quiere tanto que, cuando el interior brasileño mantuvo una polémica disputa con la directiva de Cleveland por su renovación en 2007 y no firmó hasta diciembre, LeBron pidió salir desde el banquillo para coincidir en la pista con él y protegerle de los abucheos del público. Fue la primera ocasión en más de mil setecientos partidos que James no formó parte del quinteto inicial. La otra se produjo en un Bulls-Lakers de la temporada 22-23, donde King James reaparecía tras un mes sin jugar por una lesión en el pie derecho. Un rey nunca puede ser suplente.

En Miami, decidió reventar el concepto de escudero. Después de no confiar en nadie en Cleveland, ahora se toma dos tazas de *sidekick* tope de gama. Una jugada con la que se echaron encima a toda la liga: siempre han existido Big Threes (Magic, Worthy y Abdul-Jabbar, por ejemplo), pero es la primera ocasión en la que los tres deciden dónde jugar. Jordan no es dueño de su destino. LeBron sí.

Los tres han funcionado juntos en los Juegos de Pekín. Wade sabía a lo que se exponía cuando realizó la llamada de teléfono que lo empezó todo: «Lo que pasa con LeBron es que es una esponja. Y por eso no va a permitir que nadie sea superior a él en nada. Si Ray Allen se queda a tirar después del partido, él va a ir a tirar con Ray Allen, imitando la forma de Ray Allen. Quiere ser mejor que todos en todo». En el acto de presentación del trío dinámico en Miami, el presentador pregunta a James: «No habéis venido a Miami para ganar solo un anillo..., ¿verdad?». Al final, dos anillos y otras dos finales en cuatro temporadas, lo que no se percibió como un superéxito por la fama de abusones que acarreaban. En cualquier otro escenario, sería un resultado increíble.

Resulta plausible que el plan inicial consista en compartirlo todo, pero, luego, la cabra tira al monte y LeBron quiere dominar el juego, amasar el balón, generar y también resolver. Wade y Bosh bajan sus promedios en cada una de las cuatro temporadas, mientras nuestro protagonista los sube. Claro, Wade es un dos, y Bosh, un cuatro. LeBron es un tres, pero también un dos y un cuatro, un monstruo de tres cabezas. La grandeza de James hace que todo se solape. Compite más con Dwyane que con Chris, que acepta un rol más de escudero del escudero. Él, a lo suyo. Y disfrutando del espectáculo: «Todos tenemos sueños de cómo se va a desarrollar nuestra carrera, pero verle mientras hace realidad los suyos es algo que solo apreciaremos cuando se retire. Y va a crear un precedente muy peligroso para cualquier otro jugador que quiera ser el GOAT: al menos deberá tener dieciocho años de plenitud».

En su retorno a Cleveland se encuentra con un Kevin Love que encarna a la perfección el papel de fiel escudero. Es consciente de que tiene que enfocarse en rebotear y mejorar su porcentaje de tiro para abrir camino a las penetraciones de LeBron. El otro escudero, Kyrie Irving, es mucho menos compatible, al igual que le sucede en la actualidad con Luka Dončić: es uno de los jugadores más hábiles manejando el balón jamás visto, pero necesita multitud de botes para generar y le cuesta entender qué es lo que pasa alrededor (tanto dentro como fuera de la cancha: la Tierra es plana, distribuir un documental antisemita, la vacuna de la COVID-19 forma parte de un plan de Satanás para conectar a los afroamericanos con un superordenador...). Cuando llega el Rey James, se convierte en el príncipe destronado de Delibes: sí, te elegimos con el número uno del draft, pero ahora ha llegado otro que es mejor que tú y te tienes que poner a su servicio. A pesar de tener que compartir el balón, parece que al alero de Akron le gustaba jugar con Kyrie: intentó convencerlo para que firmara por los Lakers en lugar de por los Mavericks, en 2023, y se molestó mucho cuando decidió fichar por los Celtics en 2017: «Hice todo lo posible para ayudar a este chico a convertirse en el mejor jugador que pudiera ser. Traté de guiarlo hacia un liderazgo más fuerte, a ser un mejor anotador, un mejor director de juego, un mejor defensor, un mejor pasador, a involucrar más a los compañeros, a tener un mejor discurso como líder. Intenté dárselo todo y darle todo el ADN que pude. Lo único que me enfada es que se llevó gran parte de mi ADN y los planos del equipo a Boston».

Tres finales y un anillo histórico para Cleveland después, LeBron aterriza en Los Ángeles en la temporada 18-19 y se encuentra con una banda similar a los primeros *jordanaires*. Con 37 victorias y 45 derrotas, ocupan un triste décimo lugar en la Conferencia Oeste, fuera de los playoffs. Nada nuevo en las últimas temporadas de la franquicia angelina: su última temporada con balance positivo de victorias-derrotas había sido la 12-13 con Kobe y Gasol a los mandos, con 45-37, para ser barridos en la final del Oeste por San Antonio. Después, el abismo: 27-55, 21-61, 17-65, 26-56 y 35-47. Incluso con talentos emergentes como Brandon Ingram y Kyle Kuzma, LeBron no parece poder reflotar este barco que se hunde.

Pero una ceja gigantesca cambia el panorama. La llegada de Anthony Davis tras un traspaso por el que se desprenden sin miramientos de Ingram, Lonzo Ball, Josh Hart, tres elecciones en primera ronda y un cambio de elección,[5] lo remueve todo. El ala-pívot de cejas *zapateriles* resulta un escudero de manual para

5. Con estas elecciones o mediante traspasos, los Pelicans consiguieron a Jaxson Hayes, Nickeil Alexander-Walker, Didi Louzada, Herb Jones, Vince Williams Jr. y Dyson Daniels. Poca cosa, ¿no?

LeBron, que ya había coincidido con él en los Juegos de Londres: rebotea, anota, va ampliando su rango de tiro, se va atreviendo con el triple... y juega de cuatro o de cinco, dependiendo de dónde ponga a Mr. James el entrenador de turno. Todo va demasiado bien, demasiado rápido. Es la temporada truncada por la pandemia y consiguen un impresionante balance de 52-19, para después imponerse en el torneo de la Burbuja y llevarse un anillo con el que pocos contaban al principio. Es la única ocasión (hasta el momento) en el que un escudero ha superado a su líder GOAT en promedio de anotación: LeBron baja de 27,4 a 25,3 puntos por partido, pero sube de 8,3 a 10,2 asistencias, para alimentar a un Davis que llega a los 26,1. Historia pura del escuderismo, aunque se ha mostrado un poco inconstante físicamente; solo superó los sesenta partidos en esta mítica primera temporada.

En esta etapa merece la pena mencionar también a Alex Caruso —la Mamba Calva— y a Austin Reaves, que representan al sector de los no drafteados. Dos gangas pálidas que han superado con creces todas las expectativas. Reaves especialmente: acaba promediando 15 puntos, 5 asistencias y 4 rebotes y seleccionado para representar a Estados Unidos en el Mundial de 2023. Jugador completo, muy estajanovista, no muy potente, pero mientras a tu jefe le parezca bien, eso no es problema: «Me importa un bledo lo atlético que seas o lo bien que tires. Ni siquiera lo alto que puedas saltar o lo rápido que corras. Yo valoro más el conocimiento del juego. Obviamente, necesitas eso para ganar un campeonato. Tienes que contar con chicos que puedan hacer cosas extraordinarias. Pero siempre me han gustado los que saben jugar al baloncesto», apunta el Rey.

Si existiera un logaritmo que analizara la compatibilidad entre jugadores, LeBron y Westbrook tendrían aproximadamente un 95 por ciento de incompatibilidad. Una fantástica idea contratar a un base especialista en triples-dobles beneficiosos solo para él, que necesita dar el pase en carrera, entrar a derechas y lanzar la bandeja o dar el pase en el ultimísimo segundo mientras todo el sistema depende de él. Es como el Elegido, pero en base acaparador de balón y en muchísimo peor, claro. Un escudero fichado sin ningún tipo de sentido. Este caso es la excepción que confirma la regla de Piti de los escuderos-electrodomésticos: «Jordan va a una tienda de electrodomésticos y le dice al dependiente que quiere un frigorífico última generación. LeBron pide el mejor aparato que tenga: un horno, una vitrocerámica, una *air-fryer*..., lo más caro y lo mejor. Según lo que tengan, él ya se acopla». Quizá contrataron al jugador de más categoría disponible en el mercado, pero era el único no compatible con el producto estrella de Electrodomésticos Akron, S. L. En cuanto se libraron de él, pasaron de la mediocridad más absoluta a volver a ser candidatos a todo.

NUESTRO VEREDICTO

PACH: Pippen marca la diferencia, es la definición viviente de escudero/complemento/actor secundario que debería aparecer en el Diccionario de la Real Academia Baloncestística. En el *prime* de Jordan, los *jordanaires* están seleccionados para complementar (y molestar lo menos posible) a Su Majestad Aérea, mientras el Big Three de Miami es mucho menos jerárquico y más democrático, con una tricefalia y una serie de súbditos *random* que ni siquiera alcanzan la categoría de escuderos. LeBron, además, nunca tuvo un Pippen. Punto para Michael.

PITI: Aquí pierde Jordan por la poca gama ofrecida. Scottie Pippen al frente, un grande, un *dream teamer*, lo siguiente baja mucho. Lo entiendo más en qué nivel han tenido tus escuderos que en cómo os habéis entendido. La Ceja, Wade, Chris Bosh, Westbrook... son grandes nombres. Y aquí lanzo el dato: en los Juegos Olímpicos de 2008 y 2012, LeBron anotó más que Kobe. ¿Quién fue el escudero de quién?

ESCUDEROS ESTADÍSTICOS

JUGADOR	MIN	PTS	REB	AST	PER	USG	TSP	VORP
84-85								
Michael Jordan	38,3	28,2	6,5	5,9	25,8	29,8	59,2	7,4
Orlando Woolridge	36,6	22,9	5,6	1,8	19,5	24,2	60,8	2,5
Quintin Dailey	26,6	16	2,6	2,6	15,2	27,3	51,7	-0,1
85-86								
Michael Jordan	25,1	22,7	3,6	2,9	27,5	38,6	53,3	1,3
Orlando Woolridge	32,1	20,7	5	3	19,6	26,5	56	2,3
Kyle Macy	29,6	8,6	2,2	5,4	12,3	35,1	51,1	0
86-87								
Michael Jordan	40	37,1	5,2	4,6	29,8	38,3	56,2	10,6
Charles Oakley	36,3	14,5	13,1	3,6	14,2	21,3	49,3	0
John Paxson	32,8	11,3	1,7	5,7	12,8	15	54,7	0,4

MIN, PTS, REB, AST: minutos, puntos, rebotes y asistencias por partido.
PER (*Player Efficiency Rating*): la valoración global de la producción estadística por minuto de un jugador.
USG (*Usage Percentage*): una estimación del porcentaje de jugadas de un equipo que ejecuta un jugador.
TSP (*True Shooting Percentage*): una medición de la eficacia en el tiro, que tiene en cuenta las canastas de dos, de tres y los tiros libres.
VORP (*Value Over Replacement*): mide la contribución global de un jugador a su equipo, en comparación con la de un jugador suplente promedio en la misma posición.

JUGADOR	MIN	PTS	REB	AST	PER	USG	TSP	VORP
87-88								
Michael Jordan	40,4	35	5,5	5,9	31,7	34,1	60,3	12,5
Sam Vincent	34,3	13	3,6	8,4	16,1	19,8	53,1	0,6
Charles Oakley	32,9	12,4	13	3	15,4	17,9	54,3	1
88-89								
Michael Jordan	40,2	32,5	8	8	31,1	32,1	61,4	11,4
Horace Grant	35,6	12	8,6	2,1	13,8	15,2	54,7	1
Scottie Pippen	33,1	14,4	6,1	3,5	14,9	21,3	52,2	1,5
88-90								
Michael Jordan	39	33,6	6,9	6,3	31,2	33,7	60,6	10,6
Scottie Pippen	38,4	16,5	6,7	5,4	16,3	21,2	52,8	3
Horace Grant	34,4	13,4	7,9	2,8	16,6	16,7	55,5	2,1
90-91								
Michael Jordan	37	31,5	6	5,5	31,6	32,9	60,5	10,8
Scottie Pippen	36,8	17,8	7,3	6,2	20,6	21,8	56,1	5,9
Horace Grant	33,9	12,8	8,4	2,3	17,6	15,3	58,5	3
91-92								
Michael Jordan	38,8	30,1	6,4	6,1	27,7	31,7	57,9	9,2
Scottie Pippen	38,6	21	7,7	7	21,5	24,6	55,5	6,4
Horace Grant	35,3	14,2	10	2,7	20,6	15,5	61,8	5,2

JUGADOR	MIN	PTS	REB	AST	PER	USG	TSP	VORP
92-93								
Michael Jordan	39,3	32,6	6,7	5,5	29,7	34,7	56,4	10,2
Scottie Pippen	38,6	18,6	7,7	6,3	19,2	23,9	51	4,7
Horace Grant	35,6	13,2	9,5	2,6	17,5	16,7	53,4	2,6
94-95								
Michael Jordan	39,3	26,9	6,9	5,3	22,1	33,2	49,3	1,1
Scottie Pippen	38,2	21,4	8,1	5,2	22,6	26,3	55,9	7,2
Toni Kukoč	31,9	15,7	5,4	4,6	19,8	21,9	57,5	4,1
95-96								
Michael Jordan	37,7	30,4	6,6	4,3	29,4	33,3	58,2	9,8
Scottie Pippen	36,7	19,4	6,4	5,9	21	24,4	55,1	5,9
Dennis Rodman	32,6	5,5	14,9	2,5	13,6	10,3	50,1	1,1
96-97								
Michael Jordan	37,9	29,6	5,9	4,3	27,8	33,2	56,7	8,6
Scottie Pippen	37,7	20,2	6,5	5,7	21,3	24,6	55,4	6,1
Dennis Rodman	35,4	5,7	16,1	3,1	13,9	10	47,9	1,2
97-98								
Michael Jordan	38,8	28,7	5,8	3,5	25,2	33,7	53,3	7,1
Scottie Pippen	37,5	19,1	5,2	5,8	20,4	24,4	53,3	2,9
Dennis Rodman	35,7	4,7	15	2,9	12,4	8,7	45,9	1,3

JUGADOR	MIN	PTS	REB	AST	PER	USG	TSP	VORP
2002-2003								
LeBron J ames	39,5	20,9	5,5	5,9	18,3	28,2	48,8	2,9
Ricky Davis	36,2	15,3	5,5	5	14,2	23,2	48,8	0,2
Carlos Boozer	34,6	15,5	11,4	2	20,8	20	56,7	2,7
2004-2005								
LeBron James	42,4	27,2	7,4	7,2	25,7	29,7	55,4	9,1
Jeff McInnis	34,9	12,8	2,1	5,1	12,4	18,8	49,5	0,2
Zydrunas Ilgauskas	33,5	16,9	8,6	1,3	19,5	24,1	55	1,2
2005-2006								
LeBron James	42,5	31,4	7	6,6	28,1	33,6	56,8	9,4
Flip Murray	36,7	13,5	2,4	2,8	11,9	18,9	52	0,2
Larry Hughes	35,6	15,5	4,5	3,6	14	23,6	50,4	0,2
2006-2007								
LeBron James	40,9	27,3	6,7	6	24,5	31	55,2	8,1
Larry Hughes	37,1	14,9	3,8	3,7	12,1	21,7	48	0,8
Drew Gooden	28	11,1	8,5	1,1	16,5	20	50,8	1
2007-2008								
LeBron James	40,4	30	7,9	7,2	29,1	33,5	56,8	9,8
Delonte West	31	10,3	3,7	4,5	14,1	16,8	54,1	0,6
Drew Gooden	30,7	11,3	8,3	1	12,5	19,7	48,7	-0,6

JUGADOR	MIN	PTS	REB	AST	PER	USG	TSP	VORP
2008-2009								
LeBron James	37,7	28,4	7,6	7,2	31,7	33,8	59,1	11,8
Mo Williams	35	17,8	3,4	4,1	17,2	23,4	58,8	3,1
Delonte West	33,6	11,7	3,2	3,5	14,6	16,7	55,9	2
2009-2010								
LeBron James	39	29,7	7,3	8,6	31,1	33,5	60,4	10,3
Mo Williams	34,2	15,8	3	5,3	16,1	22	58	2,3
Antawn Jamison	32,4	15,8	7,7	1,3	16,7	23,1	53	0,4
2010-2011								
LeBron James	38,8	26,7	7,5	7	27,3	31,5	59,4	7,8
Dwyane Wade	37,1	25,5	6,4	4,6	25,6	31,6	58,1	6,1
Chris Bosh	36,3	18,7	8,3	1,9	19,4	23,5	56,9	2,3
2011-2012								
LeBron James	37,5	27,1	7,9	6,2	30,7	32	60,5	7,6
Chris Bosh	35,2	18	7,9	1,8	18,9	24,2	55,1	1,4
Dwyane Wade	33,2	22,1	4,8	4,6	26,3	31,3	55,9	4
2012-2013								
LeBron James	37,9	26,8	8	7,3	31,6	30,2	64	9,9
Dwyane Wade	34,7	21,2	5	5,1	24	29,5	57,1	3,8
Chris Bosh	33,2	16,6	6,8	1,7	20	22,7	59,2	2,1

JUGADOR	MIN	PTS	REB	AST	PER	USG	TSP	VORP
2013-2014								
LeBron James	37,7	27,1	6,9	6,3	29,3	31	64,9	7,9
Dwyane Wade	32,9	19	4,5	4,7	22	27,9	58,8	2,2
Chris Bosh	32	16,2	6,6	1,1	19	22,6	59,7	1,8
2014-2015								
Kyrie Irving	36,4	21,7	3,2	5,2	21,5	26,2	58,3	4,2
LeBron James	36,1	25,3	6	7,4	25,9	32,3	57,7	5,7
Kevin Love	33,8	16,4	9,7	2,2	18,8	21,7	56,2	3
2015-2016								
LeBron James	35,6	25,3	7,4	6,8	27,5	31,4	58,8	7,5
Kyrie Irving	31,5	19,6	3	4,7	19,9	29,5	54	1,8
Kevin Love	31,5	16	9,9	2,4	19	23,4	55,3	3,3
2016-2017								
LeBron James	37,8	26,4	8,6	8,7	27	30	61,9	6,7
Kyrie Irving	35,1	25,2	3,2	5,8	23	30,8	58	3,4
Kevin Love	31,4	19	11,1	1,9	21,1	10,9	57,3	1,9
2017-2018								
LeBron James	36,9	27,5	8,6	9,1	28,6	31,6	62,1	8,2
J. R. Smith	28,1	8,3	2,9	1,8	8,4	13,8	53,4	-0,6
Kevin Love	28	17,6	9,3	1,7	22,4	25,1	61,4	2,2

JUGADOR	MIN	PTS	REB	AST	PER	USG	TSP	VORP
2018-2019								
LeBron James	35,2	27,4	8,5	8,3	25,6	31,6	58,8	4,9
Brandon Ingram	33,8	18,3	5,1	3	13,4	23,2	55,5	0
Kyle Kuzma	33,1	18,7	5,5	2,5	14	23,8	54,6	0,4
2019-2020								
LeBron James	34,6	25,3	7,8	10,2	25,5	31,5	57,7	6,1
Anthony Davis	34,4	26,1	9,3	3,2	27,4	29,3	61	5,4
Kentavious Caldwell-Pope	25,5	9,3	2,1	1,6	11	14,7	58,4	0,5
2020-2021								
LeBron James	33,4	25	7,7	7,8	24,2	31,9	60,2	3,8
Anthony Davis	32,3	21,8	7,9	3,1	22,1	29,2	55,6	2
Dennis Schröder	32,1	15,4	3,5	5,8	13,8	22,9	54,3	0,4
2021-2022								
LeBron James	37,2	30,3	8,2	6,2	26,2	32,3	61,9	5,1
Anthony Davis	35,1	23,2	9,9	3,1	23,9	27,1	57,8	2
Russell Westbrook	34,3	18,5	7,4	7,1	15	27,3	51,2	0,2
2022-2023								
LeBron James	35,5	28,9	8,3	6,8	23,9	33,3	58,3	4
Anthony Davis	34	25,9	12,5	2,6	27,8	28,4	62,7	4
D'Angelo Russell	30,9	17,4	2,9	6,1	17,1	22,6	61	0,6

JUGADOR	MIN	PTS	REB	AST	PER	USG	TSP	VORP
2023-2024								
LeBron James	35,3	25,7	7,5	7,4	23,7	29,2	63	5,4
Anthony Davis	35,5	24,7	12,6	3,5	25,8	26,7	62,1	4,9
D'Angelo Russell	32,7	18	3,1	6,3	16	23	58,8	1,8

6

DICCIONARIO ENCICLOPÉDICO DE ADIESTRADORES DE GOAT

Cada uno de los componentes de esta lista de seres humanos que vamos a detallar parte con un hándicap muy curioso: incluso triunfando, se cuestiona su trabajo. Porque, seamos sinceros, cuando tienes al mejor jugador del mundo en tu plantilla, ¿qué importancia tiene tu labor? Todos piensan que ganar es muy fácil si entrenas a un Messi, pero si el equipo no consigue los objetivos, la culpa recae sobre ti. Estos especímenes *entrenadoriles* están sometidos, por tanto, a una presión tremenda que oscila entre dos extremos: la falsa modestia del «yo no hago nada, es que tengo a este, que es buenísimo» y la impostura de «voy a poner cara de que lo controlo absolutamente todo». Porque la autogestión no sirve de mucho si no viene acompañada de la victoria. Los medios de comunicación comienzan a hablar de «caos», de «vestuario ingobernable», de «pérdida total de liderazgo». Ser entrenador de este tipo de jugadores es una tarea compleja e implacable.

Albeck, Stan

Nunca es buena suerte que, en tu debut como comandante de un equipo, se lesione tu jugador franquicia a las primeras de cambio. Jordan se fracturó el pie en el tercer partido de la temporada y solo reapareció para los playoffs. Por lo menos saboreó la sensación de disfrutar en primera fila de los 63 puntos de His Airness en el Boston Garden.

Además de este «pequeño» inconveniente, Albeck solo estuvo una temporada al mando de los Bulls, debido a su tensa relación con Jerry Krause. Phil Jackson personificaba uno de los motivos de esta tensión no resuelta: Stan se negó a contratarle en el cargo de ayudante porque, como venía de Puerto Rico, se había presentado en la entrevista vistiendo en modo caribeño y ataviado con un sombrero adornado con una pluma. Tampoco ayudaba a la fluidez de su relación que se mostrara tan obstinado a la hora de no respetar la restricción de minutos impuesta a Jordan tras volver de la lesión, presionado por el propio Michael. Krause incluso contrató a Doug Collins como *scout* a mitad de temporada sin informar a Albeck, para tener en la recámara a un Molowny, por si acaso.

Asistentes: Murray Arnold, Mike Thibault y Tex Winter.

Blatt, David

Intenten leer la siguiente frase entonándola cual Jaime Urrutia en Gabinete Caligari: la culpa fue de Garbajosá. Veamos cómo se desarrollaron los acontecimientos: Jorge Garbajosa se lesiona en el Real Madrid de Ettore Messina, que da la oportunidad a un imberbe Mirotić, que va creciendo y creciendo hasta que se planta en la final de la Euroliga de 2014. Ya es el equipo de Pablo Laso, y se enfrenta a un Maccabi muy *underdog*. El Real Madrid se muestra muy blandito, Mirotić incluido, y esa victoria inesperadísima da con los huesos de David Blatt en Cleveland.

Los Cavaliers contrataron al entrenador nacido en Boston con pasaporte israelí en un casting al que fueron invitadas las leyendas universitarias John Calipari y Bill Self, Alvin Gentry, Steve Kerr (que, en ese momento, trabajaba como comentarista..., pero también le estaba llegando la oferta de Golden State Warriors...) y Tyronn Lue. Dan Gilbert, el dueño, eligió a Blatt antes de saber si LeBron volvía a casa o no. Mala decisión.

Habían firmado a un coach para hacer evolucionar a una plantilla llena de jóvenes talentos como Kyrie Irving y Andrew Wiggins, que hubieran querido complacerle, y se encuentra con LeBron y Kevin Love, que esperan que el entrenador atienda todas sus peticiones. Blatt no era el hombre indicado para el puesto y su relación con James fue desastrosa desde el principio, con faltas de respeto continuas, incluso decidiendo por su cuenta y riesgo que él iba a subir el balón, él, en lugar de Kyrie. Cuando la prensa le preguntó que si el cambio era idea de Blatt, no mintió: «No, he tomado la decisión yo solo. Ya pasaron los días en los que tenía que preguntar».

La divergencia alcanzó su punto crítico en el cuarto partido de las semifinales de la Conferencia Este de 2015 contra Chicago Bulls. Con el encuentro empatado, 84-84, y solo 1,5 segundos en el crono, Blatt dibuja una jugada para J. R. Smith. LeBron le arrebata la pizarra y dice que no piensa hacer eso, que va a buscar un triple desde la esquina. Se tira el lanzamiento de tres, lo anota y los jugadores invaden el campo para abrazarse y saltar llenos de emoción. Mientras, David se marcha cabizbajo a los vestuarios. Después, perdieron contra Golden State en la final y Blatt fue despedido a mitad de la siguiente temporada. Nunca consiguió trasladar a la NBA el prestigio y la autoridad de los que disfrutaba en Europa.

Asistentes: Tyronn Lue (14-16), Vitaly Potapenko (14-15), Jim

Boylan (14-16), Bret Brielmaier (14-16), Larry Drew (14-16), James Posey (14-16) y Phil Handy (15-16).

Brown, Larry

La versión de Larry Brown que *sufrió* LeBron en los Juegos Olímpicos de Atenas estaba un poco *outdated*, aunque era cierto que acababa de proclamarse campeón con Detroit Pistons, lo que le convertía en el único entrenador en ganar la NCAA y la NBA. Pero a Larry le gustaba trabajar *como tiene que ser*, con jugadores veteranos, y se encontró entrenando a una selección en la que el jugador más veterano (Iverson) tenía veintinueve años recién cumplidos. LeBron solo tenía diecinueve.

Stephon Marbury lo vio venir desde el principio. Tras derrotar a Serbia en un amistoso antes de los Juegos, explotó con el periodista Chris Sheridan: «El entrenador Brown no nos deja jugar. Está tratando de hacernos jugar *de la manera correcta*. No nos deja jugar, solo debemos seguir sus reglas». Larry Brown estaba embarcado en una cruzada personal para enseñar a esos jóvenes cómo se debía jugar al baloncesto de la manera apropiada, apartándose de la perniciosa influencia tan en boga de las *mixtapes* de AND1 y ese tipo de baloncesto callejero.

Stu Jackson, presidente del Comité de Selección de USA Basketball, justificaba así la elección de Brown: «Cualquiera que haya estado cerca del entrenador Brown sabe que es un firme creyente de los fundamentos sobre cómo ganar partidos de baloncesto y sobre cómo formar un equipo. Ese equipo se basa en, como él lo llama, jugar de la manera correcta: una excelente defensa, compartir el balón en ataque, todo el mundo comprometido con el rebote y con los compañeros antes que con uno mismo. Los Detroit Pistons ejemplifican esos principios, así que la elección es muy apropiada». Apropiada para cualquier otro tipo de jugadores, claro.

Un desastre total que culminó con el mayor fracaso de una

selección de Estados Unidos en los Juegos Olímpicos, la medalla de bronce. Una decepción que no empaña un carrerón de casi cincuenta campañas dirigiendo en la mejor liga del mundo: Carolina Cougars (5 temporadas), Denver Nuggets (5), New Jersey Nets (2), San Antonio Spurs (4), Los Angeles Clippers (2), Indiana Pacers (4), Philadelphia 76ers (6), Detroit Pistons (2), New York Knicks (1) y Charlotte Bobcats (3). 1.327 victorias y 1.011 derrotas.

Asistentes: Gregg Popovich, Roy Williams y Oliver Purnell.

Brown, Mike

Como leal discípulo de la Escuela Popovich de Procesamiento del Juego, sus equipos se forjan en la querencia por una defensa impecable. Su aversión por que le metan canastas se combina con el gusto por el juego lento y con su predisposición a arriesgar lo justo en ataque. Poco *showtime*, que digamos.

En la NBA, el ritmo de un equipo se ve en una estadística que indica el número de posesiones de las que dispone por cada 48 minutos de juego. Durante las cinco temporadas en las que dirigió a los Cavaliers del primer LeBron, su conjunto terminó en los puestos 18.º (89,8); 18.º (90,8); 24.º (90,2); 25.º (88,7) y 24.º (91,4). Un drama para el espectador. Y un drama para el propio James, que acabó pidiendo su destitución al final de la temporada 08-09, a pesar de haber logrado un récord de 66-16. Mike Brown recogió orgulloso su trofeo al mejor entrenador del año, pero el Rey pensaba que sus sistemas ofensivos eran demasiado simples y muy fáciles de defender en los playoffs.

Gracias al cielo, las personas —incluso los entrenadores— evolucionan, y resulta curioso comparar esa versión de Mike Brown con el actual entrenador de Sacramento Kings, cuyo equipo lidera la liga en eficiencia ofensiva. Es el hombre clave para que a Jordi Fernández se le abrieran las primeras puertas en la NBA; es su asistente en los Kings.

Asistentes: Hank Egan (05-10), Melvin Hunt (05-10), Kenny Natt (05-07), Michael Malone (05-10), Chris Jent (06-10), John Kuester (06-08) y Lloyd Pearce (07-10).

Collins, Doug

Una *celebrity* del baloncesto norteamericano, pero, en el fondo, un *loser* de alto nivel. Es el hombre que mete los dos tiros libres que ponen a Estados Unidos por delante de la URSS en la final de los Juegos Olímpicos que resultó ser el mayor hurto de la historia del deporte de la canasta. Más *loser*, eso sí, fue el seleccionador Hank Iba. Aprovechando el bullicio que se produjo en la mesa de anotadores, alguien le *levantó* su cartera, que contenía 370 dólares de la época. Joseph Blatter, posterior presidente de la FIFA, trabajaba en Longines en esa época y fue el operador de reloj en aquel tumulto de desfalcos olímpicos. No nos sorprende.

Cuando cruza su camino con Jordan, no contaba todavía con experiencia como primer entrenador, tras desempeñar labores de ayudante en las universidades de Penn y Arizona State. Decide, con buen criterio, darle el balón a MJ y dedicar todo el sistema a beneficiar su juego. De esta manera se produce la explosión de 1988 en la que Su Alteza Aérea lo gana todo: MVP, máximo anotador, concurso de mates... Pero, a pesar de llegar a la final de conferencia y con el mejor Jordan, acaba de patitas en la calle.

Krause le había colocado —entendemos que entrevista con corbata mediante— a Phil Jackson como ayudante. Esto significa que Collins es, en realidad, un entrenador-puente, aunque MJ se resistió al cambio. La franquicia se mantuvo firme, era la primera vez que recibía un «no» y el tiempo ha demostrado que fue positivo. «No era fan de Phil Jackson cuando llegó —declaró Jordan—. Porque venía a quitarme el balón de las manos. Doug siempre me lo daba». Sin duda, fue un entrenador amable para Michael, pues contó con él en su retorno a las canchas con los Washington Wizards.

Además de a los Bulls (3 temporadas) y a los Wizards (2), dirigió a Detroit Pistons (3) y a Philadelphia 76ers (3), con un balance de 442 victorias por 407 derrotas.

Asistentes: Gene Littles (86-87), Billy McKinney (86-88), Tex Winter (88-89), Phil Jackson (87-89) y Johnny Bach (88-89).

Daly, Chuck

Explicamos en otro capítulo de este libro la estupenda relación que mantenía Jordan con Chuck Daly basada en: a) el golf, y b) haz lo que te dé la gana. Un excelente gestor de personas y un caballero, como decía Charles Barkley: «Nunca entendí cómo un gran hombre y un buen tipo entrenó a los Bad Boys». Fue capaz de ensamblar equipos uniendo a personalidades tan distintas como los propios Jordan y Barkley en el Dream Team, o Joe Dumars, Rick Mahorn y Dennis Rodman en los Pistons. ¿Su secreto? Tener muy claro quién manda en esto: «Es una liga de jugadores. Son ellos quienes deciden si te permiten dirigirlos o no. Y cuando deciden que no, estás fuera».

Se llevaba muy bien con His Airness, a pesar de ser el inventor de las *Jordan Rules* defensivas que utilizaban los Pistons: «Si Michael subía el balón, le forzábamos hacia la izquierda y le atacábamos con dos hombres. Si se encontraba en el ala izquierda, dos contra uno inmediato. Podía hacerte daño por igual desde cualquiera de las dos alas (bueno, podía hacértelo hasta desde el puesto de perritos calientes), pero queríamos ponérselo más difícil. Y si estaba en la pintura, le hacíamos un dos contra uno con un grande. La otra regla era que, cada vez que pasara a tu lado, tenías que darle un golpe. No pretendíamos ser sucios (sé que algunos pensaban que lo éramos), pero teníamos que contactar y ser muy físicos». Suponemos que se vengaría de los moratones apostando sus buenos dólares con Chuck en los *greens*.

Daly destacaba por su clase vistiendo. Se hace imposible

imaginarle luciendo el *skyjama*, que parece el uniforme reglamentario en estos días: «¿Leíste el artículo que decía que tenía ciento noventa y nueve trajes azules? Ahora tengo doscientos. Entré en una tienda y compré uno azul. A nadie le queda mal un traje azul». Florentino Pérez está de acuerdo con esto.

Dirigió a Cleveland Cavaliers una temporada, Detroit Pistons (9, con un par de anillos), New Jersey Nets (2) y Orlando Magic (2), con un resultado de 638 victorias y 437 derrotas.

Asistentes: P. J. Carlesimo, Mike Krzyzewski y Lenny Wilkens.

Francona, Terry

El entrenador de Jordan en los Birmingham Barons triunfó después a todo triunfar en las ligas mayores, guiando a los Boston Red Sox a dos victorias en las series mundiales de 2004 y 2007. También entrenó a Cleveland Indians, con los que alcanzó una final contra Chicago Cubs donde ganaban 3-1… y terminaron perdiendo, dejando a LeBron como el héroe que rompió la maldición de Cleveland. Durante las pachangas de baloncesto con nuestro protagonista, el entrenador admiraba su espíritu supercompetitivo: «No soportaba perder, y no solo quería ganarte, quería machacarte hasta dejarte inconsciente».

En el deporte del bate se frustraba con frecuencia, como es natural: «Le dije: "Simplemente, intenta disfrutar cada vez que mejoras en algo", y así lo hizo. Era una persona diferente a la que se veía en la NBA, porque no dominaba la liga. Pero, al mismo tiempo, disfrutaba con la idea de intentar dominar algo. Incluso si ese algo era tan difícil como adaptarse a un deporte nuevo. Siempre aceptaba el reto». Francona no paró de decir *a posteriori* que Michael hubiera llegado a la MLB, con tiempo y dedicación. Pero, afortunadamente, le recuperamos para la gloria del baloncesto.

Asistentes: Michael Barnett y Kirk Champion.

Ham, Darvin

Cuando escribimos estas líneas, mister Ham es el último encargado de adiestrar a un GOAT, esa especie prácticamente en extinción. Muchos nos acordamos de él por su estelar paso por la ACB en las filas del C. B. Granada, donde estrelló su coche contra una cabina telefónica, superó la tasa permitida de alcohol en sangre y dio positivo por hachís en un control antidopaje cuando el equipo ya estaba descendido. Como para erigirle una estatua por suscripción popular en el Palacio Municipal de los Deportes de Granada o a la entrada del barrio del Albaicín, frente a la Alhambra.

En el momento de componer estas líneas, está afrontando su primera experiencia en el puesto de entrenador jefe, tras una década de preparación como asistente en los banquillos del equipo angelino, Atlanta y Milwaukee. A pesar de que nadie en la franquicia parece satisfecho con él, tampoco están lo suficientemente disgustados como para destituirlo. No parece, precisamente, un genio táctico. Al menos en esta entrevista en *The Athletic*: «Creo que mi estilo es un estilo de entrenamiento de trescientos sesenta grados, lo que significa que ambas partes de la cancha están conectadas. La defensa y el ataque se influyen mutuamente. Si eres capaz de jugar una gran defensa, tu ataque va a parecer brillante porque no estás enfrentándote a una defensa sólida. Pero si permites que la gente anote, tu ataque se resentirá porque juegas contra una defensa fija. Así que tienes que ser completo».

Asistentes: Jordan Ott, Chris Jent, Phil Handy, J. D. DuBois, Schuyler Rimmer, Zach Peterson y DeMarre Carroll.

Herring, Clifton, Pop

Como con Kevin Roldán, con Clifton «Pop» Herring empezó todo. Es el entrenador de instituto que le dice a Jordan que no está para el primer equipo, cuando todavía era Mike Jordan, con sus quince años y con su metro ochenta de estatura. El dolor que sufrió MJ aumentó varios grados al descubrir a su amigo Leroy Smith en la lista del primer equipo. Como bien sabemos, Michael no es una persona que olvida fácilmente. A partir de entonces, si se inscribía en un hotel con un nombre falso, siempre utilizaba el alias Leroy Smith. Cuando dejó el baloncesto por el béisbol, dijo: «Debería ser un juego en el que todo el mundo tuviera la oportunidad de jugar; no importa quién, si Michael Jordan o Leroy Smith». Incluso el hermano de Eddie Murphy interpretó a Leroy Smith en un anuncio de Nike.

Herring fue diagnosticado de esquizofrenia y se refugió en el alcoholismo. Nunca recibió ayuda de nuestro candidato a GOAT.

Asistentes: Michael Barnett y Kirk Champion.

Jackson, Phil

La figura de Phil Jackson no se entiende sin la presencia del triángulo técnico que formaba junto a Johnny Bach —un oficial de artillería y veterano de guerra, especialista defensivo y creador de la defensa dóberman— y Tex Winter —rescatado de su bien merecida jubilación para resucitar su triángulo ofensivo—. Phil aportaba al triunvirato su rollo cuasi hippy, sus filosofías orientales y su dejar fluir. Juntos, estas figuras tan complementarias consiguen ejercer con éxito el papel de contrapeso de la supernova Jordan.

El triángulo ofensivo es una línea argumental que lleva a compartir más el balón —aunque al final se la acabe jugando el de siempre— para evitar los dos contra uno contra Jordan, con menos bloqueos directos. Con jugadores tan potentes como MJ y Pippen en las posiciones de dos y tres, los cincos de este sistema no tienen tanto peso y presentan un perfil más secundario, más inteligente, más pasador. Jackson siempre es capaz de ir adaptándose a cualquier situación que surja: si Jordan es un psicópata en los entrenamientos, ahí está él para calmar los ánimos. Si Rodman quiere desaparecer unos días en Las Vegas, pues se habla con los capitanes y se hace la vista gorda. Y si luego en los Lakers te aparece un fenómeno como O'Neal, pues cambias el sentido del triángulo.

Porque el principal trabajo de un entrenador de este nivel es lidiar con las complejidades. Se rumorea, por ejemplo, que el padre de Michael viajaba en el autobús del equipo. ¿El de Wennington también lo hacía? Nos gusta pensar que en ese bus Jordan y Pippen le hacían perrerías a Jerry Krause y que el profesor Jackson, en primera fila, evitaba mirar hacia atrás.

Las tácticas de motivación de Jackson son legendarias. Desde mostrar al equipo un fragmento personalizado de *El mago de Oz*, para enseñarles lo intimidados que estaban por los Pistons, hasta entregarle a Pau Gasol la *novelita* (más de mil páginas) *2666*, de Roberto Bolaño. O la colocación de adornos indios en el vestuario, con quema de inciensos para deleite aromático de la plantilla. Aquí asistimos a la doble moral con la que juzgamos a los genios. Phil Jackson, incienso, bien. Aleksander Gomelski, sofrología en el vestuario del Tenerife Número 1, regular. Benito Floro, piensa en un limón, mal. La victoria y el éxito son lo que da razones a un líder para implementar planteamientos diferentes y que no se conviertan en la ceremonia del absurdo.

Su libro *Canastas sagradas* arranca expresando su filosofía: «Este es un libro sobre una ilusión y un sueño. Cuando fui nombrado entrenador de los Bulls en 1989, mi sueño no era solamente ganar el campeonato, sino hacerlo de manera que entrelazara mis dos grandes pasiones: el baloncesto y la exploración espiritual». No le fue mal: seis anillos en nueve temporadas con los Bulls, seis de siete con Jordan en la plantilla. Otros cinco con los Lakers. 1.155 victorias y 485 derrotas: ganó siete de cada diez partidos. Y solo fue nombrado entrenador del año en una ocasión, en 1996.

En una entrevista con el periodista Rick Telander, Jordan se explayó acerca del entrenador que le condujo al éxito: «La principal razón por la que nos va tan bien es Phil. Me gusta por el ambiente que crea. [...] Va por ahí y quema salvia delante de nuestras taquillas, y cuando jugamos mal en los entrenamientos, toca un tambor de guerra para despertarnos. Te ríes, pero eso forma parte de quién es él. Se lo cree, el zen, el aplomo. Todo proviene de la meditación, de adquirir la capacidad de estar en contacto con tu cuerpo y tu interior, de calmarte cuando la tensión te rodea. Eso es algo que he aprendido de Phil. Calmar el cuerpo. Por mucha presión que haya en un partido, pienso: "Sigue siendo solo un partido". No practico la meditación, pero entiendo su significado. Me está enseñando a encontrar la paz interior y a vivir el momento, pero sin perder la actitud agresiva. No ser imprudente, sino estratégico. Me reto a mí mismo en los grandes partidos. [...] Funciona cuando estoy enfermo, como en las finales contra Utah el año pasado. Intento no centrarme en la enfermedad, solo en ser parte de la situación. Yo soy la situación. Juego un partido dentro del partido. No voy a gastar grandes energías hasta que pueda averiguar dónde encajo en el esquema. Eso es un juego en sí mismo. Me mantiene alerta».

¿Es el GOAT de los entrenadores? Próximamente, en sus librerías (o no).

Asistentes: Johnny Bach (89-94), Jim Cleamons (89-96), Tex Winter (89-98), Jimmy Rodgers (94-98), John Paxson (95-96), Frank Hamblen (96-98) y Bill Cartwright (96-98).

Knight, Bobby

El día que conoció a Jordan, Knight se había marcado un proto-Luis Enrique colocando unos andamios en el polideportivo donde se celebraron las pruebas de acceso de setenta y tres jugadores al equipo olímpico norteamericano de 1984, con un ayudante observando todas las canchas desde las alturas. El íntimo amigo de Antonio Díaz-Miguel era considerado uno de los mejores entrenadores de todos los tiempos, hasta que a principios de siglo la historia giró y pasó a ser miembro del club de los acosadores de gama alta. Te dice de todo y, al rato, se arrepiente. Era capaz de sacar lo mejor de personas que tuvieran un gran equilibrio y una personalidad fuerte. Si no, sales muy tocado de una relación tan tóxica.

Dirige a Estados Unidos en 1984 porque cuatro años antes tenía preparada la selección, pero no puede competir en los Juegos de Moscú por el boicot norteamericano. La conexión con Dean Smith le habilita para mantener una buena relación con Jordan y consigue su compromiso con el equipo para ganar el oro en Los Ángeles. De hecho, además de liderar en ataque, Knight le pide que eleve el listón en defensa para que sus compañeros se contagien. Antes de la final, Bobby se da cuenta de que el mejor hombre de España había sido nuestro admirado Matraco Margall y le encarga que se ponga a defenderlo cara a cara.

Un personaje de esos *larger-than-life* que tanto gustan a los estadounidenses. Tampoco es que apreciara mucho el juego de los profesionales: «Si estuvieran poniendo un partido de NBA en el canal 5 y un montón de ranas haciendo el amor en el canal 4, me pondría a ver a las ranas, aunque la imagen estuviera borrosa». Quizá esta negatividad es la que le ha llevado al éxito, como intenta reflejar en su libro *The Power of Negative Thinking* (El poder del pensamiento negativo): «La diferencia entre ganar y perder a menudo se reduce al liderazgo. El factor determinante de un liderazgo fuerte es la capacidad de sacar a la gente de su zona de confort. Un líder con mentalidad negativa es más capaz de entender cuándo una preparación normal y un juego normal (dentro de las zonas de confort de los miembros del equipo) no van a derrotar a un partido normal del adversario».

Asistentes: Don Donoher y Tim Gail.

Krzyzewski, Mike

La filosofía del Coach K, el legendario entrenador de la Universidad de Duke que dirigió a LeBron en el Redeem Team, se basa en diez pilares/mandamientos:

1. Equilibrio: cuidado con dejar que algún aspecto de tu vida sobresalga sobre los demás. El equilibrio pone las cosas en perspectiva.
2. Retos: no importa lo exitoso que seas, nunca has triunfado del todo. Siempre se presentarán nuevos retos, y el éxito depende de cómo los afrontes.
3. Compromiso: si mantienes el compromiso en los tiempos difíciles, tendrás más oportunidades de ganar.
4. Adversidad: la adversidad te permite aprender mucho más sobre ti mismo que cualquier éxito. Puedes descubrir tu capacidad de transformar las cosas negativas en positivas y la fortaleza de tu corazón.
5. Cuidado: cuando te preocupas genuinamente por cuidar a una persona, creas una atmósfera que alimenta el éxito.
6. Comunicación: un trabajo de equipo efectivo comienza y acaba con la comunicación. Y decir la verdad es el elemento clave.
7. Fe: la fe puede marcar la diferencia entre tener miedo al fracaso o tener el coraje de atreverse. La fe se basa en las relaciones individuales entre las personas.
8. Responsabilidad colectiva: ganamos y perdemos juntos. La atmósfera colectiva debe situarte en posición de ser valiente y no tener miedo, porque, si pierdes, no estás solo.
9. Adaptabilidad: ningún individuo ni ningún grupo es el mismo que al que entrenaste el día anterior o el año pasado. Tu plan tiene que adaptarse a qué es tu equipo ahora mismo.
10. Valor: puedes tener muchas cualidades, pero si no tienes valor, nunca alcanzarás tu potencial. El valor significa atreverte a hacer lo que está en tu imaginación.

A esto tendría que añadirse llevarse bien con los candidatos a GOAT, y ya estaría: «Coach K es uno de los mejores de todos los tiempos, si no el mejor. Es perfecto para nosotros. Nos permite tener libertad. Nos permite jugar al baloncesto y salir a divertirnos, pero, al mismo tiempo, quiere que seamos perfectos. Debemos aspirar a la perfección, y eso es lo que él es. Nos gusta eso, nos gusta ese tipo de desafío».

Asistentes: Jim Boeheim, Nate McMillan y Mike D'Antoni.

Loughery, Kevin

Nunca se le consideró un genio de la táctica, pero sí un gran director de jugadores. Jordan considera que es el entrenador con el que más se ha divertido. No nos extraña: desde que tuvo que parar el primer día de entrenamiento porque Michael estaba humillando a sus compañeros robando balón tras balón y haciendo un mate tras otro, Loughery comprendió que todo tenía que construirse en torno a esa superestrella cuya magnitud aún se desconocía. Así pues, balones a Michael.

Su entrenamiento preferido consistía en partidos cinco contra cinco en los que el equipo derrotado acababa dando vueltas al campo. Cuando el equipo de Michael tomaba la delantera, le cambiaba al bando perdedor para que intentara remontar la situación, cabe decir que con un elevado porcentaje de éxito en el desafío. A Jordan le encantaban este tipo de ejercicios, pues dejaban aflorar su hipercompetitividad.

Asistentes: Bill Blair, Fred Carter y Mike Thibault.

Lue, Tyronn

Associated Head Coach. No habría que descartar la posibilidad de que los dueños de la franquicia no estuvieran muy convencidos del posible éxito de ese experimento de importación de entrenadores *euroligueros* que llevaron a cabo con David Blatt, así que le colocaron a Tyronn Lue a modo de ruedines. Cuando vieron que no era capaz de conseguir que LeBron pedaleara, ya tenían al sustituto preparado en casa, y preaprobado por la superestrella.

El primer movimiento de Lue fue pedir a Kyrie Irving y a Kevin Love que se hicieran a un lado. Al fin y al cabo, era el equipo de LeBron. El balón tiene que estar en sus manos; todo lo demás, que funcione como un sistema de satélites a disposición de su majestad. La táctica resultó correcta, pues ganó el anillo a la primera en la final de 2016 contra Toronto Raptors, convirtiéndose en el tercer entrenador en conseguirlo sin haber comenzado la temporada, tras Paul Westhead (Lakers, 79-80) y Pat Riley (Lakers, 81-82).

Él afirma que controla el manejo de GOAT: «Antes que entrenador y jugador, somos amigos. Sé cómo hablar con 'Bron, sé cómo manejar sus cosas. Confía en mí, cree en mí. Eso se ve en mi etapa en Cleveland. Lo primero que tuve que hacer fue sentarme con él y discutir las cosas que yo quería implementar. Mi visión. Lo que teníamos que hacer para arreglar este equipo y recuperar el ánimo. Me dijo: "Tío, T. Lue, estoy de acuerdo. Lo que necesites hacer, lo que necesites de mí, lo tienes"».

Los resultados deportivos corroboran tal apreciación: tras el anillo llegaron a las finales las dos temporadas siguientes, solo para ser derrotados por Golden State. Sin embargo, le cuesta más controlar la presión: en marzo de 2018 tuvo que ausentarse de los entrenamientos durante quince días, aquejado de fuertes dolores en el pecho y grandes dificultades para conciliar el sueño. Larry Drew se puso a los mandos de la nave en ese intervalo y puede presumir de un hermoso balance de 8-1 en su currículum.

Asistentes: Jim Boylan (15-18), Bret Brielmaier (15-16), Larry Drew (15-18), Phil Handy (15-18), James Posey (15-18), Mike Longobardi (15-18) y Damon Jones (16-18).

Malone, Brendan

Dieciocho partidos en la segunda temporada de LeBron en la liga, como sustituto del cesado Paul Silas. Brendan Malone desempeñó labores de asistente durante treinta temporadas en la NBA, y fue primer entrenador en el debut en la NBA de los Toronto Raptors.

Se le considera el artífice de las *Jordan Rules*, que Chuck Daly aplicaba con sabiduría en el sistema defensivo con el que los Pistons ahogaban (y atizaban) al escolta de los Bulls. Era el padre de Mike Malone, actual entrenador de Denver Nuggets. Falleció en octubre del año pasado.

Asistentes: Mike Bratz, Kenny Natt, Stephen Silas y Wes Wilcox.

Silas, Paul

El primer entrenador de LeBron como jugador profesional fue un fabuloso reboteador ofensivo en sus tiempos de campeón de la NBA con Boston Celtics, allá por los años setenta; lo seleccionaron para el All-Star en dos ocasiones y para el quinteto defensivo de la liga en otras dos.

Tuvo que lidiar con la hiperexpectación creada por el debut del prodigio adolescente y lo hizo con determinación, al prohibir a su séquito el acceso a los entrenamientos mientras hacía ver a los encargados de publicitar y vender *merchandising* del club que había otros jugadores en la plantilla. Se produjo una lucha de egos constante, liderada por Carlos Boozer («Ya tenemos en nuestro equipo mejores jugadores que él en su posición, aunque su potencial es tremendo») y Darius Miles («No creo que se pueda traer a un jugador de instituto y pensar que el equipo va a cambiar así como así. Si viene, puede subirse a nuestro carro y, con suerte, podemos hacer algo grande»). Y así durante toda la temporada. Miles y Boozer menospreciando a LeBron. Vivir para ver.

«Quería mucho a Paul Silas, me dio muy pronto la oportunidad de demostrar mi talento. El entrenador siempre estaba animado, incluso después de una derrota. Es, sin duda, uno de los mejores seres humanos que he conocido. Mi andadura en esta liga empezó con él. Admiraba su liderazgo, sus principios, su atención al detalle, pero también su amor por la familia», comentó LeBron tras el fallecimiento del coach en diciembre de 2022.

Silas también dirigió a San Diego Clippers (3 temporadas) y Charlotte Hornets (7), con una marca de 387 victorias y 488 derrotas. Era el padre de Stephen Silas, entrenador de Houston Rockets hasta la temporada pasada.

Asistentes: Bob Donewald Jr. (03-04), Mark Osowski (03-04), Stephen Silas (03-04), Mike Bratz (04-05), Kenny Natt (04-05), Brendan Malone (04-05) y Wes Wilcox (04-05).

Smith, Dean

De los dos entrenadores que han marcado su carrera, Jordan respeta y admira a Dean Smith. A Phil Jackson solo lo respeta. Es su mentor. El jugador explica su relación en su autobiografía *Driven from within*: «Nunca se me ocurrió llamarle de otra manera que no fuera entrenador Smith. Nunca había visto unos entrenamientos tan controlados como en North Carolina. Cada minuto estaba pensado. Si un ejercicio tenía que acabar a las 15.10, acababa a las 15.10, para que empezara el siguiente. Me sorprendió cómo se metía en los entrenamientos, cómo controlaba cada minuto, cómo enseñaba. Hicieron que los entrenamientos fueran un reto, algo que me encantaba. Hacían que fuera divertido aprender».

Maestro en el uso del sistema de las cuatro esquinas, bajo su mando, North Carolina ganó al menos veinte partidos en treinta de sus últimas treinta y una temporadas, con once apariciones en la Final Four y dos campeonatos (el de Jordan, en 1982, y el de 1993). Cuando murió, legó 200 dólares a cada uno de los ciento ochenta jugadores a los que había dirigido para que cenaran su salud. Detallazo, aunque a Michael no le llegara ni para uno de sus habanos.

Para Jordan, Dean Smith fue la religión tradicional, mientras que con Jackson probó las terapias alternativas.

Asistentes: Bill Guthridge, Eddie Fogler y Roy Williams.

Spoelstra, Erik

Desde estas humildes líneas, nuestra más rendida admiración para un tipo que, partiendo de la cueva de la edición de vídeo, llega a ser primer entrenador en la NBA y a ganar dos anillos jugando seis finales (dato muy LeBron este).

Es difícil manejar a una superestrella, pero dirigir a tres a la vez supone hacer encaje de bolillos de egos nivel top. Pues bien, este entrenador presenta unos resultados fabulosos en la gestión del Big Three: cuatro finales en cuatro temporadas, con dos anillos. No lo decimos nosotros, lo afirma el bueno del equipo: «Nunca le habéis tenido a Spo el respeto que merecía porque tenía a D-Wade, o me tenía a mí, o tenía a Bosh. Pero muchos entrenadores han tenido talento en la historia de esta liga y no han conseguido la victoria. Cada vez que hablábamos de Spo cuando yo estaba allí, comentábamos lo bien que nos preparaba, y lo genial que era jugar para él. Vosotros siempre decíais, bueno, tenéis a LeBron, tenéis a D-Wade, tenéis a Bosh, cualquier entrenador puede hacerlo. No, cualquier entrenador no podría hacerlo. Si fuera tan fácil, habría muchos más campeones en esta liga. Él prepara cada partido como si fuera la última vez que entrena».

También hay que valorar como se merece la hazaña de llegar a la final de la Burbuja con esos Heat que contaban con dos jugadores no drafteados en el quinteto inicial (Kendrick Nunn y Duncan Robinson) y que alcanzaron el último estadio competitivo partiendo del quinto puesto en la Conferencia Este, algo que nunca había sucedido hasta entonces.

Asistentes: Bill Foran (10-14), Keith Atkins (10-13), David Fizdale (10-14), Chet Kammerer (10-13), Bob McAdoo (10-14), Ron Rothstein (10-14), Octavio de la Grana (11-12), Dan Craig (12-14) y Juwan Howard (13-14).

Vogel, Frank

Parece que Frank Vogel no era una de las primeras opciones para hacerse cargo de los Lakers en 2019, pero, y esta es la belleza de este deporte, acabó conquistando el anillo en esa misma temporada, la de la Burbuja de infausto recuerdo.

Vogel es un entrenador de orientación defensiva, a la que atribuye su éxito en ese campeonato: «Estoy muy orgulloso de nuestro dominio defensivo. Puedes tener un equipo defensivo, puedes tener un equipo con talento, incluso un equipo con talento defensivo, pero si no hay trabajo en equipo, si no todos están alineados y valoran la capacidad de sofocar al enemigo y quitarle su fuerza, nunca alcanzarás ese nivel». Seguramente no atribuya sus fracasos posteriores (eliminados en primera ronda de playoffs y no clasificado en las siguientes temporadas) a esta vocación defensiva.

Asistentes: Phil Handy (19-22), Lionel Hollins (19-21), Jason Kidd (19-21), Mike Penberthy (19-22), Miles Simon (19-21), Quinton Crawford (19-22), David Fizdale (21-22) y John Lucas III (21-22).

Walton, Luke

No tomó el mismo camino estratégico que Tyronn Lue, aquel que se basa en darle la bola a LeBron y que sea lo que el King quiera. Walton optó por priorizar el tempo rápido, aunque eso significara que el balón pudiera acabar en manos de Kyle Kuzma, Lonzo Ball o Brandon Ingram. Spoiler: sale mal.

Sale tan mal que los Lakers no se clasifican para los playoffs.

Magic Johnson, que lo estaba viendo venir, dimite como presidente porque la familia Buss no le permite echar a Walton antes de que acabe la temporada para cambiar el rumbo del equipo. Aquí acabó la estrella ascendente de un entrenador que prometía mucho.

Su estilo de dirección está muy influido por su padre (el legendario y hippy Bill Walton), por su mentor (Phil Jackson) y por el entrenador con el que comenzó su carrera como asistente (Steve Kerr). Estas poderosas figuras han moldeado su apasionada filosofía zen, que lo mantiene en un estado emocional equilibrado en todo momento, nunca demasiado alto, nunca demasiado bajo. Como obseso de la meditación, logró persuadir a Andy Puddicombe —uno de los fundadores de la aplicación Headspace— para que visitara el vestuario de los Lakers cada mes y llevara a cabo ejercicios intensos de relajación, con el objetivo de entrenar no solo su cuerpo, sino también la mente en ocho áreas clave: motivación, concentración, entrenamiento, competición, comunicación, análisis, recuperación y rehabilitación.

Si nos perdonan el pareado, menos meditación y más LeBron.

Asistentes: Brian Shaw, Brian Keefe, Mark Madsen, Jesse Mermurys y Miles Simon.

NUESTRO VEREDICTO

PACH: Aquí, ¿cómo hay que votar? Si tus entrenadores son mejores, ¿gana el otro porque lo ha tenido más difícil? ¿O se impone el que mejores directores técnicos ha tenido, porque ha sabido elegir? Para mí, opción b, y punto para Michael. Phil Jackson, Bobby Knight y Chuck Daly, nadie ha disfrutado de un trío mejor desde Julio Iglesias con las Trillizas de Oro.

PITI: En un lado aparece Phil Jackson, en el otro no. Fin de la cita. Jordan. Ha sido más entrenable, sin duda. Y ha tenido mejores entrenadores. Por motivos ajenos o no ajenos a él. Pero Dean Smith fue elegido (cerquita de casa, eso sí). Aquí empatizo cero con LeBron, ha preferido entrenadores sin un gran carisma ni un gran recorrido.

7

¿DREAM O REDEEM?

La redención, menudo tema. Esa idea tan humana de buscar la salvación, la renovación y la transformación después de experimentar la culpa, el pecado o caer en bajezas morales de todo tipo. El viaje de la redención lo tiene todo para convertirse en un poderoso relato que ilustra nuestra capacidad para el cambio y la posibilidad de superar los errores del pasado. Para redimirte, primero tienes que haber fallado.

Al final, los seres humanos —baloncestistas incluidos— somos intrínsecamente imperfectos, capaces de hacer el bien y, sobre todo, el mal. La redención se presenta cuando nos enfrentamos a las consecuencias de nuestros actos y nos atormentan la culpa y el remordimiento. Es un concepto que existe desde que el mundo es mundo. En la Biblia tenemos la parábola del hijo pródigo, por ejemplo. En la literatura, en *Historia de dos ciudades*, de

Charles Dickens, el personaje de Sydney Carton experimenta una transformación tan profunda que logra redimir su disoluta vida a través de un sacrificio último que le otorga su salvación espiritual. Dickens captura la esencia de la redención como un proceso de autodescubrimiento. En el cine, *The Shawshank Redemption* (Frank Darabont, 1994) —llamada *Cadena perpetua* (?) en las salas patrias— es un peliculón que también nos muestra a unos protagonistas (magistrales Tim Robbins y Morgan Freeman) que superan la adversidad y se rediman a través de la resiliencia y los actos de bondad. Estas historias funcionan muy bien. Resuenan en el público porque conectan con nuestros deseos de crecimiento personal y redención.

La trama se hace más interesante cuanto más potente es el pecado original y, en este caso, el Redeem Team parte con ventaja. La debacle del combinado estadounidense en los Juegos Olímpicos de Atenas 2004 fue antológica. No solo por el resultado final, una medalla de bronce es una medalla al fin y al cabo, sino por las humillantes derrotas que sufrieron por el camino. En especial, la primera ante Puerto Rico. Un abrumador 73-92 que supuso la tercera derrota de un equipo de baloncesto estadounidense en todas las ediciones de los Juegos Olímpicos, y la primera desde que comenzaron a participar los profesionales. Por cierto, tremenda exhibición de Carlos Arroyo y sus fintas alargadas de tiro.

Las cosas comenzaron mal y continuaron peor, con otra dolorosa derrota ante Lituania (90-94, con 28 puntos de Jasikevicius) que los condenó (y nos condenó) al cruce con España en cuartos de final. Caímos (102-94, 29 de Pau Gasol), aunque estábamos siendo el mejor equipo del torneo. Pero en semifinales Argentina les arrebató la posibilidad de luchar por la medalla de oro (81-89, con 29 puntos de Ginóbili), aunque se llevaron para casa la de bronce doblegando, ahora sí, a Lituania (104-96). Stephon Marbury resumió así su experiencia: «Los peores treinta y ocho días de mi vida». Este fracaso expuso los problemas fundamentales del baloncesto estadounidense. Ya no era suficiente con seleccionar a estrellas individuales de mayor o menor calado. Era necesario diseñar un sistema de trabajo sólido y crear un conjunto cohesionado si querían recuperar el dominio en el deporte que ellos mismos habían inventado. Apostaron por Jerry Colangelo, expresidente de Phoenix Suns, para liderar el camino hacia la revitalización del programa.

La primera decisión, elegir a un entrenador con prestigio que colocara al equipo por delante de las individualidades. Mike Krzyzewski, el legendario director técnico de la Universidad de Duke, fue el elegido. No era solo un gran apellido para la *password* del wifi de tu casa, sino que jugó y fue ayudante de Bobby Knight; una versión refinada de este. Un militar de carrera, por otro lado, que un poco de disciplina también venía bien. La segunda, construir el equipo al detalle durante el ciclo olímpico, combinando estrellas con actores secundarios más dotados para el trabajo sucio, sin permitir que nadie tuviera más importancia que la selección. La experiencia con Larry Brown en Atenas había resultado un desastre; había generado una atmósfera irrespirable dentro del vestuario por su distanciamiento con los jugadores. Con Coach K lo más importante siempre sería el equipo, sin importar nada más. En su biografía, escrita por Ian O'Connor, se relata cómo LeBron se le acercó en un partido de preparación contra Australia y le advirtió: «Coach, deberías arreglar lo de este hijo de puta», refiriéndose a la mala selección de tiro de Kobe Bryant. Vamos, que se las tiraba todas. Krzyzewski sabía que James estaba en lo cierto y tomó medidas: «No queríamos que eso se convirtiese en un hábito, así que era mi responsabilidad hablar con Kobe. Se lo tomó muy bien. Me dijo que tenía razón». Si eres capaz de ponerle las pilas a Kobe, se las puedes poner a cualquiera.

La elección final para Pekín 2008 conformaba un equipo potente: Carlos Boozer, Jason Kidd, LeBron James, Deron Williams, Michael Redd, Dwyane Wade, Kobe Bryant, Dwight Howard,

Chris Bosh, Chris Paul, Tayshaun Prince y Carmelo Anthony. Se habían caído Joe Johnson, Kirk Hinrich, Antawn Jamison, Shane Battier, Brad Miller y Elton Brand, respecto de la primera versión de la selección de Coach K en el Mundial de 2006. Recordemos que solo alcanzó el bronce, con una bonita derrota en semifinales contra la Grecia de Schortsanitis. Equipo sí. Pero individualidades también. La cosa iba en serio.

Cuando los del Redeem Team se embarcaron en su viaje olímpico a Pekín, llevaban los baúles de la Piquer rebosantes de responsabilidad y expectativas. Es lo que pasa si no tienes derecho a fallar. A pesar de ello, superaron la primera fase con una facilidad aplastante, pasando por encima de España (119-82) con poco gasto energético. Pasarnos por encima en el sentido literal de la expresión, porque Kobe Bryant decidió que iba a embestir en el pecho a su «hermano» Pau Gasol en la primera jugada para intimidar al combinado español. Dicho y hecho. El golpetazo aún resuena en el Wukesong Indoor Stadium.

Por fin la selección de USA Basketball parecía una máquina implacable. No había espacio para tonterías. Juego colaborativo, individualidades las justas, mucho esfuerzo en defensa, cada uno asumiendo su responsabilidad, sin excentricidades que distraigan del objetivo. En cuartos de final, Australia fue una presa fácil, incluso con la resistencia de un joven Patty Mills. Pero en semifinales esperaba Argentina, los culpables de que estos talentosos muchachos tuvieran que redimirse. La misión era clara: anular a Ginóbili. A los seis minutos, Manu se tuerce el tobillo. Objetivo conseguido. Scola y Delfino se empeñan en no ponerlo fácil, pero sirve de poco. El equipo redentor ya está en la final.

Enfrente, España. Les dimos guerra. Mucha. Kobe y LeBron se vieron frenados por las faltas desde el principio, pero se produjo la irrupción inesperada de un Dwyane Wade que, hasta entonces, estaba pasando muy desapercibido. Le salía todo, en ataque y en defensa. Mientras tanto, España juega sin ningún tipo de temor, lanzándose sin miedo al intercambio de golpes y estando a punto de noquear al poderoso equipo norteamericano. Si tuviéramos que elegir un momento de la pelea, nos quedaríamos con la desfachatez de Rudy Fernández pegándole un mate histórico en la cara a Dwight Howard. Los tuvimos contra las cuerdas. Pero, a pesar de las exhibiciones de Ricky, Rudy y Navarro, nos quedamos sin ver al Re-Redeem Team, la siguiente iteración del proyecto. El marcador final, 118-107. Según muchos, el mejor partido de baloncesto en la historia de los Juegos Olímpicos.

Como en las pelis de sábado por la tarde, la historia acaba con un final donde todos son felices y con los que no podían ni verse convertidos en *best friends forever*. Aunque no tanto como sugieren en el documental de Netflix producido por LeBron, claro. Ahora resulta que a todo el mundo le caía bien Kobe. Vamos, anda.

En este sentido, resulta evidente que el rol del Elegido no se limitaba a sus exhibiciones sobre el parquet. Coach K le otorgó responsabilidades en el equipo muy superiores a las que, en teoría, eran inherentes a su edad (solo veintitrés años), así que debía liderar y dar ejemplo en temas como el compañerismo, la unidad y el compromiso con el objetivo final: la redención. Como indican los manuales modernos de *management*, los egos individuales debían quedar relegados a un segundo plano en favor de la búsqueda colectiva de la excelencia. De eso, también se encargaba James. Su jefe estaba más que satisfecho. Colangelo: «LeBron James es una persona y un jugador muy diferente a quien era en 2006. Y lo digo entre signos de admiración. Ha madurado increíblemente como persona, como jugador y como líder». El periodista Adrian Wojnarowski —también se ocupa de estas cosas, además de explicarte el último traspaso que involucra a tres segundas rondas del draft y los derechos de un jugador balcánico que se retiró hace seis años— comentó en *Yahoo Sports* lo que quería decir Colangelo: «Antes de completar la lista de jugadores que perseguirían la medalla de oro en Pekín, los directivos de USA Basketball dieron un ultimátum inequívoco a LeBron James: "Si no maduras, si no tratas a la gente con respeto y si no te comprometes a tomarte esto en serio, te dejaremos en casa para los Juegos Olímpicos de 2008". Jerry Colangelo y Mike Krzyzewski buscaban una cultura de compromiso y habían llegado a la conclusión de que el enorme talento de James no podía superar sus impulsos de irritar y enfurecer a todo el mundo».

Sobre la cancha, el LeBron FIBA no es tan dominante como el LeBron NBA. Es desconcertante, porque se podría intuir que tendría la capacidad de atravesar las zonas contrarias como cuchillo en mantequilla cada vez que se le antojara, pero le cuesta más porque se colapsan con facilidad. Mantiene el control absoluto de todo lo que pasa sobre la cancha, pero su juego es menos exuberante, con una demostración más controlada de su poderío. Claro que continúa siendo decisivo, pero ahora acepta que otros también puedan serlo.

Este paso adelante de LeBron puede considerarse una precuela de sus éxitos venideros. Su metamorfosis en un auténtico líder que se crece con la presión, demostrando madurez y serenidad, se une a su capacidad innata para anotar, pasar, defender (cuando quiere), rebotear y, sobre todo, ejecutar la jugada que se necesita justo en el momento crucial del partido.

USA Basketball, redimida. LeBron, redimido. Misión concluida con éxito.

Claro que no es lo mismo redimirse que soñar. En términos de *naming* puro, Redeem Team suena bastante peor que Dream Team. «Redención» te da bajona, si lo comparamos con «sueño». Pero la historia del equipo de ensueño también surge de un intento de redención, en este caso por parte de la federación norteamericana. En los Juegos Olímpicos de Seúl 1988, la selección de la URSS derrotó al cuadro estadounidense en semifinales (76-82) aprovechando una demostración de tiro de Kurtinaitis

(28 puntos) y un clínic de cómo anotar bandejas al contragolpe por parte de Marciulionis (19). Con los jugadores universitarios ya no era suficiente para dominar el baloncesto internacional, se hacía imprescindible una renovación del concepto «Team USA» para continuar compitiendo al máximo nivel y volver a la senda de los triunfos. Entonces ¿a quién llamamos? A los jugadores de la NBA, por supuesto. En 1989, la FIBA (recordemos: la «A» significaba «Amateur») ya había autorizado la participación de los profesionales en las competiciones internacionales. Hasta ese momento, si jugabas un partido en la liga norteamericana, nunca más podías participar en unos Juegos Olímpicos.

David Stern ya estaba planeando la transformación del campeonato profesional norteamericano en un espectáculo global capaz de atraer seguidores de todo el mundo. Y ningún escaparate de más exposición y trascendencia que unos Juegos Olímpicos para transmitir la fe en la NBA *urbi et orbi.* Aunque el comisionado negara la mayor: «La idea de que la NBA quería redimir la derrota de 1988 es totalmente errónea. Desde nuestro punto de vista, nos obligaron a participar en los Juegos Olímpicos. Nunca imaginamos que se convertiría en el fenómeno mundial que son ahora. Le dijimos a la FIBA que no queríamos jugar, pero accedimos a ser buenos soldados para apoyar el baloncesto. Se realizó una votación y tanto Estados Unidos como Rusia estaban en contra, pero una abrumadora mayoría votó a favor».

Antes de seleccionar jugadores, es interesante contar con un seleccionador. La decisión final no despertó mucho debate. Chuck Daly acababa de proclamarse campeón de la NBA por segunda vez con los Detroit Pistons, tenía fama de manejar bien vestuarios repletos de egos de superestrellas, y los medios le adoraban. Pero la elección de los doce que competirían en la ciudad condal no iba a resultar tan sencilla.

La espalda de Larry Bird, por ejemplo, daba señales cada vez más claras de que no estaba para estos trotes. Pero ¿cómo dejarlo fuera de este equipo? Imposible, aunque se pasara el torneo olímpico tumbado junto al banquillo, incapaz de sentarse debido a los dolores que le producía tan rutinario gesto. Magic Johnson se había retirado tras contraer el VIH y nadie podía garantizar su participación; los límites del contagio, entonces, no estaban tan claros para la opinión popular. John Stockton se había lesionado en el Torneo de las Américas en un choque con Jordan y andaba bastante cojo. No existía en toda la galaxia del baloncesto un jugador más odiado que Christian Laettner, pero también presentaba el mejor currículum del baloncesto universitario. Shaquille O'Neal también aspiraba a la plaza reservada para un jugador de la NCAA. Charles Barkley suscitaba muchas dudas debido a sus excentricidades. Isiah Thomas..., ¿cómo no iba a estar entre los doce mejores jugadores de la NBA?

En *The last dance*, Jordan niega que vetara a Thomas: «No importa cuánto lo odie, respeto su juego. Se ha insinuado que me preguntaron por él, pero yo nunca mencioné su nombre. ¿Queréis echarme la culpa a mí? Adelante, pero no fui yo». Por supuesto que no, Michael. Simplemente fue una coincidencia que el jugador al que más odiabas no fuera elegido para formar parte del equipo: Michael Jordan, Magic Johnson, Larry Bird, Charles Barkley, Karl Malone, John Stockton, Patrick Ewing, Clyde Drexler, Chris Mullin, David Robinson, Scottie Pippen y Christian Laettner.

Daly escoge también a su equipo de asistentes: Lenny Wilkens, Mike Krzyzewski y P. J. Carlesimo (que años después casi fue estrangulado por Latrell Sprewell, pero eso es materia para otro libro). Coach K recuerda en la revista *GQ* la primera reunión que tuvieron: «Chuck nos comentó a P. J. y a mí: "Vosotros dos tenéis que aprender una cosa". Así que cogemos nuestros cuadernos y nos preparamos para tomar notas. Entonces nos dice: "Los dos tenéis que aprender a ignorar". "¿Qué quieres decir?", le contestamos. "Vosotros, los universitarios, os fijáis en cada pequeño detalle y hacéis un mundo de ello. No vamos a ser rigurosos. Estos chicos son hombres. Si hay algo grande, ya nos ocuparemos del tema».

No le faltaba razón. El equipo era muy intenso. En una ocasión perdieron entrenando contra un combinado de jugadores universitarios liderado por Penny Hardaway, Allan Houston y Chris Webber. Al día siguiente, en la revancha, los colegiales fueron incapaces de anotar una sola canasta. También son legendarios los cinco contra cinco que se jugaron en los entrenamientos en Mónaco, los testigos aseguran que se jugó allí el mejor baloncesto jamás visto. Los entrenadores ponían a Magic y a Michael en equipos opuestos, y ninguno podía soportar el no ganarle al otro. Sin embargo, el mayor animal competitivo era Larry Bird, aunque no podía demostrarlo sobre la cancha. Brian McIntyre, vicepresidente de Relaciones Públicas de la NBA, cuenta una historia que le retrata: «Tenía unos ochenta balones de baloncesto en mi habitación de Barcelona y necesitaba que los jugadores los firmaran todos. Bird era el último y me preguntó: "¿Cuál es el récord de la persona que lo ha hecho en menos tiempo?". Le respondí: "Entre ocho minutos y veinte". Y Bird aseguró: "Voy a ser el más rápido. Cronométrame". Así que los firma y me lanza el último: "Bien, ¿cuánto he tardado?". "¡Vaya, cuatro minutos y medio!". Y él dice: "¡Sí!", mientras levanta el puño. Competitivo hasta el final».

Ese gusto por la competición se demostró en todos los partidos de los Juegos. Comenzando por Angola, a la que aplastaron 116-48, incluyendo un codazo de Barkley en el pecho de Herlander Coimbra. Ahora, siempre que se habla del Dream Team todo parece idílico, pero entonces se los consideraba unos auténticos abusones. Continuaron su marcha triunfal contra Croacia, donde encontraron aún más motivación yendo a la caza de Toni Kukoč, al que los Bulls habían ofrecido un contrato mayor que el de Scottie Pippen sin siquiera haber debutado en la NBA. ¿Qué hizo Daly? Puso a Pippen como titular en ese encuentro. Karl Malone lo recuerda así: «¿Alguna vez has visto un león, un leopardo o un guepardo abalanzarse sobre su presa? Tuvimos que sacar a Michael y a Scottie de los vestuarios antes del partido, porque estaban a punto de echar a suertes quién lo defendía. Kukoč no tenía ni idea de lo que se le venía encima».

El nivel de juego era altísimo y no bajaban el pistón. Después de deshacerse de Croacia por 33 puntos de diferencia, continuaron arrollando a todas las selecciones que se les ponían por delante: Alemania (por 43), Brasil (44), España (41), Puerto Rico (38), Lituania (51) y, en la final, una vez más a Croacia, en esta ocasión por 32. Lo que se dice un arrasamiento total. Malone: «No nos regodeamos, no alardeamos, era simplemente: "Esto es lo que hemos venido a hacer". No hemos venido a intentar conseguir la paz mundial. Vinimos para ganar la medalla de oro y traérnosla a casa y decir a los demás países: "Ahora habéis jugado contra los mejores"».

En la inolvidable ceremonia de entrega de la medalla de oro, Jordan cubrió el logo de Reebok de su chándal con una bandera estadounidense. Incluso en ese momento tan especial estaba en todo. Se había erigido como líder del Dream Team, el equipo formado por los mejores jugadores del mundo. Y unos meses antes había conducido a los Bulls a su segundo campeonato de la NBA consecutivo.

El legado del Dream Team va mucho más allá de esta medalla de oro. Su impacto en el deporte, no solo en Estados Unidos, sino en todo el mundo, es incalculable. Los Juegos Olímpicos de Barcelona fueron testigos del nacimiento de la globalización del baloncesto, con el Dream Team como embajador que difundió la belleza y la emoción del juego al máximo nivel al público de todo el planeta. Establecieron un estándar de excelencia que se convertiría en la referencia para los futuros equipos de USA Basketball, aunque ninguno lograra igualarlos.

Y su influencia es innegable en la NBA actual, donde se sigue acogiendo a talentos internacionales para formar una liga que celebra la diversidad. El viaje del Dream Team no fue solo un capítulo de la historia del baloncesto, sino una revolución que alteró para siempre el curso de nuestro deporte internacionalmente, tal como había previsto David Stern. La NBA se convirtió en un campeonato global, gracias a la presencia icónica de Michael Jordan, Magic Johnson, Larry Bird y todos los demás en el podio, como símbolo de la máxima excelencia en nuestro deporte.

Entonces ¿qué equipo fue mejor? ¿Dream o Redeem?

Los miembros de la plantilla de 1992 han respondido con indiferencia a esta pregunta. En 2012, Larry Bird bromeó: «Probablemente podrían ganarnos. Hace veinte años que no juego y ya estamos todos viejos». En un programa de radio en Filadelfia, Charles Barkley declaró: «Aparte de Kobe y LeBron, no creo que nadie más de ese equipo pudiera entrar en el nuestro. No quiero faltar al respeto. No tengo por qué hablar mal de ellos. Pero, como he dicho, sus bases no iban a ganarnos. Eso es evidente».

Carmelo Anthony argumenta que la juventud de su equipo de 2008 es el aspecto diferencial: «Habríamos sacado ventaja. Y lo digo porque habríamos jugado parecido al partido de hoy, no al de 1992. Hoy somos más rápidos, más atléticos... Todos tenemos veintitantos años. Ellos tenían treinta, treinta y cuatro». Lleva parte de razón, pero le falla la memoria: de los cinco jugadores que sumaron más minutos en la cancha durante los Juegos Olímpicos de 1992, solo Clyde Drexler había cumplido los treinta. Jordan y Barkley tenían veintinueve; Mullin los cumplió durante el torneo y Pippen aún tenía veintiséis.

«Supongo que nunca lo sabremos —dijo Jordan a Associated Press en 2012—. Me gusta recordar que contábamos con once miembros del Hall of Fame en el equipo de 1992. Cuando ellos consigan otros once, me llamas y me preguntas quién tenía el mejor equipo. Ellos aprendieron de nosotros. Nosotros no aprendimos de ellos». LeBron, claro, no está de acuerdo: «Vamos a ser serios. Si tienes a D-Wade saliendo del banquillo, está claro que tienes el mejor equipo internacional de siempre».

Dejemos la penúltima palabra a Krzyzewski, que aboga por la neutralidad: «El Dream Team hizo explotar el baloncesto por todo el mundo. Pero, en 2008, nuestro objetivo no era solo ganar la medalla de oro, sino ganar también el respeto del mundo y el respeto de nuestro propio país. Creo que logramos completar cada casilla y que fue bueno para el baloncesto».

NUESTRO VEREDICTO

PACH: El Dream Team. Quizá sea la victoria más clara de todo el libro. El Redeem Team está muy bien. Kobe, muy metido en su papel. LeBron, estupendo cediendo protagonismo. Carmelo es el mejor jugador FIBA de Estados Unidos. Wade, increíble como sexto hombre... Pero las aventuras del Dream Team son maravillosas, como corresponde a un equipo de auténtica leyenda en el que todos son *hall of famers*, menos Laettner, que también es un personaje. Juntar a Magic, Bird (aunque pareciera un señor de cincuenta y cuatro años con ciática) y Jordan es imposible de superar.

PITI: Dream Team en Badalona. No hay una mejor narrativa. Pese a Laettner. Aquellos contraataques en el Olímpic con Jordan, Magic, Barkley. Bird tumbado no solo en la banda, sino en el salón privado del hotel, desparramado entre botellines de cerveza, mientras Jordan trataba de quitarles dinero jugando al pimpón a todos los que se dejaran. Gloria.

8

LOS ELEGIDOS DEL DRAFT

Una forma de poner en perspectiva la grandeza de nuestros candidatos a GOAT es comparar sus trayectorias y sus logros con los que consiguieron los jugadores de su generación, aquellos que fueron seleccionados en el mismo draft y que también se imaginaban una carrera llena de puntos y de anillos. Algunos estuvieron a punto de alcanzar ese sueño. Otros, la mayoría, se estrellaron. Siempre merece la pena comparar lo que fue con lo que pudo ser, para apreciar aún más el impacto y la dimensión de nuestros protagonistas.

Tanto Jordan como LeBron pertenecen a dos promociones espectaculares y cuentan con *quintos* que, o ya son miembros del Naismith Memorial Hall of Fame, o recibirán muy pronto ese honor. Por ejemplo, la crítica especializada considera el draft de 1984 uno de los mejores de todos los tiempos: una cosecha excepcional de talento baloncestístico. De él salieron cuatro jugadores que son miembros del exclusivo club de Springfield al que pertenecen, entre otros, Antonio Díaz-Miguel, Pedro Ferrándiz y Pau Gasol:

CV JUGADORES TOP DRAFT 1984

	HAKEEM OLAJUWON	MICHAEL JORDAN	CHARLES BARKLEY	JOHN STOCKTON
ANILLOS	2	6		
MVP TEMPORADA	1	5	1	
MVP FINALES	2	6		
ALL-STAR	12	14	11	10
MEJOR QUINTETO	6	10	5	2
SEGUNDO MEJOR QUINTETO	3	1	5	6
TERCER MEJOR QUINTETO	3		1	3
MÁXIMO ANOTADOR		10		
MÁXIMO REBOTEADOR	2		1	
MÁXIMO TAPONADOR	3			
LÍDER ASISTENCIAS				9
LÍDER ROBOS		3		2

	HAKEEM OLAJUWON	MICHAEL JORDAN	CHARLES BARKLEY	JOHN STOCKTON
JUGADOR DEFENSIVO DEL AÑO	2			
QUINTETO DEFENSIVO	5+4	9		
ORO JJ. OO.	1	2	2	
CAMPEÓN NCAA		1		

Además de la superélite de los *hall of famers*, Alvin Robertson fue elegido jugador defensivo del año y jugador más mejorado en 1986. Su palmarés incluye una selección para el segundo mejor quinteto de la temporada, cuatro para el All-Star; además, apareció seis veces en los mejores quintetos defensivos. Por otro lado, obtuvo la medalla de oro en los Juegos Olímpicos de Los Ángeles. Otis Thorpe y Kevin Willis también participaron en un All-Star, incluso Willis fue incluido en el tercer mejor quinteto de 1992.

Los currículums impresionan, pero hay un draft lleno de estrellas capaces de mirar cara a cara a esa generación: el de 2003, uno de los más potentes de la era moderna. En esta promoción, sus cuatro adalides se unieron en el Redeem Team para conquistar la medalla de oro en los Juegos Olímpicos de Pekín. Dos ya han sido coronados con el honor de pertenecer al Hall of Fame, mientras que los otros dos están a punto de unirse a ellos, seguro:

CV JUGADORES TOP DRAFT 2003

	LEBRON JAMES	CARMELO ANTHONY	CHRIS BOSH	DWYANE WADE
ANILLOS	4		2	3
MVP TEMPORADA	4			
MVP FINALES	4			1
ALL-STAR	12	14	11	10
ALL-NBA 1st TEAM	13			2
SEGUNDO MEJOR QUINTETO	3	2	1	3
TERCER MEJOR QUINTETO	3	4		3
MÁXIMO ANOTADOR	1	1		1
LÍDER ASISTENCIAS	1			
QUINTETO DEFENSIVO	5			2
ORO JJ. OO.	1	3	1	1
CAMPEÓN NCAA		1		
JUGADOR DEFENSIVO DEL AÑO	2			
QUINTETO DEFENSIVO	5+4	9		

	LEBRON JAMES	CARMELO ANTHONY	CHRIS BOSH	DWYANE WADE
ORO JJ. OO.	1	2	2	
CAMPEÓN NCAA		1		

Chris Kaman, David West, Josh Howard, Mo Williams y Kyle Korver también consiguieron (algunos de forma milagrosa) una selección para el All-Star. Boris Diaw, y sus fabulosos cuartos traseros —proto-Yabusele—, fue destacado como jugador más mejorado del año en 2003. Leandrinho Barbosa ganó con todo merecimiento el título de mejor sexto hombre de 2007. Incluso Korver batió el récord de efectividad en lanzamiento de tres puntos con un sensacional 53,6 por ciento en la temporada 09-10. Otro draft impresionante.

Pero estos jugadores son los tope de gama, la élite, la *crème de la crème*. Para analizar con propiedad y estar en condiciones de comparar ambos drafts, hay que sumergirse en lo más profundo y navegar por cada una de las rondas de las elecciones como si estuviéramos a bordo del navío NBA Calypso. Bueno, seamos sinceros, todas todas no. Porque el draft de 1984 contó con 10 rondas y 228 elecciones, incluidas las de George Singleton (69), mito de Valladolid, Lugo y Manresa; Oscar «Mano Santa» Schmidt (*es imposible no decir Bezerra*, 131), el cañonero *hall of famer* que rechazó jugar en la competición norteamericana para poder continuar vistiendo la camiseta de Brasil; Mark Simpson (149), *raza blanca, tirador*, de Cajabilbao y Real Madrid; Ken «Animal» Bannister (156), quien hizo honor a su apodo en el Taugrés, CAI Zaragoza, Joventut y Fuenlabrada; Cecil Exum (194), el padre de Dante; y Carl Lewis (208), sí, «ese» Carl Lewis, aunque no había sentido en sus manos la textura de un balón Spalding en su vida. El draft de 2003 se elegía en formato de dos rondas, así que compararemos hasta la elección quincuagésima octava.

Después de largos meses de desarrollo experimental en laboratorios punteros de todo el orbe, hemos creado el sistema Quiniela GOAT ®, para comparar a ambas generaciones elección a elección. Si nos gusta más el de 1984, pondremos un 1. Si preferimos el de 2003, un 2. Y si nos da un poco igual, pues una X. Otro espectacular trabajo de I+D de la Pitipedia.

Allá vamos con la primera ronda:

1. Hakeem Olajuwon-LeBron James: 2*

Asterisco incluido porque Piti ha insistido mucho en que para él es un X2, pero no hay color, a pesar de que Hakeem Olajuwon era un superclase, un mago en el poste.

2. Sam Bowie-Darko Miličić: 1

Duelo en el infierno más profundo entre las peores elecciones con el número dos del draft jamás realizadas por un *general manager*. Bowie fue un fraude (y carga con el estigma de haber sido elegido antes que Jordan, lo que no le beneficia), pero jugó 540 partidos promediando 10,9 puntos, 7,5 rebotes y 1,8 tapones. Es menos malo de lo que parece, y siempre les podrá echar la culpa a las lesiones. Miličić no. Con 489 encuentros en su currículum de LinkedIn —de los que sobraron 488—, sus números impresionan: 6 puntos, 4,2 rebotes y 1,3 tapones. Se retiró a unos tiernos veintisiete años para comenzar una carrera en el kickboxing. Tampoco salió bien.

3. Michael Jordan-Carmelo Anthony: 1

Un uno fijo en la quiniela, por supuesto. Pero respeto máximo por el mejor jugador de todos los tiempos del equipo estadounidense de baloncesto. Tiene más medallas olímpicas que Su Alteza Aérea, por ejemplo.

4. Sam Perkins-Chris Bosh: 2

Una curiosa comparación entre dos ala-pívots zurdos, con cierto poderío interior, pero, al mismo tiempo, bastante alérgicos a la pintura. Ambos certeros tiradores de poste alto e incluso de tres, y con personalidades de perfil bajo. Bosh era un punto más atlético, porque Perkins tenía serias dificultades para levantar los pies del suelo. Pero, sin necesidad de saltar, jugó diecisiete temporadas en la NBA, promediando 11,9 puntos y 6 rebotes por partido.

5. Charles Barkley-Dwyane Wade: X

Damos por bueno el empate entre estos dos ilustres socios del Hall of Fame. Wade puede presumir de una carrera más laureada, pero, aunque Barkley no ganó el anillo, sí consiguió el codiciado galardón de MVP de la liga. Además, se le conoce por un insuperable apodo: The Round Mound of Rebound.

6. Mel Turpin-Chris Kaman: 2

El pobre[6] Mel Turpin libró una batalla constante contra la báscula durante su corta carrera deportiva. Le llamaban Dinner Bell Mel, no hace falta añadir mucho más. Parece increíble, pero, en una

6. Mel Turpin se suicidó el 8 de julio de 2010 de un disparo en la cabeza. Solo tenía cuarenta y nueve años. Descanse en paz.

época de sobrevaloración de los hombres grandes, una parte de la prensa de Chicago presionó para elegirle a él en lugar de a Jordan. Es uno de los fracasos más importantes en las elecciones del draft, solo jugó cuatro temporadas en la NBA antes de firmar por el CAI Zaragoza, donde nunca logró destacar como el pívot dominante (14,5 puntos y 6,8 rebotes) que se intuía. Se retiró sin cumplir los treinta, tras una temporada casi sin jugar en Washington Bullets. Por otro lado, Chris Kaman se parecía muchísimo a otro Chris, Elliott, el actor protagonista de la serie de los noventa *Búscate la vida*. Aunque no se convirtió en un cinco extraordinario, disfrutó de algún momento de gloria, como cuando reemplazó a Brandon Roy en el All-Star de 2010, o cuando debutó con la selección alemana gracias al pasaporte proporcionado por su tatarabuelo Herman. Jugar 13 temporadas y disputar 753 partidos en la NBA tampoco es moco de pavo.

7. Alvin Robertson-Kirk Hinrich: 1

Alvin Robertson fue *all-star* y el segundo jugador en lograr un cuádruple doble (20-11-10-10); maestro de la defensa, especialista en el hurto de balones... y en el de propiedades ajenas: más de veinte detenciones por malos tratos, asalto, agresión, allanamiento de morada, robo y secuestro. Una persona deleznable. Kirk Hinrich, bastante infravalorado, es el *recordman* de triples anotados en la franquicia de Chicago, donde jugó once temporadas. Casi mil partidos en la NBA, en los que promedió 10,9 puntos, 4,8 asistencias y un 37,5 por ciento en tiros de tres. Y una medalla de bronce con Estados Unidos en el Campeonato del Mundo de Japón. Robertson es muchísimo peor ser humano, pero fue (un poco) mejor jugador.

8. Lancaster Gordon-T. J. Ford: 2

Gordon fue una estrella universitaria en Louisville, con un juego explosivo que no se adaptó a los profesionales, y pasó sin pena ni gloria por Los Angeles Clippers durante cuatro temporadas. Se le recuerda como una de las peores elecciones de la franquicia, que ya es decir. Terrance Jerod Ford era un base diminuto, prototipo del chupón, que tuvo muchos problemas con la médula espinal. En una de sus lesiones, José Manuel Calderón le *robó* el puesto de titular en los Raptors, pero, al recuperarse Ford, Calde le dijo al entrenador que no le importaba salir del banquillo. Imaginamos que para no tener que aguantar sus *caretos*.

9. Otis Thorpe-Mike Sweetney: 1

El socio de Hakeem Olajuwon en la pintura de Houston Rockets en la conquista del anillo fue un ala-pívot de brazos cortos y escasos alardes, pero muy efectivo. Más de 17.000 puntos y 10.000 rebotes en 17 temporadas en la liga; llegó a ser elegido para el All-Star de 1992. Sweetney, ala-pívot con querencia hacia la ingesta indiscriminada de bollería industrial, pero con pocas jugadas consideradas *cruasán* en su carrera, nunca pudo sobreponerse a sus problemas con el peso, que limitaron su carrera en la mejor liga del mundo a cuatro temporadas entre New York Knicks y Chicago Bulls. A cambio, en su currículum brillan *namings* espectaculares de las ligas de Puerto Rico, Venezuela y Uruguay: Cangrejeros de Santurce, Metros de Santiago, Biguá, Vaqueros de Bayamón, Guaiqueríes de Margarita, Brujos de Guayama y Urunday Universitario.

10. Leon Wood-Jarvis Hayes: 1

Lo de Leon Wood es como si Ferran Torres, cuando se retire, decide convertirse en Mateu Lahoz. Nos cuesta procesar esto de que un jugador de élite se pase al arbitraje, pero es una gran idea:

conocen como nadie el juego y a los jugadores. Wood era el suplente de Jordan en el equipo olímpico que conquistó la medalla de oro en Los Ángeles 84 y, aunque su carrera profesional como jugador no es la más exitosa —incluido un paso por el CAI Zaragoza en la temporada 88-89, donde consigue el récord de anotación en un partido de Copa del Rey, 44 puntazos—, es superior a la de Jarvis Hayes, cuyo currículum presenta como *highlight* un campeonato de liga rumana y una nacionalización catarí al final de su trayectoria. Además, Leon Wood acabó sus días sobre el parquet vistiendo orgulloso los colores de los Magnolia Chicken Timplados Hotshots, de la simpar liga filipina. Imbatible.

11. Kevin Willis-Mickaël Piétrus: 1

El señor Willis se retiró prácticamente en edad juvenil, un par de meses antes de cumplir los cuarenta y cinco años. Le contemplaban veintiuna temporadas en la liga distribuidas en ocho equipos distintos. Datos *random*: es el jugador con más partidos jugados (1.522) que no ha sido elegido para el Hall of Fame y el más veterano en jugar más de dos partidos.[7] Empezó con Dominique Wilkins, Doc Rivers y Spud Webb, y se despidió con Dirk Nowitzki, Josh Howard y J. J. Barea; fue elegido para el All-Star de 1992 y en el tercer mejor quinteto de la misma temporada. Era un ala-pívot de los de pelearse en la zona, el complemento perfecto para que se lucieran otros. Piétrus era más de lucirse él. Un escolta de magníficas cualidades físicas que le valieron apodos como Air France o Euro Jordan (?). Tuvo una buena carrera en la NBA, en la que destacó su etapa en Orlando Magic. Dos veces campeón de Francia con Pau Orthez.

7. El récord de *viejunidad* lo tiene Nat Hickey, entrenador de Providence Steamrollers, que se alineó a sí mismo en dos partidos en la temporada 47-48 a dos días de cumplir los cuarenta y seis años.

12. Tim McCormick-Nick Collison: 2

Collison, *one club man*, aunque su club dejara de ser el mismo al trasladar la franquicia de Seattle a Oklahoma City. Catorce temporadas como jugador de rol —un especialista defensivo amante de los buenos bloqueos— le valieron para que el equipo retirara su camiseta. Aún continúa por allí, ahora como asistente del *general manager*. Miembro de la selección estadounidense a la que vencieron nuestros Júniors de Oro en el Mundial de 1999. Fracaso lisboeta para ellos. McCormick, pívot rígido de 2,12, ofreció más rendimiento como comentarista de la ESPN que reboteando. Con una temporada medio buena con Seattle SuperSonics pegó un pelotazo que ni los Albertos, arrancando un contrato multimillonario a Philadelphia, por la escasez de hombres altos de calidad en la liga. Uno de los timos más importantes jamás realizado por un profesional del baloncesto.

13. Jay Humphries-Marcus Banks: 1

Ninguno de los dos tuvo una trayectoria estelar, pero Humphries se mantuvo como base titular de Phoenix y Milwaukee durante varias temporadas con unos sobrios promedios de 11,1 puntos y 5,5 asistencias por partido. De Banks se esperaba más, aunque Iverson dijo alguna vez que era el jugador que mejor le había defendido. Terminó su carrera en el equipo catarí Al-Gharafa, un final no muy glamuroso.

14. Michael Cage-Luke Ridnour: 1

Vencer a un hombre con una apariencia similar a la de un Lionel Richie XXL después de innumerables horas en el gimnasio haciendo *press banca* es una tarea complicada, pero Ridnour lo intentó con ese aire capilar a Screech, el de *Salvados por la campana*. Cage, prototipo del ala-pívot mazado hasta las trancas, jugó quince temporadas en la liga en cinco equipos distintos y fue máximo reboteador en la temporada 87-88, a razón de 13 rechaces por encuentro. Finísimo estilista en el lanzamiento a media y larga distancia, ostentaba el dudoso récord de triples intentados sin convertir (0 de 25), hasta que se lo batió Zaza Pachulia, que se retiró con un impresionante 0 de 31. Ridnour tuvo una buena carrera como base y escolta, principalmente en Seattle y Milwaukee. Curiosamente, fue traspasado cuatro veces en el espacio de seis días: el 24 de junio de 2015 fue de Orlando a Memphis por los derechos de Janis Timma. Al día siguiente, le enviaron a Charlotte a cambio de Matt Barnes. Ese mismo día fue intercambiado con los Thunder por Jeremy Lamb, junto con una segunda ronda del draft. Finalmente, el día 30, acabó como jugador de Toronto en un traspaso por Tomislav Zubčić. Diez días después, los Raptors le cortaron y se acabó su aventura profesional. Revuelto y con necesidad de biodramina.

15. Terence Stansbury-Reece Gaines: 1

Stansbury fue un escolta saltarín muy espectacular que participó en tres ocasiones en el concurso de mates; obtuvo siempre la tercera posición al ejecutar con altos grados de plasticidad su mitiquísimo mate La Estatua de la Libertad 360. ¿Quiénes le ganaron? Dominique Wilkins, Spud Webb y Michael Jordan. Nivelón. Solo estuvo tres temporadas en la liga, después casi siempre en Francia y Holanda. Cuando Piti era delegado del Cáceres, un día le avisan de que se ha presentado un tipo en la puerta de jugadores del Pabellón Multiusos Ciudad de Cáceres, que quiere pasar y que no tiene entrada. Era Stansbury, íntimo amigo de Bryan Sallier, pívot del conjunto cacereño. Piti, maravillado, dejó entrar a un hombre cuyas fotos estuvieron en sus carpetas de bachillerato. Solo por esta anécdota merece el 1 en la quiniela. Pero Gaines nos lo pone fácil: tres temporadas en la NBA, 71 partidos a 1,7 puntos por encuentro.

16. John Stockton-Troy Bell: 1

Ya es mala suerte ser elegido en el número dieciséis y que te toque Stockton en la comparativa. Aunque Troy Bell la perdería casi con cualquiera: una temporada en Memphis Grizzlies, 34 minutos en 6 encuentros disputados. Después, un paso fugaz por el Real Madrid, como sustituto del lesionado Elmer Bennett, pero solo dos partidos por culpa de una rodilla renqueante. La muñeca parece que también le renqueaba: 3 de 12 en tiros de dos y 0 de 7 en triples. Stockton, el único integrante del Dream Team que podía pasear con tranquilidad por Las Ramblas sin ser reconocido durante los Juegos Olímpicos, es considerado uno de los mejores bases de todos los tiempos; se retiró como el líder histórico de la liga en asistencias y robos de balón.

17. Jeff Turner-Žarko Čabarkapa: 1

Turner obtuvo una medalla de plata en el Mundobasket celebrado en tierras colombianas y una de oro en los Juegos Olímpicos angelinos. Podríamos pensar que estaba asegurado su triunfo en el paso a profesionales, pero no fue así. Diez temporadas en la NBA sin superar los nueve puntos por partido, con un paréntesis de dos años en Cantú donde le dio tiempo a perder una final de la Copa Korać contra el Partizan de Djordjević, Danilović, Paspalj y Divać. Čabarkapa fue un ala-pívot cuya carrera se vio lastrada por las lesiones. Solo ciento cincuenta partidos en cuatro campañas, antes de retirarse a los veintiséis. Campeón del Mundo con Yugoslavia en Indianápolis, eso sí.

18. Vern Fleming-David West: 2

David West llegó a ser *all-star* en dos ocasiones, así que su elección a estas alturas del draft se puede considerar como un auténtico robo. Ala-pívot talentoso, anotador y con una panorámica visión de juego, acabó sus días profesionales ayudando a conseguir dos anillos a Golden State. Vern Fleming también dejó su huella en la liga, tras disfrutar de una carrera larga y exitosa. Después de lograr el oro en los Juegos Olímpicos de 1984, se convirtió en el base titular de Indiana Pacers durante siete temporadas consecutivas, promediando siempre más de doce puntos por partido.

19. Bernard Thompson-Sasha Pavlović: 2

Pavlović es la quintaesencia del jugador de perímetro sólido que no destaca en nada (salvo en lanzar mal los tiros libres, una temporada se consagró con un espeluznante 38,5 por ciento de acierto), pero al que su tamaño y su físico le permiten mantener una trayectoria constante durante diez temporadas en la mejor liga del mundo, rondando los quince minutos de media por partido. Bernard Thompson, alero de 1,98, tenía el mismo perfil, pero solo duró cinco campañas en la NBA, para acabar jugando en la CBA, en Israel, Alemania, Filipinas y Chile.

20. Tony Campbell-Dahntay Jones: 1

Top Cat ostenta el extraño récord de haber sido campeón tanto de la NBA (Lakers) como de la CBA (Albany Patroons) en la misma campaña (87-88). Miembro tangencial del *showtime* angelino, vivió sus días de gloria en la Minnesota del draft de expansión, y alcanzó los 23,2 y 21,8 puntos de promedio en sus dos primeros años. Los *momentos cruasán* de Jones se produjeron en la última parada de su trayectoria, cuando firmó por Cleveland el último partido de la temporada regular 15-16. Nos sorprendió a todos que Tyronn Lue le hiciera jugar en quince partidos de esos playoffs que los condujeron al título. La temporada siguiente, los Cavaliers repitieron la jugada: firma el último partido para jugar los playoffs, donde su momento más memorable consistió en recibir dos técnicas consecutivas por decirle de todo a Norman Powell. LeBron pagó la multa por la expulsión (6.000 dólares), pues casi igualaba el salario que iba a cobrar como mínimo de veterano (9.127 dólares). Un saludo al gratísimo pódcast homónimo liderado por Javier Machicado y Pepe Rodríguez.

21. Kenny Fields-Boris Diaw: 2

Nadie se acuerda de Kenny Fields, pero todos recordamos al orondo Boris Diaw y su enorme *basketball IQ*. Cómo jugaba al baloncesto este hombre. Y en cualquier posición. Campeón de la NBA con San Antonio Spurs en 2014 y jugador más mejorado de la liga en 2006, su armario rebosa de medallas de plata y bronce en campeonatos mundiales y europeos, pero solo luce un oro en el Eurobasket de Eslovenia 2013. Es lo que tiene coincidir en el espacio-tiempo con Gasol & Co. Y esta sí que no se la esperaban ustedes: al principio de su carrera, participó en el concurso de mates del campeonato francés. Para compensar, al final de su carrera le mandaba fotos y vídeos bebiendo una copa de vino a su entrenador, Popovich, el enólogo más importante del universo NBA.

22. Tom Sewell-Zoran Planinić: 2

El sitio de Sewell no estaba en la NBA: ochenta y siete minutos de juego en total. Tampoco el de Planinić, solo tres temporadas en los Nets. Al espigado base croata le fue mucho mejor en el Viejo Continente, donde se proclamó campeón de la ACB con TAU Cerámica y de Rusia con CSKA Moscú y con Khimki, equipo con el que conquistó la Eurocup y se alzó con el MVP del torneo. Y tirando los libres escorado, pues su mecánica de lanzamiento era algo *picassiana*.

23. Earl Jones-Travis Outlaw: 2

«Earl Jones: Mistery man of draft», tituló el *New York Times* un artículo acerca de su futuro. Los rumores sobre su mala cabeza iban cogiendo peso. Cuentan que Larry Brown se entrevistó con él; cuando comentaban el juego en el poste de Pat Ewing, Jones le interrumpió: «Jones 29-Ewing 6», en referencia a un partido en el que se enfrentaron en *high school*. Los Lakers asumieron el riesgo y le draftearon en primera ronda. Han tomado mejores decisiones, seguro. Siete minutos en dos partidos y un tiro a canasta. Después, tumbos por Trieste, Antibes y Badalona, donde pasó media temporada en el RAM Joventut de Alfred Julbe sustituyendo a Greg Stokes. Outlaw fue directo del instituto a Portland, alternando el tres y el cuatro, siempre entrando en la rotación, aunque nunca llegó a confirmar el potencial que se le intuía.

24. Michael Young-Brian Cook: 1

Antes de convertirse a la religión del *basket slow-motion* del maestro Maljković en Limoges, Michael Young fue un destacado miembro del Phi Slama Jama[8] de la Universidad de Houston..., que practicaban todo lo contrario: un baloncesto vertiginoso, de contraataques y de juego por encima del aro. Clyde Drexler, Larry Micheaux, Hakeem Olajuwon y Ricky Winslow. Ahí es nada. Y dos temporadas a pleno rendimiento en el Fórum Valladolid con más de veintitrés puntos de promedio. Cook, ala-pívot con buen tiro exterior, realizó una larga pero anodina carrera en la NBA: nunca fue más allá de los ocho puntos por partido en las once campañas que repartió en cinco equipos.

8. Les recomendamos el magnífico documental sobre Phi Slama Jama de la serie de ESPN *30 for 30*.

25. Devin Durrant-Carlos Delfino: 2

Delfino: «Jugar en el Real Madrid es una gran satisfacción. Desde que me dijeron que estaban interesados en mí como jugador, no dudé en dar mi respuesta positiva. He tenido la ocasión de hablar con Scariolo y sé que vamos a hacer un gran equipo». Pocos días después, destituyeron al entrenador italiano por el famoso incidente con Herreros en el gimnasio y del Delfino madridista nunca más se supo. Una pena para los aficionados blancos, porque el escolta fue parte fundamental de la generación de oro argentina, mientras triunfaba en Detroit, Toronto, Milwaukee y Houston. Durrant es una leyenda de la Primera B, la actual LEB Oro. Un tirador de élite que promedió 29,7 puntos con Metro Santa Coloma y también suscitó el interés del conjunto merengue como sustituto de Brian Jackson.

26. Victor Fleming-Ndudi Ebi: 2

¡Resulta que Vern Fleming tenía un hermano gemelo! Nunca llegó a debutar en la NBA, qué pena, porque se hubiera unido al selecto club *gemelier* compuesto por Tom & Dick van Arsdale, Horace & Harvey Grant, Carl & Charles Thomas, Jarron & Jason Collins, Joey & Stephen Graham, Brook & Robin Lopez, Markieff & Marcus Morris, David & Travis Wear, Aaron & Andrew Harrison, Cody & Caleb Martin, y Amen & Ausar Thompson. Ndudi Ebi, excelente *naming*, tampoco tiene mucha carrera de la que presumir. Minutos de la basura en Minnesota, y a conocer mundo en casi todos los países baloncestísticos, menos en España.

27. Ron Anderson-Kendrick Perkins: 2

Los investigadores de las causas de la longevidad deberían fijarse en el caso Ron Anderson. Resulta que te puedes retirar de la NBA a los treinta y cinco años y luego continuar otros diecisiete como profesional en Francia e Israel. Anderson, de profesión alero anotador, llegó a promediar 16,2 puntos en los 76ers en la 88-89. Perkins, esa mole humana, fue el pívot titular de los Celtics en el anillo de 2008, además de llevar a los Thunder de Harden y Durant a sus primeras finales. También tuvo un papel muy residual en la final de 2015 con Cleveland. Ahora es un analista gracioso, a ratos, en ESPN.

28. Cory Blackwell-Leandro Barbosa: 2

Leandrinho haría parecer lento a Speedy González. Solo 1,91 de altura, pero 2,08 de envergadura. Un verdadero fenómeno en las transiciones, capaz de abrir las defensas con su tiro de tres puntos de mecánica sospechosa, pero efectiva. En 2007, fue elegido mejor sexto hombre del año gracias a sus impresionantes promedios de 18,7 puntos, 2,7 rebotes y 4 asistencias saliendo desde el banquillo en los legendarios Phoenix Suns de D'Antoni y Nash. Con una carrera de 969 partidos en 14 temporadas en la NBA, Barbosa es todo lo contrario a Blackwell. Bueno, Blackwell también jugaba de dos.

29. Stuart Gray-Josh Howard: 2

Howard alcanzó su cenit al participar en el All-Star de 2007 reemplazando a Carlos Looser, perdón, Boozer. Le asignaban siempre al oponente más peligroso y era un gran reboteador, teniendo en cuenta su altura y posición. Stuart Gray puso su cuerpazo de pívot panameño de 2,12, y más ancho que alto, al servicio de tiradores como Chuck Person o Kiki Vandeweghe, a los que surtió de unos bloqueos inmejorables.

Y la segunda ronda...[9]

9. En realidad, la segunda ronda del draft de 1984 comenzaba en la

30. Steve Burtt-Maciej Lampe: X

Burtt, escolta megaanotador en Italia, leyenda en Trieste (28,4 puntos por partido), expulsado de por vida de la liga griega por dar positivo en cocaína y hachís. Padre del Steve Burtt del Fuenlabrada. Lampe, canterano madridista devenido en profesional barcelonista, tenía buena pinta cuando le draftearon, aunque se quedó solo en la Green Room porque nadie le elegía, hasta que picaron los Knicks. Luego no fue para tanto, pero disfrutó de un sólido periplo europeo por Khimki, Maccabi, Caja Laboral Baskonia o Barcelona.

31. Jay Murphy-Jason Kapono: 2

Pocos jugadores más unidimensionales que Jason Kapono. Tirador, tirador y tirador. Lideró la NBA en porcentaje de triples durante dos temporadas consecutivas (51,4 y 48,6 %), al tiempo que se llevaba a casa la victoria en los concursos de triples. Murphy, alapívot de buena mano, participó muy poco (4 temporadas, 67 partidos) en la NBA, pero le fue bien en Francia e Italia. Es el padre del pívot internacional finlandés Erik Murphy, de breve estancia en tierras manresanas.

32. Eric Turner-Luke Walton: 2

Luke debe su nombre de pila a Maurice Lucas, compañero de su padre en Portland, al que noqueó una vez Fernando Martín en un entrenamiento, harto de aguantar las tonterías de un veterano abusador de *rookies*. Qué difícil debe de ser triunfar en el baloncesto cuando tu padre es Bill Walton. Elegido por los Lakers, fue

---

selección del número 25, Devin Durrant. A partir del número 48, James Banks, ya son elecciones de tercera ronda. Lo hemos escrito así para igualar el número de elecciones en ambos drafts. Otra prueba más de la rigurosidad de nuestro método científico.

un jugador de esos que pelean por cada balón, de los que se hacen querer por los aficionados. Gran conocimiento del juego, pero no tan buenas capacidades físicas. Ya le ha dado tiempo a ser primer entrenador en Lakers y Kings, y asistente en Warriors y Cavaliers, mientras su coetáneo LeBron continúa machacando aros. Turner no llegó a debutar en la NBA, pero sí en el Great Taste Coffee Makers de la liga filipina. Ni tan mal.

33. Steve Colter-Jerome Beasley: 1

Steve Colter cuenta con una plaza en la historia del mundo de la canasta, como inventor del movimiento al que Isiah Thomas bautizó con el bonito nombre de *the crooked leg*, en el que extendía mucho la pierna derecha hacia delante y la dejaba como muerta, mientras se pasaba el balón por la espalda y salía por la izquierda. Se lo hemos visto recientemente a Jordan Poole. Jerome Beasley, el Beasley malo, solo jugó cinco minutos en la NBA, tres partidos en Granada y un positivo en marihuana en Den Bosch.

34. Tony Costner-Sofoklis Schortsanitis: 2

Admitimos nuestra debilidad por Big Sofo o por Baby Shaq, como ustedes prefieran. Cuando paraba a recuperar el resuello, ponía a prueba la resistencia de los banquillos con sus (teóricos) ciento sesenta kilos de peso. Nunca un hombre tan grande se movió con tanta gracilidad. Su carrera en Europa fue fantástica: campeón de la Euroliga, de la liga griega, de la israelí, elegido para el mejor quinteto de la Euroliga y medalla de plata en el Mundial de Japón 2006, con Marc Gasol parándole en la final y Berni Rodríguez apuntalando a Marc por detrás para que Sofo no lo moviera. Matrícula de honor en cálculo de estructuras. Costner, pívot de 2,08, tuvo un breve paso por la ACB en el Claret Las Palmas.

35. Othell Wilson-Szymon Szewczyk: X

Wilson, el base que surtía de balones a Ralph Sampson en la Universidad de Virginia, estuvo dos temporadas de poco mérito en la liga. Por su parte, el hombre que solo resuelve panel con consonantes de las últimas del alfabeto para escribir su apellido nunca jugó en América, siempre por Europa: Polonia, Alemania, Rusia, Italia y Eslovenia. Detectamos cierta obsesión por la «sz»: Szymon Szewczyk nació en Szczecin.

36. Charles Jones-Mario Austin: X

Jones, ala-pívot saltarín, tuvo la mala suerte de coincidir en los Bullets con otro Charles Jones (el hermano pequeño de Caldwell, Major y Will, todos jugadores de la NBA) y pasó a ser conocido como Charles A. Jones. Austin decidió aceptar una oferta del CSKA Moscú, aunque no llegó a debutar, y nunca apareció por la NBA. Su trayectoria es la del proverbial *journeyman*, rebotando de equipo en equipo, hasta jugar en doce ligas distintas incluida la nuestra (Lucentum Alicante) y la dominicana (Titanes del Distrito Nacional).

37. Ben Coleman-Travis Hansen: 2

Hansen merece esta victoria solo por el hecho de que Putin le concediera la nacionalidad rusa para participar en los Juegos Olímpicos de Pekín, entendemos que, actualmente, no va recordando este dato por su barrio. Un clásico de la Euroliga con paradas en TAU Cerámica y Real Madrid. Nuestro Travis ahora es un empresario de éxito: montó la ONG Sunshine Heroes Foundation, dedicada a crear hogares para los niños en peligro de exclusión, la compañía de créditos Lyft y la de recursos humanos Eddy. Si tienen curiosidad por fisgar el casoplón donde vive (cancha profesional incluida), pueden encontrarlo en la serie *Reformas para todos los bolsillos*, en Netflix. Segunda temporada, primer episodio. Coleman, ala-pívot muy fuerte, demostró ser un jugador de equipo en sus cinco temporadas en la NBA, y una estrella en el Elosúa León, lo que le permitió fichar por el Barcelona, y continuar en el Magia Huesca la temporada siguiente.

38. Charlie Sitton-Steve Blake: 2

Steve Blake era un base controlador de los que botan, botan y botan, para imprimir un ritmo lento, lento, lento. A esta cadencia jugó cerca de mil partidos en sus doce temporadas en la liga profesional norteamericana. Destacó mucho en Portland, pero no se adaptó nada bien al triángulo de Phil Jackson en los Lakers. Sitton debutó con los Mavericks, se fracturó el pulgar y se marchó a Italia.

39. Danny Young-Slavko Vranes: 1

La etapa profesional de mayor éxito de Young llegó en Portland, donde ejerció de suplente de Terry Porter y Clyde Drexler. Siempre dando tranquilidad, haciendo honor a su sobrenombre: Cool Breeze. Vranes, pívot montenegrino de 2,29, no contaba con muchas aptitudes para jugar a este deporte, excepto el mal de altura. Un solo partido en la NBA: tres minutitos en una noche en la que los Blazers perdieron de veinte.

40. Anthony Teachey-Derrick Zimmerman: X

Teachey, pívot bajo, cambió la NBA por Italia y allí se quedó, con alguna visita a España (Caja de Ronda) y Alemania. Zimmerman, escolta atlético, solo llegó a pisar una cancha NBA en dos ocasiones. Después, Alemania, Italia y, sobre todo, Ucrania.

41. Tom Sluby-Willie Green: 2

El actual entrenador de New Orleans Pelicans no era conocido por sus cualidades atléticas, pero aguantó el tipo en sus once temporadas en la NBA, jugando siempre entre quince y veinticinco minutos por partido. Sluby participó en treinta y un partidos con Dallas y, cuando le cortaron, recibió una oferta para continuar su carrera en Irlanda y otra para convertirse en asistente de Digger Phelps en Notre Dame. Nunca volvió a jugar.

42. Willie White-Zaza Pachulia: 2

La cantera georgiana de la que se sacaron las piedras para esculpir a Zaza no contaba con su salto a la fama *mainstream* al lesionar *involuntariamente* a Kawhi Leonard en las finales de 2017, después de poner el pie donde no debía. En las del año siguiente casi se carga a Russell Westbrook, también. «Dos lesionados, dos anillos», debería lucir como blasón el escudo heráldico de los Pachulia. En georgiano, claro. Te lo dejamos por aquí, Zaza: «Ori dashavebuli, ori bech'edi». White, dos temporadas con Denver jugando los minutos de la basura y posterior desaparición del mapa baloncestístico.

43. Greg Wiltjer-Keith Bogans: 2

Los más viejunos del lugar recordarán la portada del primer número de la mítica revista *Gigantes del Basket* en la que aparecía Fernando Martín defendiendo al Greg Wiltjer *blaugrana*. El pívot-armario-de-tres-cuerpos canadiense no llegó a debutar en la NBA, pero tuvo una fructífera carrera en Italia, España (Barcelona, Cajamadrid, Peñas), Grecia, Argentina, Francia y, sobre todo, con su selección. Su hijo Kyle también tiene pasado malacitano y tinerfeño. Bogans era un escolta defensivo del montón que posee una estadística curiosa: es el segundo jugador que ha metido menos puntos jugando todos los partidos de titular (359; el peor es Chuck Hayes, con 358) en una temporada. A Thibodeau le gustaba mucho, vaya usted a saber por qué.

44. Fred Reynolds-Malick Badiane: X

Fred Reynolds formó parte de la selección de Estados Unidos que obtuvo la medalla de bronce en el Campeonato del Mundo de Colombia. Poco más. Badiane, proyecto de pívot senegalés, nunca despegó lo suficiente en las ligas francesa y alemana.

45. Gary Plummer-Matt Bonner: 2

Nuestro triplista pelirrojo favorito fue distinguido por *Bleacher Report* como el segundo mejor ala-pívot tirador de todos los tiempos, solo por detrás de Dirk Nowitzki. Echamos mucho de menos la mecánica ortopédica de Bonner. Desafortunadamente, una lesión de rodilla acabó con la carrera de Plummer en los Warriors. Se recuperó y jugó una temporada en el Caja de Ronda (17 puntos y 9 rebotes por partido), pero con espantada de Málaga —doble y simultánea— con Anthony Teachey (n.º 40) incluida, antes de viajar a Israel, Italia, Francia y Argentina.

46. Jerome Kersey-Sani Bečirović: 1

Descubrir a Kersey en estas bajuras del draft habla muy mal de los directores deportivos de la época. La leyenda de los Blazers se retiró entre los líderes de la franquicia en ocho categorías: partidos jugados (2.º), minutos preparados (3.º), anotación (3.º), rebotes (2.º), asistencias (6.º), robos (3.º), tiros anotados (4.º) y tapones (2.º). Lo hacía todo bien. Falleció a los cincuenta y dos años por una embolia pulmonar, descanse en paz. La clase de Bečirović no brilló en todo su esplendor por las lesiones de rodilla que lastraron toda su andadura profesional por clubes como Virtus, Olimpia Milán, CSKA Moscú, Benetton Treviso o Panathinaikos, donde ahora es director deportivo. Allí despacha con Ergin Ataman a diario: le deseamos paciencia en formato de muchos gigabytes.

47. Ronnie Williams-Mo Williams: 2

Un duelo entre Williams muy desequilibrado. Mo, otro olvido imperdonable hasta el puesto cuadragésimo séptimo. Un robo de Utah en el draft de 2003. Base *all-star* en 2009, fue compañero de LeBron en sus dos etapas en los Cavaliers; consiguió el anillo de 2016, aunque ya no estaba para muchos trotes. Ronnie jugó unas temporadas en la CBA y en la USBL. Falleció a los cincuenta y nueve años víctima de un cáncer, que en paz descanse.

48. James Banks-James Lang: X

Lang, pívot *gordete,* disputó algunos minutos con los Wizards y apareció en el Drac Inca de LEB Plata. Banks, escolta anotador, desapareció del mapa profesional norteamericano para asentarse como un clásico en la liga francesa.

49. Tim Dillon-James Jones: 2

«Es mi jugador favorito de todos los tiempos —dijo LeBron refiriéndose a Jones—, el mejor compañero que he tenido». Pues nada más que añadir, su señoría. La quintaesencia del jugador de equipo, un especialista en liderar grupos desde el trabajo, predicando siempre con el ejemplo. Tres anillos con LeBron y ganador del concurso de triples de 2011, ahora ejerce como presidente de Operaciones de Baloncesto de Phoenix Suns. Tim Dillon formó pareja interior con Marcellous Starks en el Licor 43, con poco éxito de crítica y público.

50. Ben McDonald-Paccelis Morlende: 1

¿Saben ustedes si es Ben McDonald o Leonard Mitchell el de la historia apócrifa de que viajó de Madrid a Villalba en primera marcha porque no sabía manejar un coche con cambio? Ben, a pesar de jugar como alero, no tenía muy buena puntería de media y larga distancia. Muy potente físicamente, eso sí, podía echar una mano en el cuatro si era necesario. Tras su etapa en la sierra madrileña y en Huesca, jugó con los Warriors de George Karl, que se lo trajo a Madrid cuando asumió los mandos del equipo blanco. Solo participó en diez partidos antes de lesionarse. Morlende no vistió un uniforme NBA, muchos en la liga francesa y el del Fórum Valladolid en algunos partidos como base-escolta de físico explosivo. Muy bello nombre de pila, por cierto.

51. Jim Petersen-Kyle Korver: 2

Kyle Korver se gana la vida como conferenciante. En sus actuaciones, siempre cuenta la historia de cómo fue drafteado por los Nets, que le enviaron a Filadelfia a cambio de 125.000 dólares que emplearon en comprar una fotocopiadora. Pasados unos años, la máquina se rompió, pero él continuaba metiendo canastas de tres puntos, como un conejito de Duracell especializado en lanzamientos de larga distancia. Es el cuadragésimo jugador con más partidos disputados en la NBA. Fue elegido para el All-Star a los treinta y tres años y ganó en tres ocasiones el concurso de triples. Y se parece a Ashton Kutcher. Petersen era el suplente de las Torres Gemelas. Un pívot del modelo esforzado de la pista.

52. Terry Williams-Remon van de Hare: 1

Van de Hare es un caso para *La nave del misterio*. Pívot de 2,22 formado en las categorías inferiores del Barcelona, tras abandonar el club blaugrana pasó por el Union Olimpia y por la liga chipriota. Terry Williams, alero alto anotador, no consiguió un contrato garantizado en Seattle y desarrolló toda su carrera en Europa.

53. Ricky Ross-Tommy Smith: X

El caso de Ricky Ross es el ejemplo perfecto de un excelente jugador al que la cabeza le funciona regular: «Para mí ha sido un draft psicológico, porque quería salir en primera o segunda ronda». Nunca pasó de la CBA este escolta talentoso de dos metros de altura. En cuanto a Tommy Smith tampoco pisó pabellones NBA, pero su talento en el puesto de cuatro le valió para conocer el mundo (casi) entero: KK Split (Croacia), Artland Dragons (Alemania), Al-Jalaa (Siria), Liaoning Hunters (China), Leones de Santo Domingo (República Dominicana), Al Shamal (Catar), Mad Goats (Tailandia) y Hawks (Mongolia).

54. Roosevelt Chapman-Nedžad Sinanović: 2

Nos enteramos por Endesa Basket Lover, en un artículo de nuestro querido amigo Javier Ortiz, que Sinanović (2,22) se peleó con Ha Seung-Jin (2,21) en un campus de los Blazers, con victoria a los puntos para el *center* bosnio. Ha se marchó furioso al vestuario y regresó con un palo con el que procedió a golpear en las costillas de su compañero. Lástima que las cámaras de los móviles no fueran tan avanzadas entonces. Sinanović estaba muy acostumbrado a recibir palos, principalmente de los entrenadores, que le abandonaban en el banquillo, pero tuvo su momento de gloria en la final de la ACB 05-06. Debido a las lesiones, el Real Madrid afrontaba el *match* con nueve jugadores y Sinanović tuvo que jugar en el Palau Blaugrana: 11 puntos y 8 rebotes en 24 minutos. Había jugado 51 en toda la temporada. Forzaron un cuarto partido gracias a su actuación. Velvet Chapman jugó como escolta en la CBA un par de temporadas.

55. Lewis Jackson-Rick Rickert: 2

Gana Rickert por el *naming* insuperable, porque jugó media temporada en el Plus Pujol Lleida y porque Kevin Garnett le partió un diente de un puñetazo en un entrenamiento. Jackson, alero anotador, dejó huella en Australia, Canadá y Filipinas.

56. Jeff Allen-Brandon Hunter: 1

Los que conocen la Pitipedia saben que nuestra película favorita es *La vieja música*. Jeff Allen hizo pareja, en la ficción y en la realidad del Breogán Caixa Galicia, con Jimmy Wright, que sí que tiene frases en el film. Era un 1 clarísimo en esta quiniela. También jugó en Lagisa Gijón y Bancobao Villalba en Primera B. Hunter consiguió participar dos temporadas en la NBA con Boston y Orlando, para continuar en Grecia, Italia, Portugal, Israel, Alemania... Falleció en septiembre de 2023 mientras asistía a una clase de *hot yoga*. Que en paz descanse.

57. Joe Binion-Xue Yuyang: 1

Uno de los *americanos* históricos de la Lega (Livorno, Reggio Emilia, Pistoia y Bolonia: 17 puntos y 11,7 rebotes), Binion abusaba en las zonas europeas con su físico esculpido sobre mármol. Sumó algunos minutos en Portland. Yuyang, pívot de 2,13, solo salió de China para jugar en Lituania, ya al final de su carrera.

58. Bobby Parks-Andreas Glyniadakis: X

Parks era una leyenda de la liga filipina, y no nos extraña. Atentos a sus promedios anotadores. De 1987 a 1998: 40; 43,8; ¡52,6!; 42,1; 41; 39,9; 37,6; 31,5; 31; 27,9; 31,3; 33. Ametralladora total. Su hijo Bobby Jr. es internacional por Filipinas. Falleció por un cáncer de pulmón a los cincuenta y un años. Descanse en paz.

Glyniadakis, pívot no intimidante de 2,16, ganó la Euroliga con Panathinaikos y con Olympiacos, y formó parte de Seattle Super-Sonics una temporada que se les hizo larga a los fans.

RESULTADO OFICIAL DE LA QUINIELA GOAT®:

- DRAFT 1984: 20
- DRAFT 2003: 29
- EMPATE: 9

El draft de King James queda proclamado como el mejor de los dos.

NUESTRO VEREDICTO

PACH: La parte alta del draft de Jordan es insuperable, pero el draft de LeBron es un poco más completo. Hay más jugadores que han hecho carrera en la NBA, aunque los de 1984 destacaron mucho en Europa.

PITI: El draft de LeBron pertenece a una época en la que los jugadores internacionales rompieron el techo de cristal; en el caso de Milićić, lo destrozó. Pero ese amplio abanico y esa reducción a tan pocas rondas obliga a afinar mejor el tiro. Sin duda, hay gloria en el 84 de Jordan, pero en cantidad media de talento, gana el draft de LeBron.

EL GOAT FUERA DE LA CANCHA

9

LA DECISIÓN Y EL BÉISBOL

«Otra actuación portentosa de Michael Jordan». «LeBron destroza a los Nets con 41 puntos, 6 rebotes y 13 asistencias». «Creo que esta noche Dios se ha disfrazado de Michael Jordan». «LeBron vuelve a llevar a Miami a la gloria con un séptimo partido monstruoso en la final contra San Antonio Spurs». Nuestros héroes tienen el oído entrenado a escuchar titulares y comentarios megaelogiosos, que siempre se quedan cortos. Imparable por aquí, decisivo por allá... El 95 por ciento de los inputs que reciben sobre sus actuaciones deportivas son laudatorios. Y con razón.

Pero los candidatos a GOAT son humanos y también toman decisiones equivocadas en sus carreras deportivas, no todo van a ser definitorios canastones y visionarias asistencias. Son personas, no dioses, aunque se vengan arriba y se crean muy por encima del bien y del mal. Esto es lo que los arrastra a elegir, en ocasiones, caminos bastante erróneos, cual Neymares de la vida. Aquí les presentamos algunos de los desaciertos deportivos más épicos de cada uno de ellos. Siempre teniendo en cuenta que, a poco que se escarba en Google, se encuentran muchos más.

La decisión

«I'm gonna take my talents to South Beach». Estamos ante una de las frases más arrogantes jamás pronunciadas por un deportista. Chulo, engreído, relamido, pagado de sí mismo... ¿Qué significa eso de «llevarte tus talentos a otro sitio»? ¿No podía simplemente comunicar que había firmado por Miami, y ya?

Todos conocemos la historia. En el verano de 2010, LeBron se convirtió en el agente libre sin restricciones más codiciado *ever* en la NBA. Después de siete temporadas con los Cavaliers, se completaba la transformación de jugador de baloncesto en superhéroe local; solo le faltaban la capa, el uniforme de licra y algún antifaz o similar, porque las hechuras musculosas vienen de serie. A estas alturas, ya era considerado el más valioso del campeonato (dos MVP), aunque el anillo se le resistía. Cleveland quería renovarlo, claro, pero Chicago Bulls, Miami Heat, New York Knicks y New Jersey Nets se habían sumado a la lucha por la conquista del corazón —y el bolsillo— del Rey. No se hablaba de otra cosa, tanto en los medios de comunicación como en las máquinas de café de los edificios de oficinas norteamericanos.

La idea de esta odisea de setenta y cinco minutos de duración, que —tremenda sorpresa— no consiguió el Emmy a la mejor serie de comedia, no surgió ni de LeBron, ni de su entorno/séquito, ni de su mánager, ni de la ESPN. El origen del concepto se encuentra en un comentario de un tal «Drew» a una columna del periodista-gurú basquetbolero Bill Simmons publicada por ESPN el 26 de noviembre de 2009, siete meses antes de la emisión del programa. El aficionado se planteaba: «¿Qué pasaría si LeBron anuncia que elegirá su equipo para la temporada 2010-11 en directo en un especial de la ABC llamado *La elección de LeBron*? ¿Qué tipo de audiencias desorbitadas conseguiría?». Simmons le respondió: «Si LeBron fuera listo, podría comercializar el evento a través de su empresa, vender los derechos a una cadena y revelar su elección durante ese programa..., incluso podría hacerlo en *pay per view*... Estoy bastante seguro de que los fans pagarían 44,99 dólares por ver *Decisión 2010: el veredicto de LeBron*». Tal vez esa idea aparentemente absurda disparada por «Drew» no era tan loca, después de todo.

Solo un par de meses después, la ciudad de Dallas se veía invadida por el All-Star, un evento en absoluta decadencia baloncestísticamente hablando, pero en el que se continúan haciendo negocios a tutiplén, en modo palco del Real Madrid futbolero. Simmons vio el potencial del concepto de *La decisión de LeBron* y no dudó en proponer la idea a Maverick Carter (socio de James), Leon Rose (agente) y William Wesley (asesor). Les gustó. Mucho. Pero las semanas iban pasando, mientras el periodista de ESPN no conseguía que el proyecto avanzara dentro de la cadena. Lo dio por imposible.

El segundo partido de la final de NBA se disputaba en Los Ángeles. En el descanso, Carter estaba dando buena cuenta de las exquisiteces del catering y se cruzó con Ari Emanuel, el mítico agente de actores de Hollywood —Ari Gold de la serie *El séquito* está basado en sus andanzas—, mientras degustaba un cóctel de gambas o alguna exquisitez similar junto al veterano locutor Jim Gray, una gloria de la ESPN. Gray les propuso resucitar la idea de *La decisión*. Carter sería el encargado de convencer a LeBron y Emanuel conseguiría un lugar en la parrilla de la ABC.

Mientras Carter persuadía al alero de Akron, Emanuel negociaba con la cadena a espaldas de su *séquito*. La ABC no entró al engaño, pero la ESPN sí. Una hora gratis total para el show decisivo. James accedió con la condición de dedicar los ingresos publicitarios del programa a los Boys & Girls Clubs of America, una organización sin ánimo de lucro que se dedica a ayudar cada año a más de tres millones y medio de jóvenes en peligro de exclusión. Resultó una muy buena idea dentro de una muy mala idea: se recaudaron más de dos millones de dólares.

El proyecto tenía muchos detractores. Los primeros, Rose y Wesley, quienes habían sido ignorados por el Ari Gold de la vida real. Vengativos, trataron de hacerle ver a LeBron que el programa podría volverse en su contra, como finalmente sucedió. David Stern, el comisionado de la NBA en aquel momento, tampoco estaba muy de acuerdo con la idea. Quizá porque la liga no tenía ningún control sobre el tema: «Yo le habría aconsejado que no se embarcara en lo que se ha dado en llamar *La decisión*. Creo que le asesoraron mal. Aunque su honestidad y su integridad brillaron, todo esto estaba mal concebido, producido y ejecutado. Dimos nuestra opinión a los interesados antes de que se emitiera el programa».

Bill Simmons se lavó las manos un poco: «Nunca imaginé que LeBron haría el programa si se estaba planteando realmente dejar Cleveland. Eran los favoritos para ganar el título ese año y parecía que se iba a quedar allí. Incluso cuando me reuní con Wes y Leon en mayo, jugaban contra Boston y eran los favoritos, creo que incluso ganaron esa noche. Pero después de esas tres derrotas en Boston y lo mal que les fue, renuncié a apretar para hacer realidad la idea. Parecía que no había manera. Pensé que estaba muerta. No me involucré más en el proyecto después de esto».

Desafiando todas las críticas, la tarde del 8 de julio de 2010, LeBron se sienta en el improvisado estudio montado en el Boys and Girls Club de Greenwich, Connecticut. Hace mucho calor. El escenario es la típica sala polivalente en la que lo mismo se juega un tres contra tres que se celebra la final del concurso Señoras

Tejedoras de Macramé de Connecticut. Les han preparado una especie de púlpito en el centro del recinto. Cuando LeBron toma asiento, se encuentra frente a Jim Gray, uno de los artífices de esta *genialidad*, impuesto por el entorno del jugador. Sesenta niños del club forman parte del público. Entre los chavales, un Donovan Mitchell de trece años: «Fue genial estar allí. En ese momento, yo quería que eligiera Miami para que ganara un anillo. Recuerdo que muchas personas se enfadaron con su decisión final». También estaban presentes algunos altos ejecutivos de Disney y de la ONG. Y Kanye West, antes de la deriva actual, cuya presencia no tenía mucho sentido, pero que aprovechó que lucía unas gafas de sol tamaño Rappel para echarse una siestecita, dando cabezadas estilo Stevie Wonder mientras LeBron estaba a lo suyo.

La retransmisión se abrió con el clásico vídeo-homenaje a la figura de LeBron, desde sus humildes inicios en Akron hasta su consagración al mando de Cleveland Cavaliers. Jim Gray comenzó entonces una de esas entrevistas que el periodismo patrio denomina *de baño y masaje*, con preguntas menos incisivas que Timofey Mozgov tirando de tres puntos. Bombardeando una pregunta irrelevante tras otra, Gray fue adormeciendo a la audiencia durante cincuenta interminables minutos. Sobre todo para el alero, que parecía tenso e incómodo, como deseando que acabara esta tortura cuanto antes. Quizá anticipaba los palos que se iba a llevar.

Cuando ya se habían rellenado todos los minutos que se tenían que rellenar, Gray planteó la única pregunta que interesaba al universo baloncestístico: «LeBron, ¿cuál es tu decisión?». Y el alero se llevó sus talentos con Dwayne Wade y Chris Bosh.

Las redes sociales explotaron con reacciones inmediatas. Como era de esperar, los *haters* dominaban la escena tuitera, iniciando el movimiento #lebronfire para alentar a los aficionados de los Cavaliers a quemar la camiseta de su antiguo monarca. Pero nadie demostró más fanatismo que el propio presidente, quien no tardó en enviar una carta a todos los medios.

Por supuesto, hay que poner el foco en el detalle de calidad de Dan Gilbert al seleccionar la tipografía más agresiva de todas. Toda una Comic Sans para expresar su odio hacia LeBron. Ahí es cuando se notó que iba a hacer daño de verdad. No le valía con herir utilizando el verbo:

> Queridos Cleveland, todo el noreste de Ohio y seguidores de los Cleveland Cavaliers dondequiera que estéis esta noche:
>
> Como ya sabéis, nuestro antiguo héroe, que creció en la misma región de la que ha desertado esta noche, ya no es un Cleveland Cavalier.
>
> Este hecho se anunció mediante una acumulación narcisista y autopromocional de varios días, que culminó con un especial de televisión nacional sobre su «decisión», como nunca se había visto en la historia del deporte y probablemente en la historia del entretenimiento.
>
> Evidentemente, esto nos decepciona amargamente a todos.
>
> La buena noticia es que la propiedad y el resto de los trabajadores, leales y motivados, de los Cavaliers de tu ciudad natal no te han traicionado ni NUNCA te traicionarán.
>
> Tenemos mucho más que contaros sobre los acontecimientos que acaban de suceder y nuestro más que emocionante futuro. Durante los próximos días y semanas os iremos comunicando muchas cosas al respecto.
>
> Sencillamente, no os merecéis este tipo de traición tan cobarde.
>
> Habéis dado mucho y merecéis mucho más.
>
> Mientras tanto, quiero haceros una declaración solemne esta noche:

YO, PERSONALMENTE, GARANTIZO QUE LOS CLEVELAND CAVALIERS GANARÁN UN CAMPEONATO DE LA NBA ANTES DE QUE EL AUTODENOMINADO «REY» GANE UNO.

Puedes ingresar esta afirmación en el banco.

Si, antes de esta noche, ya pensabas que estábamos motivados para conseguir trofeos para Cleveland, puedo decirte que esta vergonzosa muestra de egoísmo y traición por parte de uno de los nuestros ha elevado nuestra «motivación» a niveles desconocidos y nunca antes experimentados.

Algunas personas piensan que deberían ir al cielo, pero que NO les hace falta morir para llegar allí.

Lo siento, pero las cosas no funcionan así.

Este escandaloso acto de deslealtad del «elegido» de casa enseña a nuestros hijos una lección completamente opuesta a la que nos gustaría que aprendieran y respecto a qué tipo de persona no queremos que se conviertan cuando crezcan.

Pero la buena noticia es que esta acción despiadada e insensible solo puede servir como antídoto contra la llamada «maldición» de Cleveland, Ohio.

El autoproclamado antiguo «Rey» se llevará la «maldición» con él al sur. Y hasta que no haga «lo correcto» por Cleveland y Ohio, James (y la ciudad en la que juegue) sufrirán desgraciadamente esta temida maldición y mal karma.

Estate atento.

Duerme bien, Cleveland.

Mañana será un día nuevo y mucho más brillante...

Os PROMETO que nuestra energía, enfoque, capital, conocimiento y experiencia estarán dirigidos a una cosa y solo a una cosa:

ENTREGAROS el campeonato que os merecéis desde hace tiempo y que ya deberíais haber conseguido...

DAN GILBERT
Propietario mayoritario
Cleveland Cavaliers

Gregg Doyel, columnista de CBS Sportsline, tampoco se mostró muy satisfecho con el desarrollo del programa: «Fue horrible. Me dieron ganas de tirar la tele por la ventana. Estaba claro que lo único que querían era alargar el tema. Y el país solo quería la respuesta a una pregunta: "LeBron, ¿adónde te vas?". Fue doloroso. El periodismo escenificado alcanzó nuevas cotas con esta producción».

En lo deportivo, el traslado del Elegido a Miami se convirtió en un terremoto que sacudió la NBA: con su llegada, se formó el primer superequipo de la era moderna, completando un Big Three de un poderío jamás visto. Esta maniobra cambió por completo el panorama competitivo de la liga, abriendo las puertas para que otros jugadores estrella formaran alianzas en busca de campeonatos. Ya no tenías que currártelo haciendo crecer a una franquicia, bastaba con reunir a tus amigos. Porque, además, todo salió a pedir de boca, con esas cuatro finales y esos dos títulos.

En lo personal, las críticas llovieron sobre James, pero al anunciar su elección de agencia libre de esta manera comenzó una nueva era de empoderamiento del jugador. Las superestrellas tomaban el control de sus narrativas de una forma inimaginable hasta el momento. Este movimiento fue solo el inicio, ahora vemos a los jugadores dominando los medios con sus propias productoras y compartiendo sus relatos directamente con los aficionados, sin intermediarios ni limitaciones.

La decisión sigue siendo el peor momento público de LeBron, una mancha en un currículum brillante. Se llevó muchos disgustos. El hecho de que el mundo se detuviera para él, solo para decir que se llevaba su talento a Miami, despertó mucha rabia y resentimiento en los fans de los equipos descartados. Sobre todo en Cleveland, donde se le consideraba el chico de casa que había llegado a la cima, el orgullo de una ciudad muy golpeada económicamente y que tenía muy pocas cosas de las que presumir.

Desde luego, las cosas no salieron según los planes de la realeza. Después de jugar en los Heat, no se le pasó por la cabeza anunciar su regreso a los Cavaliers con *La decisión II: el regreso*. Se limitó a enviar una misiva a *Sports Illustrated:*

> Antes de que a nadie le importara dónde iba a jugar al baloncesto, yo era un niño del noreste de Ohio. Es donde caminaba. Es donde corrí. Es donde lloré. Es donde sangré. Siempre tendrá un lugar especial en mi corazón. La gente de allí me ha visto crecer. A veces me siento como si fuera su hijo. Su pasión puede ser abrumadora. Pero me impulsa. Quiero darles esperanza e inspirarlos siempre que pueda. Mi relación con el noreste de Ohio va más allá del baloncesto. No me di cuenta de eso hace cuatro años. Ahora sí.
>
> ¿Recordáis cuando estaba sentado en el Boys & Girls Club en 2010? Pensaba: «Esto es muy duro». Podía sentirlo. Estaba abandonando algo que me había costado mucho tiempo crear. Si tuviera que hacerlo todo otra vez, seguro que haría las cosas de manera diferente, pero, aun así, me habría ido. Miami, para mí, ha sido casi como la universidad para otros jóvenes. Los últimos cuatro años me han ayudado a convertirme en quién soy hoy: un mejor jugador y un mejor hombre. Aprendí de una franquicia que ya había alcanzado lo que yo quería lograr. Siempre consideraré a Miami como mi segundo hogar. Sin las experiencias que viví allí, no podría estar haciendo lo que hago ahora.
>
> Fui a Miami por D-Wade y CB. Hicimos sacrificios para mantener a UD. Me encantó convertirme en hermano mayor de Rio. Creía que podíamos hacer algo mágico si nos juntábamos. ¡Y eso es exactamente lo que hicimos! Lo más difícil de dejar es lo que

construí con esos chicos. He hablado con algunos de ellos y hablaré con otros. Nada cambiará jamás lo que conseguimos. Somos hermanos de por vida. También quiero dar las gracias a Micky Arison y a Pat Riley por darme cuatro años increíbles.

Escribo esta carta porque quiero tener la oportunidad de explicarme sin interrupciones. No quiero que nadie piense: «Él y Erik Spoelstra no se llevaban bien... Él y Riley no se llevaban bien... Los Heat no pudieron formar el equipo adecuado...». Eso es absolutamente falso.

No voy a dar una rueda de prensa ni una fiesta. Después de esto, es hora de ponerse a trabajar.

Cuando me fui de Cleveland, tenía una misión. Buscaba campeonatos, y ganamos dos. Pero Miami ya conocía esa sensación. Nuestra ciudad no ha tenido esa sensación en mucho mucho mucho tiempo. Mi objetivo sigue siendo ganar tantos títulos como sea posible, sin duda. Pero lo más importante para mí es devolver un trofeo al noreste de Ohio.

Siempre creí que volvería a Cleveland y terminaría allí mi carrera. Solo que no sabía cuándo. Después de la temporada, ni se me pasaba por la cabeza ser agente libre. Pero tengo dos hijos y mi mujer, Savannah, está embarazada de una niña. Empecé a pensar en cómo sería criar a mi familia en mi ciudad natal. Miré a otros equipos, pero no iba a dejar Miami por ningún sitio que no fuera Cleveland. Cuanto más tiempo pasaba, más acertado me parecía. Esto es lo que me hace feliz.

Para dar el paso necesité el apoyo de mi mujer y de mi madre, que pueden ser muy duras. La carta de Dan Gilbert, los abucheos de los aficionados de Cleveland, las camisetas quemadas... Ver todo eso fue duro para ellos. Mis sentimientos eran confusos. Era fácil decir: «Vale, no quiero volver a tratar con esta gente». Pero luego piensas, por otro lado: «¿Qué pasaría si yo fuera un niño que admira a un atleta, y ese atleta me hiciera querer ser mejor en mi propia vida, y luego él se fuera? ¿Cómo reaccionaría?». Me he reunido con Dan, cara a cara, de hombre a hombre. Lo hemos hablado. Todo el mundo comete errores. Yo también he cometido errores. ¿Quién soy yo para guardar rencor?

No prometo un campeonato. Sé lo difícil que es conseguirlo. Ahora mismo no estamos preparados. De ninguna manera. Por supuesto, quiero ganar el año que viene, pero soy realista. Será un proceso largo, mucho más largo que en 2010. Mi paciencia se pondrá a prueba. Eso ya lo sé. Voy a unirme a un equipo joven y a un nuevo entrenador. Yo seré el veterano. Pero me emociona reunir a un grupo y ayudarlos a llegar a un lugar al que no sabían que podían llegar. Ahora me veo como un mentor y estoy emocionado por liderar a algunos de estos jóvenes talentos. Creo que puedo ayudar a Kyrie Irving a convertirse en uno de los mejores bases de la liga. Creo que puedo ayudar a elevar a Tristan Thompson y Dion Waiters. Y estoy impaciente por reunirme con Anderson Varejão, uno de mis compañeros de equipo favoritos.

Pero no se trata de la plantilla o de la organización. Siento que mi vocación aquí va más allá del baloncesto. Tengo la responsabilidad de liderar, en más de un sentido, y me lo tomo muy en serio. Mi presencia puede marcar la diferencia en Miami, pero creo que puede significar más de dónde soy. Quiero que los niños del noreste de Ohio, como los cientos de alumnos de tercer grado de Akron que patrocino a través de mi fundación, se den cuenta de que no hay mejor lugar para crecer. Quizá alguno de ellos vuelva a casa después de la universidad y forme una familia o abra un negocio. Eso me haría sonreír. Nuestra comunidad, que ha sufrido tanto, necesita todo el talento que pueda conseguir.

En el noreste de Ohio no se regala nada. Todo se gana. Trabajas por lo que tienes.

Estoy listo para aceptar el reto. Vuelvo a casa.

LEBRON JAMES

Bien, LeBron, bien. Pero en la liga de cartas, Gilbert 1-James 0.

El béisbol

Como en cualquier evento de alcance mundial, existen multitud de teorías conspiratorias[10] sobre por qué el jugador más valioso de la NBA se retira en el cenit de su carrera para dedicarse al béisbol. Entre todas ellas destaca una, por su simpleza. Nos la descubre David Falk, su agente: «Murió su padre. Y su padre siempre había querido que él intentase jugar al béisbol».

No resulta sencillo entender por qué un deportista de veintinueve años, con muy pocas lesiones, nueve veces *all-star*, máximo anotador de la liga en siete temporadas, que promedia más de treinta puntos por partido, seleccionado en seis ocasiones en el primer quinteto de la NBA y en el primer quinteto defensivo, con dos MVP, con un trofeo al jugador defensivo del año y, lo más importante, con tres anillos de la NBA consecutivos, decide abandonar el deporte al que ha dedicado toda su vida.

Jordan tenía muy claras las razones, que coincidían con las de su agente: «Cada mañana, mientras conduzco hacia el entrenamiento antes de que salga el sol, siento la presencia de mi padre a mi lado y recuerdo por qué estoy haciendo esto. Recuerdo por qué estoy aquí. Estoy aquí por él. Está conmigo en el coche. Miro al asiento de al lado y pienso: "Lo estamos haciendo. Estamos haciendo esto juntos. Tú y yo, papá. Vamos a conseguirlo. Estamos en el buen camino"».

10. La teoría conspiratoria más extendida es que Jordan llegó a un acuerdo con el comisionado David Stern para abandonar el baloncesto por un periodo de tiempo y evitar la vergüenza de que le sancionaran por realizar apuestas ilegales. En el libro *Money players: days and nights inside the new NBA*, de Armen Keteyian, se afirma que Richard Equinas, un sujeto que le había ganado al escolta de los Bulls más de novecientos mil dólares en apuestas de golf, escuchó una conversación telefónica en la que el astro preguntaba si «la línea estaba en siete puntos», lo que significaría que apostaba al básket, cosa que atentaba contra la integridad del juego. Un Sandro Tonali cualquiera, vaya.

Ese camino es muy largo para cualquier jugador de béisbol seleccionado en el draft, pero no tanto para mister Jordan. Aquí tienen un pequeño tutorial sobre cómo funciona esta cosa tan rara de las ligas mayores y las ligas menores, que pueden obviar si saben algo más que nosotros (nada) sobre el deporte del bate. Resulta que, al contrario que en la NBA, ningún elegido del draft pasa directo a la MLB (Major League Baseball: las ligas mayores). Bajo esta competición existe un sistema de filiales, las ligas menores (los equipos afiliados), divididas en cinco categorías, en las que cada equipo de la MLB tiene una franquicia asociada, además de otras independientes que también compiten a ese nivel:

Triple-A
Doble-A
Clase A avanzada
Clase A
Rookie

Es clave mencionar que algunas de estas franquicias cuentan con *namings* excelentes: Ashville Tourists, Rocket City Trash Pandas, El Paso Chihuahuas, Sugar Land Space Cowboys, Rancho Cucamonga Quakes (un absoluto paraíso para Pach)... Bueno, no nos desviemos. El caso es que cuando llegas a Doble-A ya compites contra candidatos a ser reclamados inmediatamente por los equipos de la MLB.

El propietario de los Bulls, Jerry Reinsdorf, también es el dueño de los White Sox de la MLB (vamos, como si Piti tuviera la propiedad del Cáceres Ciudad del Baloncesto y del Club Polideportivo Cacereño, nunca hay que descartar nada). Reinsdorf había mantenido en secreto que Jordan entrenaba desde finales de 1993 con Michael Huff, jardinero de los White Sox, y con el *trainer* Herm Schneider para ponerle en forma de cara al campus de pretemporada de primavera.

Se acercaba el momento de unirse a la pretemporada de los White Sox en la coqueta (?) localidad de Sarasota. El gran circo de los medios de comunicación comenzó sus funciones en las que se combinaban cierta curiosidad y un tremendo escepticismo. Lo cierto es que parecía claro que el escolta de Chicago no tenía la calidad necesaria para estar en las ligas mayores, al menos esa temporada. Finalmente, Jordan firmó por Chicago White Sox el 7 de febrero de 1994 y participó en algunos amistosos, visitando Wrigley Field para medirse a los Chicago Cubs: conectó dos de cinco, con un doble y dos carreras producidas. No consiguió un sitio entre los veinticinco que forman la primera plantilla.

Siguiente paso: la Doble-A. Al Birmingham Barons, filial de los White Sox. Aunque debería haber empezado en un nivel más bajo, como Rookie o clase-A, las instalaciones de los equipos de esas ligas no están preparadas para el torbellino que rodeaba a Jordan en cada paso que daba. En su primer entrenamiento se cruzó con Glenn DiSarcina, al que se dirigió por su apodo: DiSar. Michael, cómo no, había hecho los deberes y conocía los nombres y apodos de todos los jugadores y entrenadores del equipo.

Debutó ocupando la demarcación de jardinero derecha y fue eliminado siete veces en sus primeros nueve turnos al bate, donde solo consiguió batear dos bolas. Sin embargo, en abril mejoró drásticamente, e incluso alcanzó una racha de trece partidos seguidos conectando *hits*. Aunque muy pronto volvió a la realidad, porque los *pitchers* contrarios notaron su debilidad ante las bolas curvas y algunas de las rápidas. Estas son las estadísticas de su única temporada con los Birmingham Barons:

- 127 partidos, 497 veces al bate, 436 en base
- .202/.289/.266 (efectividad al bate/en base/media de poder al bate), .556 suma de efectividad + poder al bate
- 88 *hits*: 17 dobles, 1 triples, 3 jonrones
- 51 carreras producidas, 46 carreras anotadas

- 30 bases robadas/18 capturas en bases robadas
- 51 bases por bolas, 114 veces ponchado

Como ya hemos advertido, los autores de este libro admitimos no tener conocimiento alguno sobre el mundo del béisbol. Piti, por ejemplo, ha dado cabezazos viendo este deporte en estadios en Japón, México y Estados Unidos, daba igual la ubicación. Pero, según nos cuentan, un promedio de bateo de .202 es bastante regulero. En el argot del deporte del bate existe un término para designar a los bateadores que caen por debajo de .200 en promedio: The Mendoza Line, en honor a Mario Mendoza, un parador en corto que bateó menos de ese porcentaje en cinco de sus nueve temporadas en la MLB. Jordan mejoró algo sus estadísticas en los Scottsdale Scorpions, de la Liga de Otoño de Arizona, al batear .252 contra algunas de las promesas más destacadas. La franquicia contrató a Walt Hriniak, el mejor entrenador de bateo, para que hiciera evolucionar su juego. Hriniak se mostró escéptico y puso una regla estricta: si Michael quería aprender, tenía que presentarse todos los días a las siete de la mañana en punto. Si llegaba un segundo tarde, no batearía. «Y no faltó ni un día —dijo Hriniak—. Ni uno solo. El tipo era sensacional».

Hriniak ha entrenado a leyendas del béisbol como Frank Thomas, Carl Yastrzemski, Carlton Fisk o Wade Boggs. Para él, Jordan no tenía el mismo talento, pero compartía con ellos un rasgo muy importante: «Su mente. Es un tipo duro. Disciplinado. Concentrado. Decidido. Más que nadie que haya visto. Yastrzemski era así. Yaz era muy determinado y concentrado, practicaba sin parar. Michael era igual».

El entrenador de bateo fue la referencia de Jordan en este nuevo universo. Cada consejo de Hriniak era un mantra para él, que entrenaba hasta que sus manos se llenaban de ampollas. Aunque mejoró a lo largo del año, el técnico pensaba que habría sido muy difícil para él llegar a las Majors a su edad, después de no haber jugado desde hacía más de una década. «Si hubiera elegido jugar al béisbol en vez de al baloncesto en el instituto..., ¿quién sabe? Pero ¿intentarlo a los treinta años? Es una locura. Pero lo intentó de todos modos. Y si todo el mundo se hubiera comportado como él cuando estuvo con nosotros en los campus de primavera, todo el mundo del béisbol habría cambiado para mejor».

Jordan se presentó en el campus de primavera de 1995, pero su camino se vio bloqueado por una huelga impulsada por el sindicato de jugadores. Michael fue representante de jugadores de la NBA, por tanto, era prosindicatos. Así que, mientras se convocaban jugadores de reemplazo, Jordan salió de Sarasota a principios de marzo y volvió a la plantilla de los Bulls unas dos semanas después. Nunca sabremos si su carrera en el béisbol habría continuado mucho más tiempo de no ser por esa huelga. El mánager del equipo, Terry Francona, tenía la sensación de que a nuestro Michael le estaba picando el gusanillo de volver a su primer amor, de volver a ser una superestrella.

Francona estaba asombrado con las capacidades de His Airness, incluso a nivel beisbolístico: «Lo tenía todo. Habilidad, aptitud, ética de trabajo. Siempre fue muy respetuoso con lo que hacíamos y muy considerado con sus compañeros de equipo. Es cierto que tenía mucho que aprender. Recuerdo una vez que íbamos ganando 11-0 contra Chattanooga y Michael batea y llega hasta la segunda base. ¡Y se roba la tercera! Hago la pantomima de disculparme ante Pat Kelly, el otro entrenador, y él se ríe. Cuando entra al banquillo, le digo: "¿Qué intentas hacer, que nos maten?". Y él me contesta: "Bueno, en la NBA, cuando vas ganando por veinte, intentas ir ganando por treinta". Creo que con otros mil bateos, lo habría conseguido. Pero hay algo más importante que la gente no recuerda de aquella temporada. El béisbol no fue lo único que aprendió. Realmente, creo que se redescubrió a sí mismo, su alegría por la competición. Le dimos ganas de volver a jugar al baloncesto. Y a mí me hizo mejor entrenador».

Phil Jackson coincide con él. Comenta que el Jordan que regresó en el 95 era diferente del que se marchó en el 93. Más generoso con su tiempo, más alentador con sus compañeros de equipo. El propio Michael admitiría que la convivencia con chicos que eran, en algunos casos, diez años más jóvenes y que perseguían su sueño de llegar a ser jugador de béisbol provocó que cambiara el chip. El béisbol, por sus tremendas exigencias de paciencia y perseverancia, se convirtió en un motor de cambio para el mejor jugador de la historia. De los Bulls, por lo menos.

Otros, como Steve Wulf, autor del artículo que apareció en portada de *Sports Illustrated* «¡Déjalo ya, Michael! Jordan y los White Sox están avergonzando al béisbol», no parecían muy felices con las prestaciones de Err Jordan, como lo apodaban: «Lo más impresionante que ha hecho Jordan en un campo de béisbol fue antes de su primer partido oficial de entrenamiento de primavera. Él y otros White Sox estaban en un diamante fuera del campo —Minnie Minoso Field, para ser exactos— cuando llegó el momento de recoger las bolas de béisbol y ponerlas en una cesta en el montículo. Para regocijo de una pequeña multitud, Jordan empezó a lanzar suspensiones con las bolas. Por el bien de la posteridad y de los aficionados al baloncesto que le echan de menos, cabe señalar que Jordan hizo 5 de 7 en tiros de campo». Tras esta reseña tan elogiosa, His Airness juró que nunca más hablaría con nadie de *Sports Illustrated*. Y hasta ahora.

Las críticas vienen mucho más del lado de los periodistas que de los que compartieron campo con Jordan. Mike Barnett, el entrenador de bateo de los Barons esa temporada, creía que tenía el talento necesario para llegar a las ligas mayores: «Michael entrenaba cinco veces al día. En la jaula de bateo antes de desayunar. Entrenamiento normal de bateo. Lanzamiento suave. Práctica de bateo antes del partido. Después, al finalizar el encuentro, volvía a la jaula. Sus manos estaban llenas de ampollas y sangraba, su intensidad era algo fuera de lo común. No nos fijemos en su promedio de bateo. Miremos sus 51 carreras producidas, nunca se sintió abrumado por el momento. Podía volar, fíjate en sus treinta bases robadas. No había jugado desde el instituto y se estaba defendiendo en una Doble-A llena de jóvenes promesas. Dos temporadas más y estaría jugando en los White Sox como jardinero suplente, quizá incluso titular».

Nunca lo sabremos. Lo que sí sabemos es que pudo haber sido mucho peor, las aventuras extrabaloncestísticas de nuestro protagonista pudieron adquirir un corte aún más surrealista. Dan Duva, promotor de boxeo, le ofreció 15 millones de dólares por luchar por el cinturón de campeón mundial de los pesos pesados contra el vencedor del combate Evander Holyfield-Michael Moorer, aprovechando que Holyfield y Jordan se conocían de jugar juntos al golf de vez en cuando. Por lo que sea, nuestro héroe rechazó la oferta.

NUESTRO VEREDICTO

PACH: LeBron es menos *loser*, así que punto para él, aunque por poco. Por mucho que le atizaran en redes y en los medios de comunicación, con *La decisión* se inventó una nueva manera de comunicar en las que los jugadores podían tener todo el control, pasando por encima de los clubes, la liga y quien hiciera falta. La aventura de Jordan está muy bien, muy de peli de sábado a las cuatro de la tarde, pero privar al baloncesto de dos temporadas de este jugador en su *prime* es uno de los mayores atentados de la historia del deporte.

PITI: Nunca sabremos la verdad de una retirada temporal tan temprana no solo del mejor jugador del momento, sino de un icono que ya empezaba a competir globalmente en repercusión con deportistas como Mohamed Ali. Todos los continentes ya sabían de él. Y de repente se fue a jugar a un deporte muy suyo, pero muy minoritario en el mundo, que ya era su radio de acción.

Gana LeBron: La decisión fue su pináculo de egocentrismo, pero es el golpe de realidad que le hizo ser diferente el resto de su carrera, y el público (incluso los *boomers*) ha ido cambiando su opinión sobre su figura.

10

IT'S GOTTA BE THE SHOES!

Ya se lo decía Mars Blackmon a Michael Jordan en uno de los maravillosos anuncios creados por Wieden+Kennedy para los distintos modelos de Air Jordan: todos estos brincos, estas suspensiones, estos rectificados, estos mates inverosímiles que nos regala His Airness solo pueden ser posibles gracias al pedazo de zapatillas que lleva. Si no, no hay quien se lo explique.

A estas alturas, es indudable que las zapatillas de básket han traspasado los límites de las pistas para convertirse en un fenómeno cultural y de moda. Desde mediados de los ochenta, las Air Jordan son unas de las verdaderas culpables en esta revolución, desafiando el *statu quo zapatillista* de diseños y colores tradicionales, e innovando en materiales y en tecnología. Hasta aquí, todo bien. El problema reside en el sinfín de ediciones limitadas que alimenta la exclusividad y el postureo, en lugar de impulsar la ilusión por la práctica del deporte con el mejor material posible.

Nos encantan tantas colaboraciones y ediciones limitadas, pero casi todo lo que nos gusta acaba en la burbuja de la reventa, donde los precios se disparan, acrecentando la simbología de estatus que otorga cada par de *sneakers* a sus orgullosos propietarios.

Más allá de este *re-negocio*, el triunfo económico inigualable de las Air Jordan está estrechamente ligado a la grandeza del propio Michael sobre la cancha. Sin embargo, incluso después de su retirada, la marca ha sido capaz de reinventarse y mantener su posición de líder. Pioneros en buscar ese mercado de fuera del baloncesto que bebe los vientos por colaboraciones con artistas como Travis Scott o con diseñadores de moda como Virgil Abloh. Y que en Nike son unos genios del marketing, oigan.

LeBron lo tenía casi imposible para situarse como el GOAT *sneakeril*. ¿Cómo superas a la mayor industria de zapatillas jamás montada en torno a un jugador? No puedes. Así que optaron por diseñar productos que reflejaran la personalidad del ídolo de Akron y utilizaran, casi como en los coches de Fórmula 1, las últimas tecnologías, creando una narrativa temática única para cada edición. El resultado es una estética que polariza: o te gusta mucho o la odias.

En numerosas ocasiones, estas zapatillas también sirven como medio para expresar su activismo social, adornadas con mensajes y símbolos que reflejan las creencias sociales y políticas del jugador de Akron. Nike actúa aquí como plataforma, lo que implica que la marca debe estar preparada para aceptar las críticas que arrastra el utilizar las causas sociales para vender más productos.

Nos encantan muchos modelos de ambas gamas, pero, si tuviéramos dinero, estas serían las diez Air Jordan y las diez Nike LeBron que nos compraríamos:

Air Jordan

1. AIR JORDAN I «BRED»

Si piensas en unas Jordan, piensas en estas. Y, tal vez, en esta combinación de negro y rojo que fue prohibida por la liga por no contener el suficiente porcentaje de blanco. Un diseño que lleva aguantando desde 1984 como si no hubiera pasado el tiempo por él merece ocupar el TOP 1 del calzado jordanesco, además de ser el buque insignia de la revolución en el mundo de las *sneakers*.

Cuenta la (*fake*) leyenda del marketing que Jordan recibió una multa de 5.000 dólares por lucirlas en el Madison Square Garden y que en Nike continuaron pagando la sanción henchidos de felicidad. No hizo falta. Menuda *publi*. Como si tienes la suerte de que te secuestren judicialmente un libro, éxito asegurado. Caña alta, caña baja, colores de toda la vida, *pantones* estrambóticos, versiones fabricadas en goretex, colaboraciones, las de *Space Jam*... No hay ninguna que no sea preciosa. Zapatillón.

PRECIO MEDIO:[11] 643 €

11. Los precios que aparecen se refieren a la cotización media anual de las zapas en Stockx, ese mercado de bolsa *sneakeril* donde los especialistas y los aficionados al calzado compran y venden cual Leonardo DiCaprio en *El lobo de Wall Street*.

2. LEVI'S X AIR JORDAN IV «DENIM»

¿A quién no le van a gustar unas Air Jordan IV en *denim* con la etiquetita de Levi's? Según la mítica marca de vaqueros: «Basadas en las legendarias Jordan IV, estas bellezas prelavadas en índigo aprovechan los hilos de urdimbre y la trama para ofrecer un contraste oscuro-luminoso del clásico tejido vaquero oscuro con un paño claro. La lengüeta está adornada con un emblemático parche de piel con el logotipo Jumpman y una etiqueta lateral arrancable». La belleza del prelavado, amigos.

El mundo de los *sneakerheads* es tan maravilloso que, tras conseguir esta edición limitada, muchos se preguntaron cómo podrían destrozarlas utilizando técnicas como lijas, limas, blanqueo, teñido, deconstrucción y *patchwork*. La revista *Complex* publicó un artículo en el que destacó las veinte versiones personalizadas creadas por artistas, con resultados ciertamente dudosos.

Las Jordan IV son las favoritas de los artistas (los de verdad) para realizar colaboraciones. Eminem, UNDFTD, Isaiah Scott (fabulosa), Carhartt, KAWS (fea), Travis Scott, Mark Walhberg, Drake, Olivia Kim, Virgil Abloh... Incluso protagoniza una mítica escena de *Haz lo que debas*, cuando el personaje Buggin' Out (interpretado por Giancarlo Esposito, que luego saltaría a la fama como dueño del imperio Los Pollos Hermanos en *Breaking bad*) se enfrenta a un aficionado de los Celtics porque le ha pisado sus nuevas Air Jordan IV «Cement». A quién se le ocurre.

PRECIO MEDIO: 582 €

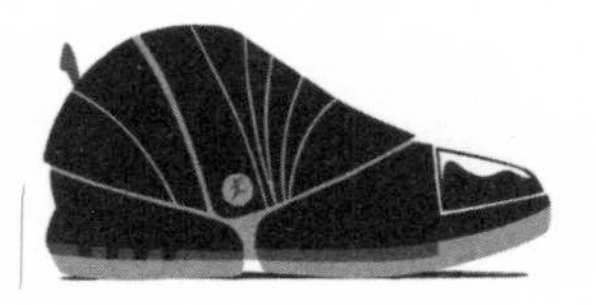

3. AIR JORDAN XVI «BRED»

La explicación que dan a este diseño en Nike es maravillosa: «En los albores de la temporada 01-02, Michael Jordan aún se estaba acostumbrando a su papel como presidente de los Washington Wizards. Con un nuevo diseñador por primera vez en más de una década, las Air Jordan XVI plasmaron esta época de transición con una cubierta magnética desmontable para los cordones. La cubierta, que permitía a la zapatilla pasar del rendimiento sobre el parquet a transformarse en un básico de moda, resultó especialmente adecuada cuando Jordan sorprendió al mundo y se unió a los Wizards como jugador durante la pretemporada de 2001».

Wilson Smith III debutaba como diseñador y se inventó un dispositivo para cubrir los cordones que se acoplaba por encima de la zapatilla con un sistema de imanes. Con la cubierta puesta, eres un ejecutivo agresivo de los que compran y venden cosas. En modo descapotable, te conviertes en un escolta anotador que solo piensa en ganar. Un *win-win*, que dicen los horteras modernos.

Nos llama la atención en especial esta composición en negro con detalles rojos, con la puntera acharolada en negro brillante. Pero las Ginger, las Pantone Collection y las Russell Westbrook Why Not? también son estupendas.

PRECIO MEDIO: 398 €

4. AIR JORDAN 2010 «SILVER ANNIVERSARY»

Pues sí, tienen un agujero redondo «inspirado en la habilidad de MJ de ver a través de sus oponentes». El tema de la transparencia continúa con la unidad Zoom Air visible por medio de la suela exterior transparente. Aplicaron la tecnología de las zapatillas de *running* de Nike para proporcionar a la zapatilla una sensación de menor contacto con el suelo y de mayor respuesta y rapidez en la pista.

Se lanzaron por el vigesimoquinto aniversario de las Air Jordan y con ellas Dwyane Wade jugó su mejor baloncesto. ¿El *naming*? Decidieron que se cerraba un ciclo con las Air Jordan XXIII y que, a partir de ese instante, las zapatillas se bautizarían con el año de lanzamiento: Air Jordan 2009, Air Jordan 2010, Air Jordan 2011, Air Jordan 2012..., hasta aquí. El sistema no debió de funcionar y volvieron al original, aunque, en lugar de escribir Air Jordan XXVIII en números romanos, que les parecía muy largo, optaron por la mezcla Air Jordan XX8.

Nos enamora esta versión en plateado brillante, pero si nos regaláis la «Black Varsity Red» en un 43 y en un 45, no nos vamos a quejar.

PRECIO MEDIO: HAY DOS PARES A LA VENTA, POR 614 Y 679 €

5. AIR JORDAN XXIII «BLACK STEALTH»

La vigesimotercera edición de las zapatillas del número 23 por excelencia merecía una atención especial. Con Tinker Hatfield y Mark Smith a los mandos, las Air Jordan XXIII fueron las primeras bambas de Nike desarrolladas bajo la filosofía *considered design*, utilizando materiales respetuosos con el medio ambiente que no comprometieran el rendimiento y la durabilidad.

Nos podemos imaginar a Jordan utilizándolas durante una temporada. Le pegan mucho. Un *branding* muy sutil, con énfasis en el bordado meticuloso del botín, su huella dactilar grabada en la suela y su firma en la puntera. Además, incorporaban avances tecnológicos de esos que suenan muy bien, pero que no se entiende tanto lo que quieren decir y, sobre todo, para qué sirven: *articulated propulsion technology*.

Vistieron estas zapatillas Chris Paul o Carmelo Anthony, con combinaciones de colores cada cual más bonita.

PRECIO MEDIO: 305 €

6. AIR JORDAN XX8 «WESTBROOK HOME»

Se lanzaron simultáneamente treinta y dos versiones de este modelo, con una idea principal: un botín mucho más alto de lo normal, cerrado con una cremallera, cuya caña se podía invertir para ser utilizada como zapatilla de calle. Uno de los diseños más polarizantes de la marca, creado por Tinker Hatfield y Josh Heard bajo el concepto de «sigilo». Podríamos describir a algunos de los *colorways* como sigilosos, pero a otros —el estampado de elefante y la versión «Away» de Russell Westbrook—, pues, más bien, no. Dan bastante el cante, de hecho.

Somos bastante fans de ambas versiones de las *sneakers* del hombre triple-doble por excelencia, nos gustan más sus zapas que su exceso enfermizo en el uso del bote y su lectura del lado débil, pero nos quedamos con la que utilizaba en los partidos de casa. Enamora ese blanco de bota katiuska con agujeros, como si hubiera sido salpicada por un charco radioactivo.

La cubierta externa debió de generar controversia, porque a finales de año presentaron la versión descapotable: Air Jordan XX8 SE, con unos generosos y llamativos estampados para compensar.

PRECIO MEDIO: 403 €

7. AIR JORDAN VIII «PLAYOFFS»

A primera vista no parecen unas Jordan, tal vez por la perniciosa influencia del universo *cross-training* que asoló los noventa. Nos importa poco, porque son las que llevaba el candidato a GOAT cuando cerró el primer *three-peat* frente a Charles Barkley, al que, por cierto, le pegaba más este diseño. Su Alteza Aérea vistió el *colorway* de los Bulls —blanco y gris, conocido como Bugs Bunny— durante la temporada regular, dejando esta combinación donde predominaba el negro para los playoffs. En el All-Star de 1993 debutó y se despidió la versión Aqua, en negro con detalles azules.

Simbolizan el final de la primera era de Jordan, por lo que se han convertido en un icono que fue reeditado con gran éxito el año pasado.

PRECIO MEDIO: 225 €

8. JUST DON X AIR JORDAN II «BLUE»

La colaboración del diseñador de Chicago Don C con Nike fructifica en una especie de bata de boatiné de color azulón Getafe que se coloca en los pies. Esta versión de la segunda iteración de las Air Jordan salió a la venta en enero de 2015, a un ya prohibitivo precio de 350 dólares. La parte superior está fabricada en cuero azul de primera calidad con detalles acolchados y tiene apuntes en dorado en los ojales, las puntas de los cordones y la lengüeta del talón.

Michael apenas tuvo ocasión de calzarse sus Air Jordan II, ya que solo jugó dieciocho partidos esa temporada debido a una lesión en el pie. Así que no le dio casi tiempo a apreciar la valentía de Nike al hacer desaparecer el *swoosh* y darle un aire mucho más *premium* a la zapatilla en su conjunto, que ha sido llevado al extremo en colaboraciones como esta, o como las Off-White x Air Jordan II, las A Ma Maniére x Air Jordan II, o las Maison Château Rouge x Air Jordan II.

PRECIO MEDIO: 580 €

9. AIR JORDAN XV «LASER»

Tinker Hatfield, el diseñador principal de la línea Air Jordan, se inspiró en los cazas X-15 que batieron los récords de velocidad y de altitud. «Como Mike», decía. El resultado es más un dirigible que un caza, con una lengüeta que sobresale por la parte superior fabricada en Kevlar, y que quiere imitar a la lengua que saca Jordan cuando inicia el vuelo.

MJ ya estaba disfrutando de su segunda retirada cuando salieron, pero las utilizaba con los trajes de vestir que uniformaban su nueva vida en los negocios. El *colorway* que más nos llama la atención añade diseños grabados con láser en el cuero blanco, representando las suelas de varios modelos Air Jordan. Una mirada menos experta observaría que parece el papel pintado del cuarto de estar de tu tía Enriqueta.

PRECIO MEDIO: 197 €

10. JORDAN X

Vienen con asterisco, no en vano se lanzaron durante la temporada en la que Jordan se dedicó a jugar al béisbol. Se vendieron muchísimo, lo que es una prueba más de la potencia de la marca. Debutaron en las canchas en marzo de 1995. Dos semanas después, Michael continuaba vistiendo un número 45 que nos parecía rarísimo y estas Jordan X, con las que les metió 55 puntos a los Knicks.

Se concibieron como homenaje a la trayectoria de Jordan, con diez cortes transversales en la suela que simbolizaban las diez mayores conquistas de su carrera. Nos gusta esta versión original en blanco con la suela y la lengüeta negras.

PRECIO MEDIO: 259 €

Nike LeBron

1. NIKE AIR ZOOM GENERATION «WHEAT»

Hay que tener narices para presentarte en tu primer All-Star luciendo una especie de Panama Jack con cámara de aire, en modo granjero *cool* o turista de Coronel Tapiocca con pretensiones. Bueno, para eso eres el Rey. Y, vistas con perspectiva histórica, tampoco están tan mal, aunque a algunos nos dé dentera el nobuk. Cuenta la leyenda que su diseño está inspirado en el tristemente célebre Hummer H2 con el que LeBron iba a clase en su último año de instituto. Es probable que el vehículo sea menos rígido que las zapatillas.

En kicksology.com aseguran que cuentan con una excelente comodidad y ajuste en el antepié y alrededor del tobillo, una protección estupenda contra los impactos, buena tracción y muy buena relación calidad-precio. En contra, que permiten demasiado movimiento de adelante hacia atrás y que la sujeción bajo el arco del pie es mejorable. Nunca lo comprobaremos.

PRECIO MEDIO: 206 €

2. NIKE LEBRON 16 «HARLEM FASHION ROW HARLEM STAGE»

Para lanzar la decimosexta edición de la línea LeBron, en Nike Basketball decidieron encargar un diseño al colectivo Harlem Fashion Row, un grupo de diseñadoras enfocadas en empoderar a las creativas afroamericanas de la industria. Se presentaron como una versión exclusiva para mujer en la Semana de la Moda de Nueva York de 2018 y triunfaron a todo triunfar con su correa de cuero en el tobillo, su color marfil, su forro interior carmesí y un tacón en el que aparecía un león como si estuviera esculpido por los romanos (se trataba de una impresión 3D, claro).

Pero nosotros preferimos la segunda versión: un pelotazo de amarillo brillante que podría servir perfectamente como señal de peligro si se te queda tirado tu Seat León en la autovía.

PRECIO MEDIO: 211 €

3. NIKE LEBRON 9 LOW «LEBRONOLD PALMER»

De verdad que te dan ganas de erigir un monumento al que pone los nombres a los *colorways* en Nike. «Lebronold Palmer». Es que te apetece soltar los doscientos pavos que valen las zapatillas solo por el *naming*, sin mirarlas siquiera.

Además de alegrarte la vista, estas zapas te dan clases de historia. Con ellas aprenderás que un Arnold Palmer es una bebida que combina tres partes de té helado sin azúcar con una de limonada. El brebaje se llama así —quizá ya lo hayan adivinado ustedes, queridos y perspicaces lectores— porque el mítico golfista Arnold Palmer era muy aficionado a degustarlo durante los torneos. Tal vez les parezca simple la idea, pero dio para un corto documental al respecto en la serie de ESPN *30 for 30 shorts*. El caso es que también es uno de los combinados predilectos de LeBron, así que Nike creó en 2012 este *colorway* exclusivo para él, con sus palmeras tropicales sobre un fondo amarillo pálido, sus *swooshes* en mango brillante, y la suela Air Max. En 2022 salieron a la venta para el público en general.

PRECIO MEDIO: 203 €

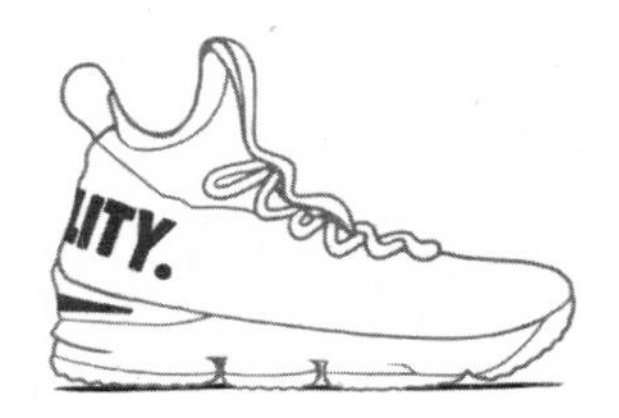

4. NIKE LEBRON 15 «EQUALITY»

Aquí nos vamos a poner un poco serios, pero es por una muy buena causa. La iniciativa *equality* se enfoca en aprovechar el poder del deporte para inspirar a las personas y motivarlas para que pasen a la acción. Para LeBron, «igualdad significa que no importa tu raza, ni tu origen, ni quién seas, todos tenemos el poder de levantarnos y hablar a favor de algo». Con tal propósito en la mente, Nike lanzó esta edición limitada de las LeBron 15, con la zapatilla izquierda en blanco y la derecha en negro, ambas con el mensaje de la iniciativa bordado en letras doradas.

Para ser consistentes con el espíritu de ese mensaje, todas las personas deberían tener igualdad de oportunidades a la hora de conseguir un par. Así, se pusieron a la venta cuatrocientos pares (doscientas negras y doscientas blancas) en Estados Unidos mediante un sorteo online para apoyar y celebrar el compromiso con la inclusión. Los consumidores tenían la opción de donar 10 dólares o participar gratis. Los ganadores fueron seleccionados al azar y recibieron su par blanco o negro, pero se los animaba a encontrar un ganador del color alternativo para intercambiar y poseer un par desigual como el de LeBron. Todos los beneficios del sorteo se destinaron a apoyar la misión y la programación del Museo Nacional Smithsonian de Historia y Cultura Afroamericanas.

PRECIO MEDIO: 741 € (BLANCAS), 509 € (NEGRAS)

5. NIKE X UNKNWN LEBRON 20 «MESSAGE IN A BOTTLE»

Las LeBron 20 no parecen unas LeBron. Y esta colaboración con su tienda/marca de ropa UNKNWN, todavía menos. Con colores inspirados en el Miami tropical, nos cuentan desde Nike que estas zapatillas celebran la conexión fraguada entre una generación de atletas y la siguiente. No entendemos muy bien cómo, pero, si ellos lo dicen, así será.

Mientras tratamos de procesar esta información, nos regalamos la vista con ese ante medio roto en tono arena, el doble *swoosh* compuesto por uno fabricado en TPU (poliuretano termoplástico) que brilla en la oscuridad, sobre otro cosido en la zapatilla con costuras en zigzag amarillo, y el logo de UNKNWN en la lengüeta derecha y la firma de King James en la izquierda. Unas de nuestras favoritas.

PRECIO MEDIO: 161 €

6. NIKE LEBRON ZOOM SOLDIER X «UNITE»

Aquí el equipo de diseño de Nike se propuso responder con hechos al tremendo interrogante que ha sido objeto de un gran debate en el mundo del calzado deportivo y sus variantes: ¿qué porcentaje de la superficie de una zapatilla se puede cubrir con cintas de velcro? El resultado es, de manera sorprendente, realmente bonito.

Estas son las zapatillas —en otro color— que estrenó LeBron en las épicas finales de 2016. Las combinó con las LeBron 13 que vistió toda la temporada; por supuesto, cada *sneaker* cuenta con su propio balance de victorias/derrotas. 4-0 para las Soldier 10, y 0-3 para las 13. *It's gotta be the shoes!* La tracción para el taponazo a Iguodala es responsabilidad de estas zapatillas sin cordones que demuestran la capacidad adhesiva del velcro. Son tres correas en la zona del mediopié y el tobillo, que proporcionan sujeción sin necesidad de nudos. Además, las grandes unidades *zoom air* en el talón y en la parte delantera del pie permiten los multisaltos y los aterrizajes con amortiguación y estabilidad.

Nuestro modelo favorito es el homenaje a la medalla de oro en los Juegos Olímpicos de Río. Blancas, con el logo de King James y el *swoosh* en dorado, y con una especie de (prescindible) gotelé áureo sobre las cintas de velcro. Aunque no podemos olvidar la combinación Thunder Grey Bright Crimson Electric Green, que recuerda al Volkswagen Polo Harlequin que asoló con sus tonos Micolor las carreteras patrias a finales de los noventa.

PRECIO MEDIO: 249 €

7. NIKE LEBRON 8 «SOUTH BEACH»

En 2021, Nike recuperó las clásicas LeBron 8 «South Beach» de 2010, para celebrar (?) el décimo aniversario de *La decisión*. Las favoritas de su principal usuario: «Son las mejores zapatillas de mi línea. Sin duda. Ha reventado el mundo de las zapatillas. Las South Beach 8 son una locura».

Lanzadas en octubre de 2010 en cantidades limitadas con el nombre de Pre-Heat, la dirección de arte se imbuía en la estética de Miami (si la hubiera), con una parte superior en cuero verde azulado brillante, cordones y pinceladas en rosa neón, anclados por detalles en negro. Una cabeza de león preside la lengüeta para simbolizar el estatus de LeBron como rey de la cancha. La suela exterior es verde hielo y la entresuela es transparente con una unidad de aire que queda a la vista.

Bastante *Miami Vice* todo. Hasta Don Johnson interpreta a Sonny Crockett, mientras LeBron incorpora un Ricardo Tubbs ligeramente estoico en la campaña de lanzamiento.

PRECIO MEDIO: 193 € (REEDICIÓN), 507 € (PRE-HEAT)

8. NIKE LEBRON 5
«BLACK CRIMSON METALLIC GOLD»

En 2007, los diseñadores de Nike se enfrentaron al reto de crear la quinta edición de la gama LeBron. Faltos de referencias, decidieron apostar por una un tanto surrealista: el diseño de la amplia correa del tobillo se inspira en las cajas de plástico que el ídolo de Akron utilizaba como canastas cuando era pequeño. Además, en la suela inferior y detrás de la lengüeta aparecen mapas de las calles de su ciudad natal, mientras que el emblema cuadrado dorado del lateral y la lengüeta acolchada con diamantes intentan otorgar a las zapatillas un manto de realeza.

Por dentro, se evoluciona el material *foamposite* de la LeBron 4 y se opta por el *phyposite*, una mezcla de *phylon* en la parte superior y *foamposite* en la inferior para estabilizar aún más la potencia que imprime LeBron. Por fuera, la combinación negro-con-pedazo-de-cierre-dorado es la que más nos interesa, aunque de lejos parecieran las zapatillas con las que se echaría una pachanga el Capitán Garfio.

PRECIO MEDIO: CASI NO EXISTEN EJEMPLARES. CUANDO ESCRIBIMOS ESTAS LÍNEAS, HAY UNO A LA VENTA EN STOCKX POR 809 €.

9. NIKE LEBRON ZOOM SOLDIER «CHRIST THE KING»

Además de la serie LeBron, Nike creó la línea Soldier, pensada originalmente para jugar al *streetball*. Su diseñador, Jason Petrie, se enfocó en fabricar una zapatilla ligera y estable: «Todo se construyó en torno a la idea de proporcionar agarre a LeBron, así que creamos una zapatilla basada en ello, otorgándoles a sus pies una fuerza totalmente protegida y contenida. Modo playoffs, zapatilla de equipo, *FlyEase*, cintas, cordones... La línea ha tenido distintas versiones a lo largo de los años, pero siempre ha sido una herramienta adicional que LeBron podía sacar a jugar en cualquier momento. Las Soldier le ayudaron a definir su legado».

El caso que nos ocupa pasó a la inmortalidad zapatillera por ser las que calzaba LeBron durante su exhibición ante los Pistons en el quinto partido de la final de la Conferencia Este de 2007. El muchacho anotó los últimos 25 puntos de su equipo para imponerse tras dos prórrogas. Como afirma Petrie: «La línea Soldier no sería lo que es sin esa actuación. Mucha gente relaciona para siempre ese recuerdo con la silueta».

Nos quedamos con la combinación «Christ The King», en homenaje al instituto de Queens que apoya James. La base acharolada contrasta con la generosa cinta de velcro central y le da un aire retrofuturista muy curioso. Y el *naming*, claro: «Me he comprado unas Nike Cristo Rey, mamá». Fabuloso.

PRECIO MEDIO: NO DISPONIBLE EN STOCKX. UNAS LEBRON ZOOM SOLDIER «THINK 16 (25 STRAIGHT)» SE COTIZAN A 265 €.

10. NIKE LEBRON 13 «AKRONITE»

A nosotros, con la denominación de este *colorway* ya nos tenían ganados. Además, resulta que los *colorinchis* que salpican el diseño representan la biografía de LeBron, con campos de trigos alegóricos de su ciudad natal y palmeras de su Miami campeonal. O eso asegura Nike: «El nombre Akronite Philosophy procede del camino de LeBron hacia la grandeza. La parte superior presenta un estampado de camuflaje multicolor junto con gráficos de campos de trigo que simbolizan su educación en Akron. Junto con el guiño a Akron, esta LeBron 13 también rinde homenaje a los campeonatos que James ganó en Miami con palmeras abstractas representativas de South Beach». Menudo triple se han jugado aquí, pero les ha salido bien.

Continuamos con la propaganda de Nike: «Para su última zapatilla personalizada, LeBron ha querido seguir lo que empezó con la 12: un proceso de eliminación del exceso. Es lo mismo que hizo durante la postemporada, cuando revisó su dieta y su régimen de entrenamiento, bajando considerablemente de peso sin sacrificar un ápice de fuerza. Tras una agotadora temporada de ochenta y dos partidos, la ligereza de las LeBron 13 se traduce en unas piernas más frescas cuando más cuenta». Traducción: son un poco menos mazacotes que de costumbre.

PRECIO MEDIO: 103 €

NUESTRO VEREDICTO

PACH: Como aquí es cuestión de gustos, las LeBron. Reconociendo el tremendo mérito y la disrupción de las Air Jordan, creo que si fuera un jugador medio decente preferiría la gama lebronera. Para vestir otorgo un empate, siempre enarbolando el *disclaimer* de que soy más de Adidas.

PITI: Yo en lo personal soy más clasicorro que mister Pach (si solo fuera eso): las Jordan. Y con pocos colores. Air Force One 1 en blanco, y varios pares, arriesgando. Pero como concepto de comunicación y de llegada al público, las campañas de LeBron, sobre todo en la segunda parte de su carrera, me parecen inmejorables en la historia de las marcas asociadas al básket. Me quedo con las LeBron y especialmente con las Lebron 15 «Equality».

11

AD-STARS

Les advertimos, con la confianza que ya nos tenemos después de tantos capítulos, de que la pelea en este apartado es muy desigual.

Michael Jordan no tiene parangón como icono publicitario y de marketing. Exagerando un poco, Nike es lo que es gracias a él. La marca que lleva su nombre continúa creciendo más de treinta años después de su lanzamiento: Jordan Brand facturó 5.100 millones de dólares en 2022. No olvidemos que Michael se embolsa un 5 por ciento de esa cantidad (256). Es el protagonista de múltiples campañas publicitarias de esas que se estudian como casos de éxito en los carísimos programas de máster y posgrado. Si hasta Amazon ha producido una película, *Air*, sobre cómo Nike logró situarse en el mundo del básket gracias a que consiguió firmarle. Está muy bien, por cierto.

Es casi inimaginable que un ser humano, incluso LeBron, alcance tales niveles de excelencia mercadotécnica. Aunque el de Akron también es un genio: rechazó un contrato de 10 millones de dólares con Reebok cuando todavía estaba en el instituto. «Cuando el presidente de Reebok, Paul Fireman, deslizó el cheque de diez millones sobre la mesa y me dijo: "Oye, si aceptas esto ahora, prométeme que no hablarás con Nike ni con Adidas", empecé a pensar: "Este hombre está dispuesto a darme un cheque de diez millones de dólares por adelantado. ¿No estarán dispuestas Nike o Adidas a anticiparme veinte o treinta millones?". Así que empecé a decirme: "Quizá el dinero por anticipado no sea lo más importante". No pensé solo en el primer cheque, sino en todos». Obtuvo 90 millones de dólares de Nike en su primer contrato. Y 1.000 en el contrato de por vida que suscribió en 2015.

Para dirimir este (¿desigual?) duelo, hemos inventado el concepto de Ad-Stars para elegir las doce mejores campañas publicitarias de cada uno y enfrentarlas. Como en los verdaderos All-Star, la competición quizá brille por su ausencia, pero vamos a disfrutar de una pachanga vistosa y efectista, a la cual podrán asistir en rigurosa exclusiva en nuestro canal de YouTube sin coste adicional. Una muestra más de la generosidad de estos autores y su editorial.

Team Jordan

Banned! (Nike, 1985)

En la desapacible noche del 18 de octubre de 1984 se jugó un partido de pretemporada en el Madison Square Garden entre Chicago Bulls y New York Knicks. Nada especial. Pero el *rookie* Michael Jordan se atrevió a desafiar al *establishment* de la NBA transgrediendo el *dress code zapatillil* al lucir unas zapatillas rojas y negras. Ahora que estamos acostumbrados a ver toda la gama de *pantones* en el calzado de los profesionales baloncestísticos, nos sorprende mucho una regla de vestimenta de la NBA que estuvo vigente hasta bien entrados los años 2000: las zapatillas deben ser más de un 50 por ciento blancas.

Russ Granik —vicepresidente de la NBA— se apresuró en enviar una carta a Rod Strasser —su homólogo en Nike— prohibiendo que Jordan jugara con esas zapatillas. Una situación perfecta para una marca que está lanzando un producto. La liga ha *baneado* las nuevas Air Jordan. Pero a ti nadie puede impedirte que juegues con ellas.

Desde luego, no se dejaron una fortuna en producción audiovisual para comunicar la mala/buena nueva. Ni falta que hacía. Cuando tienes un mensaje tan poderoso que transmitir, es mejor no adornarlo. La cámara recorre de arriba abajo la figura de Jordan vestido de rojo Bulls, pero sin ninguna pista que haga referencia al equipo. Mientras bota el balón desafiante, se escucha una locución en *off* de esas que te ponen los pelos de punta en los tráileres de cine: «El 15 de septiembre, Nike creó unas nuevas y revolucionarias zapatillas de baloncesto. El 18 de octubre, la NBA las expulsó del partido». La cámara se detiene en las Air Jordan prohibidas, que son tachadas por dos bloques negros. «Afortunadamente, la NBA no puede impedir que las lleves. Air Jordan, de Nike».

Como casi todo artificio publicitario, esta campaña tiene un poco de trampa. Las zapatillas vetadas no eran las primeras Air Jordan, sino sus antecesoras, las Nike Air Ship. Muy parecidas, pero no las mismas.

Se vendieron muchísimas. Incluso se propagó el rumor de que la NBA multaba a Nike con 5.000 dólares por partido en el que Jordan luciera ese *colorway* concreto. Falso de toda falsedad. Nunca jugó un encuentro oficial con ellas, solo las vistió en el celebérrimo concurso de mates de 1985.

Be like Mike (Gatorade, 1991)

El jingle publicitario, cual taladro Black & Decker penetrando nuestro cerebro, es uno de los recursos que mejor funcionan para imprimir una marca en la memoria de forma indeleble. En cuanto se ha fijado, basta tararearlo una vez para que se active un mecanismo que te impide quitártelo de la cabeza durante varias horas. Es el caso de esta campaña, en la que la cancioncita está compuesta por el mismísimo diablo creativo.

Por esos azares que nos depara el destino, la humanidad tuvo la oportunidad de librarse de ella, pero el vil metal lo impidió. Resulta que la primera opción musical elegida por Bernie Pitzel, el director creativo de la agencia Bayer Bess Vanderwarker (León de Oro en Cannes al *naming* de agencias, sin duda alguna), era una versión de *Quiero ser como tú* de la *disneyana El libro de la selva*. Los herederos del negocio de Walt Disney pidieron 350.000 dólares a Gatorade por los derechos y no permitían hacer cambios en la letra. Vamos, que no se podía cantar *Quiero ser como Mike*. Las negociaciones se rompieron un miércoles y el anuncio tenía que emitirse el lunes.

Pitzel se sentó en una mesa de su restaurante italiano favorito y, utilizando técnicas del maestro Florentino Pérez, usó unas servilletas para escribir la letra del jingle esa misma tarde.

Sometimes I dream
that he is me.
You've got to see that's how I dream to be.
I dream I move, I dream I groove
like Mike
If I could be like Mike.

Ya solo faltaba la música, que no es poco. Envió la letra por fax a cuatro productores musicales especialistas en taladros auditivos y ganó el concurso Ida Antelis, que admitió haber compuesto el tema en quince minutos. «Si hubiéramos utilizado música de *El libro de la selva*, el anuncio habría caído en el olvido», explica el compositor en el libro sobre Gatorade *First in Thirst*. «En lugar de eso, creamos una pieza musical propia que el mundo pudiera identificar con la marca». Y tanto: la compañía de bebidas energéticas vendió cien mil copias de la canción en formato single a 4,95 dolarazos cada una, dedicando los beneficios a las buenas obras de la Fundación Michael Jordan.

Be like Mike es uno de los spots más memorables del marketing deportivo. Un minuto maravilloso de la plasticidad en la cancha de His Airness, combinada con imágenes de niños intentando ser como su ídolo y finalizando con el mítico movimiento con el que Jordan se va de Craig Ehlo y anota un *buzzer beater* para eliminar a Cleveland en los playoffs. Todos queremos ser como Mike.

Is it the shoes? (Nike, 1991)

Desde los tiempos de *Mad Men*, los creativos como Pach trabajan en duplas: un redactor (copy, en el argot publicitario) y un director de arte. Riswold y Davenport formaban dupla en Wieden+Kennedy, la agencia originaria de Portland creadora de toda la comunicación publicitaria de Nike, y se encontraban en Los Ángeles editando un spot de Jordan. Después de cenar, como buena pareja de hecho, fueron al cine a ver *¿Qué pasó anoche?* La comedia no los enamoró precisamente, pero descubrieron a un personaje que les cambiaría la vida.

Mientras esperaban a que comenzara la película, los tráileres llamaban poco su atención. De repente, Spike Lee se adueñó de la pantalla luciendo una gorra absurda y unas gafas de un tamaño inverosímil. Iba por una calle de Brooklyn intentando vender a los peatones que pasaban de él: «¡Calcetines de deporte! ¡Calcetines de deporte! ¡Tres por cinco dólares! ¡Tres por cinco dólares!». Sin venir a cuento, se gira y mira a cámara: «Hola, soy Spike Lee, y cuando no estoy dirigiendo, hago esto. Así pago el alquiler, pongo comida en la mesa, mantequilla en mi pan integral. De todos modos, tengo esta nueva comedia a punto de salir, una película muy divertida: *Nola Darling*. Échale un vistazo». A continuación, el tráiler de verdad, que explica la premisa del film: la relación de la guapísima artista gráfica Nola Darling (Tracy Camilla Johns) y su trío de amantes. Uno de ellos es Mars Blackmon, interpretado por el propio Lee.

Interesados, Riswold y Davenport compran un cubo de palomitas pantagruélico y vuelven a su multicine habitual para ver el film. Les flipa Mars Blackmon. Su modo de hablar estilo ametralladora, su dirección de arte, sus *outfits* y, sobre todo, el hecho de que idolatra a dos personas en el mundo: Nola Darling, su novia compartida, y Michael Jordan. En una escena subida de tono, Mars se lía con Nola mientras lleva puestas sus Air Jordan. «Es nuestro hombre», piensan nuestros creativos.

Spike Lee, además, es uno de los apóstoles de la cultura de las *sneakers*. Uno de los visionarios que anticipó el impacto que tendrían en la sociedad en general. Pensaron que mezclar a un icono de la cultura pop con un icono del deporte podría funcionar para la marca. No costó mucho convencerlo, Spike quería hacerse famoso a toda costa y esta campaña se iba a ver por todas partes.

En 1988 se rodó el primer spot que supuso el comienzo de una saga de maravillas publicitarias. En ellas, Spike Lee siempre adopta el papel de aficionado flipado-pesado y Jordan se limita a responder con monosílabos (o con mates) a sus preguntas e insinuaciones. El mejor de todos es *Is it the shoes?*, en el que Mars pregunta a MJ qué es lo que le hace ser el mejor jugador. Durante treinta segundos, le pregunta ocho veces si son las zapatillas. Nuestro Michael insiste en que no.

Hare Jordan (Nike, 1992)

Riswold también es el padre de esta precuela de *Space Jam*: «Bueno, iban a poner a Michael en las pausas de la Super Bowl y querían tomarse un descanso de las cosas de Mars Blackmon, para hacer un gran anuncio gigante sobre Jordan. No podía pensar en una estrella más grande que Bugs Bunny para formar equipo con él. Crecí siendo el fan número uno de Bugs Bunny y me gusta decir que hice el spot solo porque quería hablar con él».

Encontrarán más detalles sobre este fabuloso spot en el capítulo dedicado a los *Space Jam*, pero su pase durante la Super Bowl XXVI gozó de un éxito increíble. La historia no es nada del otro mundo: Bugs Bunny es acosado por un grupo de malotes baloncestistas y les reta a un partido contra Michael Jordan y él mismo. Después de darles una paliza repleta de giros *cartoonianos*, los dos se alejan juntos mientras el conejo le dice: «¡Este podría ser el comienzo de una bonita amistad!». Pero qué espectáculo visual.

The showdown (McDonald's, 1993)

Emitido en dos partes durante la Super Bowl XXVIII, un Jordan en su mejor momento se enfrenta a un Larry Bird recién retirado en una partida de H-O-R-S-E, nuestro O-S-O, ese juego en el que tienes que meter una canasta exactamente desde donde ha tirado tu antecesor. En este caso, se lo juegan todo, ni más ni menos que un suculento Big Mac con patatas fritas. Las reglas las pone Bird: «El primero que falle ve comer al ganador. Nada de mates».

También dirigido por Mike Pytka, como *Hare Jordan*, en la película los jugadores intercambian tiros más y más imposibles, mientras la dificultad aumenta de forma exponencial: desde detrás del tablero, triples con la izquierda, de rodillas desde el centro del campo, desde la grada... Toda una precuela de los vídeos baloncestísticos *fake* que asolarían los canales de YouTube y TikTok en las décadas que estaban por venir. El desafío no se sabe cómo acaba, pero la cámara descubre a la pareja en la azotea del John Hancock Center, un rascacielos de cien pisos, balón en mano.

Además de arrasar en la Super Bowl, este anuncio se convirtió en un clásico gracias a la frase «nothing but net», sinónimo desde entonces de un tiro impecable, de los que ni siquiera rozan el aro.

La idea supone un éxito rotundo para la marca, que repite al año siguiente con los mismos protagonistas y la aparición de Charles Barkley suplicando que le dejen jugar. En 2022, la revista *The Drum* nombró este anuncio el septuagésimo segundo mejor de todos los tiempos en una encuesta realizada a sus lectores. Tremenda generosidad la de estos lectores, todo hay que decirlo.

Failure (Nike, 1997)

El Jordan más autoayuda nos sorprende con un discurso que firmaría el mismísimo Paulo Coelho sobre las propiedades terapéuticas del fallo como motor del progreso. Un punto *failure*, en nuestra opinión. El texto del anuncio, locutado impecablemente por nuestro héroe, reza así: «He fallado más de nueve mil tiros en mi carrera. He perdido casi trescientos partidos. En veintiséis ocasiones me confiaron la responsabilidad de ganar el partido con el último tiro y no acerté. En mi vida, he fallado una, otra y otra vez. Y esta es la razón por la que he triunfado». Venga, Nike, que a este Jordan humilde no se lo cree nadie.

Boxers or briefs? (Hanes, 1998)

La estrella de los Bulls ataca de raíz el gran problema de la masculinidad de nuestro tiempo: ¿bóxeres o gayumbos convencionales? Da igual, la clave de la comodidad es que sean Hanes, el Abanderado norteamericano.

En el spot, dos chicas sentadas en un banco del parque adivinan qué tipo de calzoncillo llevan los hombres a los que ven pasar. En un momento dado, se acerca Jordan y se adelanta: «Son Hanes. Dejémoslo así».

Más de treinta años después, Hanes continúa patrocinando la sujeción testicular del ídolo de Chicago. Las ventas deben de ir bien.

Who is Johnny Kilroy? (Nike, 1994)

«Todo bien con ese capricho de dejar el baloncesto por el béisbol, pero las Air Jordan IX no se van a vender solas», debió pensar algún ejecutivo de Nike. Tenían la zapatilla diseñada y producida para la siguiente temporada y, de repente, se encontraron con que no habría temporada.

¿Qué hicieron? Se inventaron una campaña publicitaria aún más increíble que el hecho real de que el mejor jugador de la NBA abandonara el baloncesto para dedicarse a otro deporte.

El actor Steve Martin aparece como presentador de un ficticio *Equipo de investigación* norteamericano en el que se descubre el caso de varios jugadores que comparten un perturbador parecido con Michael Jordan y que están arrasando en los campeonatos locales de diversas localidades norteamericanas. Son iguales que él, pero están caracterizados con melenas de diversos cortes y longitudes, bigotes desconcertantes, *goggles* como las de Worthy, pero mal..., una suerte de LeClerc de la serie *'Allo 'Allo!*, con el mismo éxito en el disfraz. Pero la verdadera sorpresa llega cuando, en un partido de pretemporada de los Bulls grabado desde las gradas por un espectador, descubrimos a un fenómeno llamado Johnny Kilroy que anota 79 puntos en un cuarto. El reportero encuentra una cinta en la que Jordan confiesa que fingió retirarse, e intenta confirmar en directo con Phil Jackson si Kilroy es Michael Jordan disfrazado. Chris Mullin y David Robinson no se lo pueden creer.

Alonzo Mourning afirma que solo el escolta de los Bulls le puede hacer un póster de esa manera.

En la secuela, John Thompson —mítico entrenador toalla al hombro de Georgetown— explicaba las razones por las que Jordan se disfrazaba de Kilroy: nada podía detener su amor por el baloncesto.

Maravillosa idea, estupendamente ejecutada. Nike incluso consiguió que Upper Deck lanzara el cromo de Johnny Kilroy. Lo tienen en eBay a partir de diez dólares.

Treehouse (Coca-Cola, 1994)

Los superhéroes modernos no necesitan salvar al mundo. Se encargan de cosas más mundanas. Basta, por ejemplo, con que unos niños tengan sed mientras juegan en una de esas casas del árbol que estamos hartos de ver en las películas, para que Michael Jordan salte en modo concurso de mates y les deje ahí arriba un pack de seis latas de la *refrescosa* bebida.

Contrate usted al mejor jugador del mundo para esto.

Better eat your Wheaties (Wheaties, 1991)

«Michael Jordan es una leyenda. Apareció por primera vez en la caja de Wheaties en 1988 y lo ha hecho diecinueve veces, más que ningún otro atleta.[12] Ahora, más de treinta años después de su primera caja de Wheaties, el legado de grandeza de Jordan sigue inspirando a generaciones de fans». Cómo nos gusta la retórica corporativa. Sigamos leyendo en <wheaties.com/michael-jordan>,

12. Uno de estos atletas fue el campeón olímpico en decatlón antes conocido como Bruce Jenner, ahora Caitlyn Marie Jenner, cuyo salto a la fama contemporánea se produjo como patriarca del clan de las Kardashian.

que parece que nos van a dar el libro hecho: «Por aclamación, Michael Jordan es el mejor jugador de baloncesto de todos los tiempos. Es una inspiración. Fuera de la cancha, es conocido por su icónica marca Jordan y sus innovadoras asociaciones de patrocinio. Las zapatillas Air Jordan de Nike se presentaron en 1984 y siguen siendo populares hoy en día. También protagonizó la película *Space Jam* y es el foco de *The last dance*, la miniserie documental ganadora de un Emmy».

Quiénes somos nosotros para llevar la contraria a una marca de cereales.

Muchos años de patrocinio, muchas cajas de cereales vendidas, muchos objetos de *merchandising* regalados (podemos destacar una caja de cereales cuyo dorso se plegaba cual *transformer* en cancha de baloncesto, idea sensacional), muchas campañas realizadas. En términos generales, no destacan por una creatividad portentosa. No obstante, si tenemos que elegir una, nos quedamos con esta en la que Jordan intimida a Worthy en un vestuario que recuerda a las taquillas de la cárcel de la comisaría de Hill Street: «Mejor cómete tus Wheaties». El alero de los Lakers, que lleva al hombro una bolsa de deporte con el escudo de su equipo y una pegatina gigante en la que se lee «Worthy» —para que se sepa bien quién es y no hayamos gastado nuestro presupuesto de patrocinio en una persona *random*—, toma buena nota de que no hay más remedio que ingerir cereales integrales si quieres aspirar a algo en el competitivo mundo de la NBA.

Maybe it's my fault (Jordan Brand, 2008)

Vuelve el Jordan más autoayuda con un discursazo sobre su capacidad de trabajo, su competitividad, su resiliencia y todos esos tangibles e intangibles que le han llevado a ser el mejor del mundo. Es el curro, no el talento, queridos:

Tal vez sea culpa mía.

Tal vez te hice creer que era fácil,

cuando no lo era.

Tal vez te hice creer que mis mejores momentos empezaban en la línea de tiros libres,

y no en el gimnasio.

Tal vez te hice pensar que cada tiro que lancé fue un *game winner*.

Que mi juego estaba construido por destellos,

y no por fuego.

Tal vez por mi culpa no te diste cuenta de que el fracaso me daba fuerza,

de que mi dolor era mi motivación.

Tal vez te hice creer que el baloncesto era un regalo que Dios me había dado,

y no algo por lo que trabajé cada día de mi vida.

Tal vez destruí el juego.

O, tal vez,

solo estás poniendo excusas.

What is love? (Nike, 2003)

Más que un anuncio, es un homenaje. Cuatro minutos y medio de las razones que han llevado a Michael a amar el baloncesto durante toda su carrera. Desde sus inicios rodeado de *jordanaires* hasta su retirada con los Wizards, esta panorámica nos lleva por los momentos cumbre de su trayectoria. Emitido durante su último All-Star, se utilizó como campaña de lanzamiento de las Air Jordan XVIII. Por esta razón se eligieron dieciocho motivos que explican el amor de Jordan por el juego y se diseñaron sus correspondientes dieciocho pósteres con los *highlights* más importantes de su carrera.

Love is being a rookie.
Love is taking the air less traveled.
Love is wearing a new pair every game.
Love is the buzzer-beater.
Love is dropping 69.
Love is your first.
Love is knowing more than just game.
Love is a three-peat.
Love is realising when not to quit your day job.
Love is "I'm back!".
Love is silencing your critics.
Love is playing with nothing but heart.
Love is June 14, 1998.
Love is having six daily reminders.
Love is building your own dream team.
Love is finding new ways to give back to the game.
Love is 39-year-old-legs beating 19-year-old legs down the court.
Love is playing every game as it's your last.

Pelos como escarpias.

Team LeBron

Book of dimes (Nike, 2003)

Nos encontramos en una mezcla de iglesia y polideportivo. El cómico Bernie Mac aparece en el púlpito, ataviado con un brillantoso chándal Nike negro. A su lado, el comité de sabios de la Iglesia, luciendo inmaculados uniformes de la marca de Oregón. Son George Gervin, Moses Malone, Julius Erving y Jerry West. Tras él, un coro de jugadoras de la WNBA también con sus chándales a juego. El predicador Mac inicia su sermón leyendo pasajes del catecismo King James Playbook que alaban al nuevo Elegido.

Porque, en lugar de pedir a Dios talentos como el salto o el manejo de balón, pidió ser bendecido con «una tremenda visión de cancha», y el don le ha sido concedido. Las puertas del *poliglesia* se abren para dar paso al Elegido: LeBron James, que empieza a tirar *no-look* pases a diestro y siniestro. Los que reciben el balón son inmediatamente tocados por la gracia del Elegido, anotan y hacen malabares y mates sin parar mientras el coro canta y todos bailan.

Una producción impresionante y extraordinaria de Wieden+Kennedy para el debut publicitario de la estrella que venía a cambiar el juego tal como lo conocíamos. Visto con perspectiva histórica, resulta chocante el hecho de que Nike pretendiera *venderlo* como la reencarnación de Magic Johnson, en lugar de destacar sus asombrosas cualidades físicas. Es un jugador de equipo, solo le interesa hacer mejores a sus compañeros, nada de individualismos *canallitas*. Pero nadie puede negar la visión de los ejecutivos de la firma de Beaverton: apostar tanto por un deportista recién salido del instituto, otorgarle la responsabilidad y el deber de convertirse en el nuevo dios del baloncesto ya desde la casilla de salida, y que todo salga como se espera es de fenómenos absolutos.

Es el Elegido. El nuevo dios. La reencarnación y el sucesor de Michael Jordan. En el juego y, sobre todo, en la venta de zapas, que es de lo que se trata.

The LeBrons (Nike, 2006)

¿Qué le pedimos a un atleta cuando tiene que protagonizar un spot? Que sea natural, que no se le vea rígido ni forzado. Que se salga un poquito de su zona de confort. Y, si puede ser, que se divierta.

LeBron no es el mejor actor del mundo, pero es superior a MJ. Por lo menos se atreve a interpretar. Jordan solo hace de Jordan, como Resines solo hace de Resines.

En esta serie de spots lo demuestra interpretando a cuatro personajes distintos, basados en las diversas facetas de la personalidad de LeBron. Como las Spice Girls, pero todo en uno:

- Kid: el chaval despreocupado y juguetón que tiene toda la vida por delante y que tiende a meter la pata.
- Wise: el viejuno sabelotodo que se pasa el día corrigiendo a Kid.
- Athlete: el atleta enfocado en entrenar y mejorar, intentando evitar las distracciones.
- Business: el agente que se las sabe todas, siempre con trajes llamativos y pegado a su móvil.

La serie incluye títulos como *Butter*, *Glory days*, *New shoes*, *2 on 2*, *The dunk contest*. Sainetes más o menos ingeniosos, con algunas referencias que hacen las delicias de los muy cafeteros.

La clave de bóveda de este edificio absurdo es *Swimming pool*, surrealismo puro. Un delirio de un minuto en el que vemos a LeBron entrenando en una piscina, mientras Wise le grita: «¿Entrenas en una piscina? ¿Tú crees que Michael entrenaba en una piscina?». Un Kid con gafas de nadar, clavado a Steve Urkel, aprovecha para lanzarse a bomba y mojar a todos, menos a Business, que está en lo alto de un trampolín atendiendo una llamada. Cuando Wise le pica diciendo que no se tira porque no quiere mojarse el pelo, Business, que viste un inmaculado traje blanco, se lanza en un doble mortal que firmaría Greg Louganis (escribiríamos otra referencia más reciente en salto de trampolín, pero es que no conocemos a otro) y bucea sonriente después. Fin.

Fin de los spots, porque cinco años después estos personajes se resucitaron en la serie de animación *The LeBrons*, emitida en YouTube durante tres temporadas.

#Wannasprite (Sprite, 2016)

Uno de los patrocinios publicitarios más duraderos de la carrera de LeBron es el de la marca de gaseosas sabor lima-limón del grupo Coca-Cola. Al igual que parece que los cereales Wheaties son la gasolina de Jordan, el gasoil de LeBron se compone de las refrescantes burbujas de Sprite.

En este capítulo de la asociación, el chico de Akron interpreta con acierto el papel de prescriptor/no prescriptor, cargando contra los *influencers* que te abruman con recomendaciones para que bebas esto o comas lo otro. El LeBron más antisitema se niega a pedirte que ingieras Sprite, a pesar de las presiones de todo el universo marquetinero: «Yo nunca te diría que bebieras Sprite, ni aunque estuviera en un anuncio de Sprite, que lo estoy, te lo pediría».

La nota de prensa que presentaba la campaña es tan natural como el propio refresco: «James comenzó a respaldar a Sprite en 2003, el mismo año en que se unió a la NBA. Esta relación de trece años es poco común en una época en la que los famosos cambian de marca con frecuencia. "Se siente muy cómodo con nosotros y con lo que representa nuestra marca, y nosotros nos sentimos muy cómodos con él", afirma Bobby Oliver, director de Marcas de Sprite y cítricos de Coca-Cola Norteamérica. "Desde el principio, esta asociación con Sprite siempre se ha basado en ser auténticos. Y me gusta que hayamos conseguido divertirnos un poco con eso en estos anuncios", manifestó el señor James en un comunicado».

Cero artificios.

MVPuppets (Nike, 2009)

LeBron James y Kobe Bryant eran los dos mejores jugadores de la NBA en aquel momento. En Nike se las prometían muy felices: las dos mayores estrellas estaban en su equipo de baloncesto. Vieron la oportunidad de instaurar una rivalidad legendaria, lo que sucedería si los Lakers de Kobe y los Cavaliers de LeBron se enfrentaran en unas series finales. Volverían los duelos de Magic y Bird con sus Converse Weapon, pero en un mundo *hipermarketinizado*.

Bryant cumplió su parte del trato en dos ocasiones, pero James se quedó corto. Eso sí, como estamos aprendiendo en este capítulo, al final, Nike siempre gana. Es admirable la capacidad de la marca por capitalizar cualquier circunstancia y sacar provecho de ella en términos de comunicación.

Entonces no pudimos disfrutar de finales apoteósicas, de esas llenas de intercambios de mates que hacen retumbar las estructuras, de *crossovers* destrozacaderas y de finísimos reversos. A cambio, conseguimos una serie de teleñecos que se estrenó en los playoffs de 2009. Muy divertida, por cierto.

Las marionetas Bean (trasunto de Kobe, a la que da voz el actor David Alan Grier) y Bron (el LeBron de fieltro, encarnado por Kenan Robertson) son las protagonistas de varias películas centradas en la rivalidad entre dos superestrellas que comparten piso. Las discusiones se suceden por los comportamientos de ambos: Bean se queja de que, cada vez que Bron lanza talco al aire, pone perdido el suelo. Bron no soporta el trofeo de Bean, pues él no ha ganado un anillo.

Hay que admirar a LeBron por su valentía al dejarse ver de esta manera, su capacidad para reírse un poco del personaje que él mismo había creado. De hecho, se implicó tanto en el proyecto que se adjudicó créditos como productor ejecutivo de la campaña. «Con las marionetas, la cantidad de películas que se pueden hacer es realmente ilimitada, porque no tengo que estar allí», afirmó el alero, dando pistas de una de las principales razones para utilizar muñecos y no deportistas en las campañas. «Me plantearon la idea y me pareció bien. Soy un tipo extrovertido y no tengo ningún problema en reírme de mí mismo. Fue genial. El resultado final es muy divertido. Me encanta».

Ocho años más tarde, los *MVPuppets* volvieron para un *last dance*, en honor a la retirada por los Lakers de la camiseta de Kobe.

The showdown (McDonald's, 2010)

¿Se acuerdan del remake de *Psicosis* que perpetró Gus van Sant? Pues este es incluso peor y da todavía más miedo. LeBron por Jordan..., bueno, mira, vale. Pero lo de sustituir a Larry Bird por Dwight Howard provoca escalofríos.

I believe (Nike, 2018)

Años antes de que Ted Lasso colgara su cartel de BELIEVE pegándolo con celo en la puerta del vestuario del AFC Richmond, LeBron James ya era muy partidario de ese concepto. Solo se necesitaba poner música de Aretha Franklin de fondo y unas imágenes de los grandes hitos de su carrera profesional para ilustrar una conferencia de prensa que dio en mayo de 2003, recién salido del instituto para probar su suerte en el mejor campeonato del mundo.

Son imágenes reales. Un LeBron con cara de niño, diecisiete años refugiados en una cinta para el pelo, da una rueda de prensa. Un periodista le pregunta que cuánta presión tiene para rendir desde el primer día. El jugador responde con una tranquilidad inesperada: «No siento la presión. Me han presionado desde que tenía diez años. Estoy haciendo algo que me encanta. Y eso es jugar al baloncesto. Lo que siempre me habéis visto hacer: jugar al baloncesto. Todavía no me he dado cuenta de todo en lo que me estoy metiendo. Hoy no voy a garantizar ningún campeonato. Solo espero que me acepten por lo que soy como jugador de baloncesto, especialmente como persona. Sé cómo lograrlo, pero a largo plazo. Siempre digo que esto es un camino muy muy largo. Esto es jugar en la NBA». Entra el cierre de Nike: «It's only crazy until you do it. Just do it».

La campaña se lanzó al confirmarse la contratación del Elegido por los Lakers e incide no solo en su influencia como deportista, sino como activista y líder empresarial. LeBron puede con cualquier reto. Incluso con esos Lakers.

Salsa King (MTN Dew Rise Energy, 2021)

El tema «¿qué sería de la vida de las grandes estrellas del deporte si no hubieran triunfado en lo suyo?» ha sido explorado en varias ocasiones en el universo publicitario. El recurso no es ninguna novedad. El caso más impresionante es *Write the future*, el peliculón de Nike para el Mundial de fútbol de 2010, dirigido por Alejandro González Iñárritu, con Rooney malviviendo en una caravana prácticamente con la misma pinta que tiene ahora, o con Kobe Bryant imitando las bicicletas de Ronaldinho.

En *Salsa King*, el equipo creativo se imagina cómo sería la vida de James si cada día tuviera que levantarse para ir a currar. Lo vemos en la lavandería, inflándose a ver dibujos animados, pidiendo una pizza para comer en plan vago y cortando el césped..., hasta que descubrimos el lugar donde trabaja: el salón de baile El Grande LeBron, donde demuestra que es el auténtico Salsa King, capaz de mover las caderas con indiscutible estilo.

Otro tanto para LeBron. ¿Se imaginan a Jordan bailando bachata en un spot? James cambió Coca-Cola por PepsiCo después de diecisiete años de relación, y esta campaña es el comienzo de una hermosa y lucrativa amistad: «Para mí es importante creer en las marcas y productos en los que invierto mi tiempo. Cuando descubrí el mensaje detrás de esta bebida —cada día es una nueva oportunidad de elevarse—, eso resonó realmente en mí». Lo dicho, un maestro del corporativismo empresarial.

Además de vendernos Rise, nos coloca todas las empresas que componen LeBron Inc. Porque todo esto del Salsa King sería realidad si James no se hubiera puesto las pilas. Pero, como toma Rise para activarse, le ha dado tiempo a montar su escuela I Promise en Akron, sus proyectos de entretenimiento a través de su empresa SpringHill para «contar historias y dar poder a los creadores»...

Muy listo. Pero que muy listo.

Chalk (Nike, 2008)

El lanzamiento de polvos de talco al aire que caen como fuegos artificiales —en nuestros pueblos se dice pólvora— poco iluminados e insonoros es una de las marcas registradas del portentoso alero de Akron. Durante sus dos primeros años en la liga se frotaba las manos con talco, y chimpún. Después comenzó con la manía de querer salir el último al campo y hacer el numerito de los polvos volantes.

Icónico, dicen. Tanto que hasta se puede crear un anuncio de un minuto sin más que observar a este hombre convertido en dios del talco y a sus apóstoles que le siguen en la fe del lanzamiento de micropartículas blancas al aire, gracias a su oficio: barberos y azucaradores de dónuts, principalmente. Le pones una bonita fotografía en blanco y negro, un musicón y a correr.

La excusa es el estreno de la versión «Chalk» de las Nike Zoom LeBron VI, que llevaban en la lengüeta una ilustración del ritual de esparcimiento de tiza *urbi et orbi* antes de los encuentros. Se produjo el día de Navidad de 2008 en un partido contra los Washington Wizards, en el que los aficionados recibieron un paquete de polvos de talco para lanzar al aire después de las presentaciones previas al partido junto con James. Una noche disfrutona para los encargados de la limpieza del pabellón.

What should I do? (Nike, 2010)

GOAT les trae, en exclusiva, el relato de la reunión del Departamento de Marketing de Nike el día siguiente a que LeBron James comunicó su «decisión» en el infausto programa homónimo. Se lo traducimos al castellano para facilitarles su comprensión:

—Vamos a ver si nos entendemos. LeBron la ha liado parda, vale. Pero aquí tenemos contenedores y contenedores de zapatillas que no se van a vender solas —afirmó un responsable de Marketing.

—¿Y qué hacemos? ¿Nos marcamos un 2x1, y si compras unas Jordan te regalamos unas LeBron? Por lo menos, así nos quitamos de encima las Air Jordan XXV, que la verdad es que nos han salido horrorosas, con ese agujero ahí en medio que parece una escotilla de un Costa Cruceros —le replicó otro responsable de Marketing.

—Muy buena idea, John Paul. Buenísima. Pero así no vamos a salir de pobres. Mira, voy a llamar a la agencia esa que nos hace los anuncios, a ver si se les ocurre algo, que para eso les pagamos —intervino una tercera responsable de Marketing.

—Madre mía, Mary Joseph, tú sí que sabes —cerró un cuarto responsable de Marketing.

La agencia tomó la decisión de enfrentar a LeBron cara a cara con la audiencia, desafiándonos a decir qué es lo que realmente queremos de él. ¿Queremos que se convierta en el modelo que no debemos seguir, como Barkley en los noventa? ¿Que borre su tatuaje de CHOSEN 1? ¿Que se convierta en el villano oficial? ¿Que desaparezca? ¿Que no escuche a los amigos que le mal aconsejaron? ¿Que sea lo que a nosotros nos apetezca?

LeBron va a seguir siendo él mismo, y Nike va a continuar vendiendo zapatillas. Fin de la cita.

Y que no se nos olvide lo más importante: Don Johnson hace un cameo. Si aparece Sonny Crockett, garantía de éxito.

The moment of truth (Crypto.com, 2022)

¿Está usted cansado de anuncios aburridos y predecibles? ¡Pues aquí tiene uno más! Con personajes generados por ordenador, porque está de moda y la cosa va a empeorar según se vaya desarrollando la tecnología. Enfrentando a tu yo actual con tu yo del pasado o del futuro, truco más viejo que el *TBO*. Además, el hecho de que no se mencione la marca ni el producto en todo el spot está a la orden del día en los directores de Marketing que se quieren hacer famosos. Que esto lo firma crypto.com como lo podría haber firmado calzados Chiruca o Mantequerías Leonesas.

Lo único novedoso (y tampoco tanto) es que, si pausabas el spot a los diez segundos, justo cuando el joven LeBron cruza la pantalla, podías escanear un QR que aparecía durante una décima de segundo y participar en el sorteo de 5.550 NFT con contenido exclusivo del *making of* del anuncio. O sea, una rifa cuyo premio es la nada más absoluta. Bastante en consonancia con la marca anunciante, todo hay que decirlo.

Como casi siempre, los memes hacen remontar hasta al anuncio más anodino. Aquí se centran en una escena en la que el LeBron actual y el que todavía estaba en el instituto están sentados en la cama del chaval, y este le pregunta sobre si el *hype* sobre su persona está justificado. El LeBron de hoy le responde: «Podría contártelo todo. Pero si quieres hacer historia, tienes que tomar tus propias decisiones». Por supuesto, carne de meme: «LeBron volviendo atrás en el tiempo para decirse a sí mismo que no traspase a Caruso». «Dile a J. R. Smith que siempre mire al marcador. Pero siempre siempre, ¿OK?». «No fiches por los Lakers, vete a jugar a Houston con Harden y CP3». «Nunca, bajo ninguna circunstancia, presiones para que tu equipo fiche a Russell Westbrook». «Te van a sugerir que hagas un show llamado *La decisión*. No lo hagas. Tío, no lo hagas. Vete a Miami. Pero no hagas *La decisión*. No, no y no».

Come out of nowhere (Nike, 2016)

«Soy LeBron James de Akron, Ohio, nacido y criado en los suburbios. Ni siquiera se supone que debería estar aquí…», dijo el Elegido tras ganar su segundo anillo con Miami Heat ante los Spurs en 2013. En ocasiones, en el trabajo creativo basta fijarte en un detalle para acabar construyendo una historia relevante.

Tirando del hilo del «se supone que no debería estar aquí»,

Wieden+Kennedy desarrolla para Nike una película en blanco y negro que captura el espíritu de los jóvenes deportistas que intentan superar los obstáculos a los que se enfrentan en la cancha y en la vida y sorprender a todos los que no creían en ellos. Curiosamente, todos los personajes llevan el número 23. Será casualidad.

Un pelín libro de autoayuda, estamos de acuerdo, pero el copy es fantástico:

No deberías estar aquí.
Se supone que no deberías salir de tu barrio.
Se supone que no deberías creer que puedes hacerlo.
Sí, te dicen que vas a ser uno de los grandes.
A muchos otros les dijeron lo mismo.
No deberías estar aquí.
Se supone que no deberías pasar tanto el balón.
O jugar como un gigante, pase lo que pase.
No deberías estar aquí.
Se supone que no deberías jugar cuarenta minutos.
Correr cuarenta pies
para hacer de una jugada defensiva el momento decisivo de tu carrera.
Incluso no deberías estar aquí.
Y, sin embargo, aquí estás.

We are all witnesses (Nike, 2005-2023)

Nos sentimos un tanto abrumados por la idea de que deberíamos sentirnos felices solo por vivir en la era lebroniana y poder presenciar el mayor milagro jamás visto sobre una cancha de parquet. LeBron es nuestro dios y nosotros somos sus humildes feligreses. Pues, oigan, tampoco es para tanto.

Todo empezó una nebulosa mañana de noviembre en Cleveland,

año 2005. Una pared del céntrico edificio Sherwin Williams amanece cubierta por una lona gigante de diez pisos de altura con una fotaza del LeBron veintiunañero acompañada del titular *We are all witnesses*. La lona fue cambiando la foto, pero manteniendo el mismo mensaje, hasta que sufrió una lluvia de piedras en los días siguientes a *La decisión*. La dirección optó por retirarla tras unos intentos de escalada vengadora por parte de algunos fans de los Cavaliers. Pero cuando el hijo pródigo volvió en el verano de 2014, volvió la lona. James está de espaldas, luciendo CLEVELAND en la zona de la camiseta donde debería aparecer su nombre. Y allí permaneció, presidiendo la esquina de las calles Prospect y Ontario, hasta que Nike la eliminó después de su fichaje por los Lakers.

Desde ese ya lejanísimo 2005, Nike ha seguido lanzando campañas publicitarias para recordarnos el privilegio del que disfrutamos solo por vivir esta época y los momentazos que nos ha regalado LeBron. Uno de ellos tuvo lugar la noche del 7 de febrero de 2023, cuando batió el histórico récord de anotación de Kareem Abdul-Jabbar con esos 38.357 que parecían imbatibles hasta que llegó nuestro monstruo favorito.

Justo en el momento en que anota la canasta que supera la marca, Nike publica en redes sociales un vídeo de un minuto de duración, titulado *Witness greatness*, que recorre la carrera del alero desde que se saltó la universidad y llegó a la NBA, como primera elección en la primera ronda del draft de 2003, hasta sus triunfos con Miami Heat, Cleveland Cavaliers y Los Angeles Lakers. Un predicador afroamericano relata todas las hazañas del Elegido, en una voz en *off* que conecta intelectualmente con ese *Book of Dimes* con el que comenzó su currículum publicitario con la marca del *swoosh*.

NUESTRO VEREDICTO

PACH: Creo que este capítulo es un ejemplo perfecto de lo que es este libro. He empezado pensando que Jordan arrasaba: una pedazo de marca como Nike se ha construido gracias a él. Gatorade o Wheaties no serían lo que son sin nuestro escolta predilecto. Pero, fijándonos en el detalle, LeBron es mucho mejor actor y juega más con su imagen, se ríe de sí mismo, algo impensable con Jordan, que siempre tiene que comportarse como Don Perfecto Winner. Empate.

PITI: Ganador LeBron, por versatilidad, carisma en ascenso (Jordan tiene más, pero constante en el tiempo), por campañas cada vez mejores. En este caso, el clásico es formidable, no olvidamos el impacto mundial de Michael gracias a su marca; pero, en la época actual, el dinamismo y la capacidad de interactuar con los publicitarios de LeBron me gana.

12

GOAT, SOCIEDAD ANÓNIMA

El 29 de octubre de 2023, la prestigiosa Lista Forbes —ese quién es quién de los *ricachones worldwide*— abrió sus puertas de papel a un nuevo personaje que se integraba en uno de sus círculos más exclusivos: el Club de los Billonarios. Billón en el sentido estadounidense del término, eso sí: se trata de los poseedores de más de mil millones de dólares en patrimonio. Este flamante miembro, un tal Magic Johnson, era solo el cuarto deportista en unirse al humilde colectivo de *Amancios*. ¿Los otros tres? Tiger Woods, Michael Jordan y LeBron James. Así pues, este capítulo solo trata de discernir quién es más potente empresarialmente hablando, entre estos dos tremendos *winners*.

Estamos seguros de que usted, querida lectora, querido lector, estima que le debe mucho a su madre. Al fin y al cabo, es la persona que le dio la vida. Está usted en lo cierto, seguro que sí.

Pero muy pocos seres humanos le deben tanto a su mamá como Michael Jordan. En dinerito contante y sonante, el mundo de los afectos lo dejamos para los *Sálvame Deluxe* de allende los mares. La leyenda de los *case studies* de las facultades de negocio estadounidenses cuenta que Deloris Jordan convenció a su hijo para que escuchara la propuesta de Nike y no la de Adidas, como él quería. Un 5 por ciento de los beneficios de cada par de zapatillas. Durante su carrera, MJ ganó 90 millones de dólares como salario. Con todos sus patrocinios (Gatorade, Hines, McDonald's, Wheaties...), incluido el acuerdo con Nike, 1.800.

Su imperio financiero se revaluó aún más tras la venta de Charlotte Hornets, aumentando su fortuna de 2.000 a unos 3.500 millones de dólares. Era el propietario mayoritario de la franquicia vendida recientemente a un grupo de inversores capitaneados por Gabe Plotkin y Rick Schnall, por la friolera de 3.000 millones de dólares. Otro récord más para nuestro candidato a GOAT, porque, según la web especializada en economía Axios, esta operación es la séptima venta de un equipo deportivo más cara de la historia. Jordan compró la franquicia en 2010 por 275 millones de dólares a Bob Johnson, el fundador de BET (Black Entertainment Television). Grata plusvalía.

En términos deportivos, en Charlotte, las cosas han ido regular tirando a mal en la era Jordan. Durante sus trece temporadas a los mandos, los Hornets no han ganado ni una sola serie de playoffs (solo se clasificaron dos veces). Tampoco se han situado más allá del sexto lugar en la Conferencia Este. Y tienen el quinto peor récord de la NBA en esos años. Lo mejor que ha hecho: el cambio de *naming* del absurdo Bobcats para recuperar, vía New Orleans, el mítico Charlotte Hornets con el que tanto nos hicieron disfrutar Muggsy Bogues, Larry Johnson o Dell Curry.

Es un poco extraña la idea de que un personaje como Jordan sea tu jefe. Willy Hernangómez explicaba su experiencia como empleado de His Airness en una entrevista para nba.com: «Es bastante más cercano de lo que pensaba cuando llegué. Tengo una buena relación con él. Cada vez que le veo es algo increíble. Además de ayudarme y aconsejarme, me reta y motiva muchísimo. Hay días que está con nosotros dentro del vestuario, en la zona del fisio. Otros, se mete con nosotros a ver el vídeo y nos da indicaciones. Siempre muestra muchísimo interés para que los jóvenes mejoremos. En Navidad, además de organizar una cena, nos dio un regalo a cada uno. También hemos ido a jugar con él al golf. Que Michael Jordan sepa tu nombre, quién eres y te diga: "Willy, quiero que seas una bestia y cojas más de diez rebotes", es motivación más que de sobra». No sabemos cómo reaccionarían ustedes, pero a nosotros se nos acerca Jordan con ese careto y esos ojos enrojecidos que gasta y cogemos diez, veinte, treinta rebotes, o los que él necesite.

Todo esto, de buenas. Pero cuando le hinchas las narices utiliza, digamos, otro tono. Leímos en la revista *Gigantes* unas declaraciones del ala-pívot mexicano Eduardo Nájera que nos acercan más a la imagen real de Michael Jordan, «presidente de una franquicia»: «Estábamos pasando una mala racha. Michael decidió bajar a jugar en un entrenamiento y trajo a Charles Oakley para su equipo. Stephen Jackson, haciendo las cosas típicas de Stephen Jackson, empezó a utilizar el *trash-talk* con Michael. Le dijo: "Eres el pasado, estamos en el presente y te voy a patear el culo". Michael se puso furioso, le contestó al *trash-talk* y, luego, le destrozó. A él y a todos nosotros. Tenía cincuenta o cincuenta y un años. Le troleaba después de cada tiro. Al final, el entrenamiento se convirtió en un uno contra uno que no acabó muy bien para Jackson. Michael ganó. Fue increíble».

Jordan también protagoniza otras aventuras empresariales bastante *random*, como la creación de una escudería para competir en el campeonato NASCAR. Denny Hamlin, histórico piloto de la competición, es uno de los compañeros de *green* de la leyenda de Chicago, muy aficionado a este tipo de carreras ovaloides. Tras el confinamiento, comenzaron los rumores sobre una posible inversión en el nuevo equipo NASCAR de Hamlin. No era verdad. Sin embargo, a pesar de las *fake news*, Jordan decidió convertir los chismes en realidad formando 23XI Racing, aportando 150 millones de dólares para ser propietario mayoritario. Muy pronto ficharon como piloto a Bubba Wallace, que consiguió la primera victoria de la escudería el 4 de octubre de 2021 en el YellaWood 500 de la NASCAR Cup Series, disputado en el circuito Talladega Superspeedway;[13] fue el primer conductor afroamericano en ganar desde Wendell Scott en 1963. ¿El número que lucía el coche? El 23, claro.

Hasta la fecha solo han logrado otras cuatro victorias:

- Kurt Busch, en el 2022 AdventHealth 400, celebrado en el circuito Kansas Speedway.
- Bubba Wallace, en el 2022 Hollywood Casino 400, en el mismo circuito.
- Tyler Reddick, en el mismo certamen en 2023.
- Tyler Reddick, en el 2023 EchoPark Automotive Grand Prix, disputado en el Circuito de las Américas de Austin (Texas).

Los autores de *GOAT* todavía no somos multimillonarios —esperamos serlo gracias a los derechos de autor de este libro—, pero, si lo fuéramos, nada nos parecería más lógico que lo que sucedió en 2016 durante una reunión de propietarios de equipos NBA en Nueva York. Tener millones de dólares por castigo debe ser algo parecido a esto. Allí estaba Jordan con sus colegas, otros

13. Si les apetece descubrir el universo NASCAR mientras se echan unas risas, les recomendamos la película *Talladega Nights: The Ballad of Ricky Bobby* (*Pasado de vueltas,* en su fantástica traducción para el mercado español), con unos Will Ferrell, Sasha Baron Cohen y John C. Reilly en estado de gracia.

cuatro presidentes, esperando mesa en una pizzería de esas que nadie sabe por qué se ponen de moda. El caso es que, mientras esperaban, en lugar de pedirse un tinto de verano, le pegaron al tequila. Estaban Jeannie Buss, copropietaria de los Lakers y archiconocida para el gran público por: a) salía con Phil Jackson y/o b) *Winning time*, la maravillosa serie sobre los Lakers de los ochenta en la que su personaje es uno de los más interesantes; Wes Edens, el copropietario de Milwaukee Bucks, el Aston Villa y el Vitória de Guimarães; Wyc Grousbeck, propietario de Boston Celtics, que estaba con su novia Emilia Fazzalari. Llevados por los efluvios del alcohol, suponemos, los cinco coincidieron en afirmar la superioridad del tequila como bebida espirituosa. Te levanta el ánimo, es baja en calorías y puede aliviar una resaca ligera. Cuando terminaron las pizzas pepperoni y los espaguetis con tomate, ya habían decidido que les encantaría montar una marca de tequila *superpremium* y crear un producto a su gusto, con un trago suave y largo, como el de un buen coñac. ¿Somos cinco a la mesa? Pues lo llamaremos Cincoro. Cómo mola ser multimillonario.

Jordan convocó a un *dream team* del tequila para que pusieran en marcha el *business*. Con Fazzalari como presidente, contrataron a Chris Spake, un exdirector de Marketing del Grupo Stoli, que fue el responsable del éxito del vodka Grey Goose y del tequila Patrón. Luego, subieron a bordo a Mark Smith, vicepresidente de Proyectos Especiales de Innovación de Nike, para diseñar una botella que entrara por los ojos y que provocara que los consumidores aflojaran (mucho) el bolsillo nada más verla. El resultado final, manufacturado por unos artesanos vidrieros artesanales mexicanos, es espectacular: las botellas de cristal tienen cinco lados con la forma de una hoja de agave y una base que se inclina veintitrés grados hacia arriba. ¿23? 23. Para producir el tequila eligieron a la destiladora Casa Maestri, que propuso añejar el licor en barricas de whisky por mucho más tiempo de lo que establece la ley.

Cincoro ofrece una gama de cuatro variedades, a su disposición en los más exclusivos comercios estadounidenses del ramo:

- Blanco.
- Reposado, envejecido de 8 a 10 meses.
- Añejo, envejecido de 24 a 28 meses. Unos 130 dólares la botella.
- Extraañejo, envejecido durante 44 meses. 1.600 dólares la broma. Don Michael solo degusta este.

Lo dicho: no hay como tener millones y millones de dólares. Jordan llegó a la prestigiosa lista billonaria en 2014, diez años después de su retirada. LeBron lo hizo en 2022, dos años antes que Michael, y estando aún en activo. En una entrevista en *The Wall Street Journal*, en 2012, ya avisaba: «Me convertí en un hombre de negocios la primera vez que pisé una cancha de la NBA». Dos años más tarde, reafirmaba sus intenciones: «Quiero ser billonario. Si ocurre, será mi mayor hito. Obviamente. Quiero maximizar mis negocios. Y si por casualidad lo consigo, si por casualidad soy un atleta billonario, ¡hip, hip, hurra! Dios mío, voy a estar muy emocionado». Dicho y hecho.

La visión empresarial de LeBron, a diferencia de la *jordanesca*, se fundamenta en conseguir los mayores ingresos posibles, pero siempre ofreciendo una contrapartida a la sociedad a través de The LeBron James Family Foundation. Recibimos y, luego, damos. En términos baloncestísticos, Jordan se las tira todas, y LeBron pasa el balón a los demás (un poco, por lo menos).

El proyecto principal de la fundación es I PROMISE, una iniciativa poderosa para devolver a la comunidad de Akron todo lo que le dio en su momento. Una idea pensada para ayudar a aquellos estudiantes que se están quedando atrás y corren el peligro de caer en el olvido. La escuela ofrece un programa especializado con una jornada escolar extensa y un plan de estudios STEM (ciencia, tecnología, ingeniería y matemáticas), bajo la filosofía «Somos familia». Está diseñado para atender las necesidades socioemocionales de estos alumnos que requieren un ambiente propicio para el aprendizaje. Además, brindan una ayuda integral que va más allá del ámbito académico y se involucra a toda la familia a través de su centro de recursos familiares, garantizando que los chicos sientan todo el apoyo necesario tanto en clase como en casa. Comenzó en 2011 como un programa para los estudiantes de tercer grado de los colegios públicos de Akron (1.100 personas en 2023) y abrió una escuela a la que en este curso asisten 343 alumnos. Esta es la promesa que realizan:

> Prometo:
> Ir a la escuela.
> Hacer todos los deberes.
> Escuchar a mis profesores, porque me ayudarán a aprender.
> No rendirme nunca, pase lo que pase.
> Esforzarme al máximo.
> Ser servicial y respetuoso con los demás.
> Llevar una vida sana comiendo bien y siendo activo.
> Tomar buenas decisiones para mí mismo.
> Divertirme.
> Y, por encima de todo..., ¡terminar la escuela!

¿De dónde proviene la fortuna que permite a un jugador de baloncesto encabezar un programa de este calibre y convertirse en multimillonario al mismo tiempo? En primer lugar, por supuesto, de sus lucrativos contratos deportivos (44 millones de dólares en 2023) y publicitarios (Nike, AT&T, PepsiCo, Walmart..., y otros 75), que le situaron como el cuarto deportista mejor pagado del mundo el año pasado, por detrás de la santísima trinidad de futbolistas del momento: Cristiano Ronaldo, Lionel Messi y Kylian Mbappé.

Pero la verdadera clave de la fortuna de James reside en su habilidad para negociar acuerdos que le otorgan acciones de las marcas con las que se asocia. Por ejemplo, en 2015 renunció a un acuerdo de 15 millones de dólares con McDonald's, para apostar por Blaze Pizza, de la que es inversor y portavoz. Y en 2008 acordó convertirse en embajador de marca de los auriculares Beats, a cambio de un 1 por ciento de las acciones, que se convirtieron en 30 millones de dólares al comprar Apple la compañía por 3.000 millones. Ha demostrado tener muy buen ojo para involucrarse en compañías que acaban siendo muy exitosas.

Una demostración más de su maestría en el arte del trueque empresarial es su acuerdo con Fenway Sports Group, dueños de los Boston Red Sox de la MLB, los Pittsburgh Penguins de la NHL, el Liverpool de la Premier League y el Milan de la Serie A. En 2011, LeBron consiguió un porcentaje minoritario de la propiedad del equipo de Anfield Road a cambio de representarle en oportunidades de negocio internacionales. Diez años después, extendió la alianza de manera vitalicia y ahora, junto a su socio/amigo/representante/consejero Maverick Carter, ya es el propietario del 1 por ciento de todo el grupo.

No solo es un genio del intercambio accionarial, también tiene talento de sobra para montar empresas desde cero. En realidad, la mayor parte de su patrimonio proviene de la venta de un porcentaje de su productora de cine y televisión, SpringHill Entertainment, a inversores externos como el propio Fenway Sports Group, Redbird Capital Partners, Nike y Epic Games. La compañía fue valorada en 725 millones de dólares y, tras la venta, James continúa siendo el máximo accionista. Su nombre nace del complejo de apartamentos de Akron donde vivía con su madre. Quizá deberían ustedes haber visto algunas de sus producciones. O, tal vez, no. Muy pocos GOAT del audiovisual por aquí, pero igual les valen para adormecerse en las tardes de verano en las que no haya etapa del Tour de Francia.

Largometrajes de ficción:

- *Space Jam: nuevas leyendas* (Malcolm D. Lee, 2021, 4,5/10 en IMDb): más que suficientemente glosada en el capítulo siguiente.
- *Garra* (Jeremiah Zagar, 2022, 7,3): resulta que *Hustle* también tiene traducción para el mercado español, quién lo iba a decir. Adam Sandler interpreta a un cazatalentos del deporte de la canasta que descubre a Bo Cruz (Juancho Hernangómez), un jugador con un enorme talento, pero con un pasado difícil. Con intervención muy destacada de la gran actriz María Botto, muy aficionada a la NBA, a la Euroliga y al UCAM Murcia.
- *Shooting stars* (Chris Robinson, 2023, 6,5): la vida juvenil de LeBron, adaptación del libro del mismo nombre.
- *House party* (Calmatic, 2023, 4,4): ¿por qué un *remake*? Innecesaria versión de la película de 1990, en la que un estudiante de instituto organiza una fiesta en casa cuando no están los padres y la cosa se desmadra.

Largometrajes documentales:

- *More than a game* (Kristopher Belman, 2008, 7,6): el primer trabajo de la productora antes de que existiera como tal. Las tribulaciones de LeBron y sus compañeros del St. Vincent-St. Mary en el inicio de su camino hacia la fama.
- *The Carter effect* (Sean Menard, 2017, 7,1): las peripecias dentro y fuera de la cancha del mito Vince Carter. Muy recomendable.
- *Student athlete* (Trish Dalton y Sharmeen Obaid-Chinoy, 2018, 6,6): explora el mundo del deporte universitario norteamericano a través de cuatro deportistas que generan mucho dinero sin recibir nada a cambio.
- *Me llamo Muhammad Ali* (Antoine Fuqua, 2019, 8,4): un

GOAT produciendo un documental sobre otro GOAT de lo suyo. Impresionante.

- *Dreamland: the burning of Black Wall Street* (Salima Koroma, 2021, 7,2): la historia del Black Wall Street y el asesinato de cientos de afroamericanos en Tulsa (Oklahoma) en 1921.
- *El equipo redentor* (Jon Weinbach, 2022, 7,4): estupendo estudio sobre el Redeem Team. Más información sobre el tema en el séptimo capítulo de esta magna obra.
- *After Jackie* (Andre Gaines, 2022, 7): relata la vida de la siguiente generación de jugadores de béisbol afroamericanos que sucedieron a Jackie Robinson.
- *Fate of a sport* (Michael Doneger, 2022, 7,7): la historia real de cómo los hermanos Rabil intentaron montar la Premier Lacrosse League.
- *Rise up* (Luise Burchard, Marco Heinig y Steffen Maurer, 2022, 8): cinco activistas políticos buscan respuestas a la deriva ecológica, económica y autoritaria de nuestro tiempo.

Algunas series y concursos:

- *Top boy* (Ronan Bennett, 2011-2012, 8,4): dos jóvenes traficantes de droga de Londres intentan prosperar en el mundo del narcotráfico.
- *Survivor's remorse* (Mike O'Malley, 2014-2017, 7,1): una estrella del básket firma su primer contrato profesional por muchos millones de dólares con un equipo de Atlanta, mientras su primo intenta mantenerle enfocado en el deporte y separado de la parasitaria influencia de su madre y su hermana.
- *The wall: cambia tu vida* (Kristen Rutherford, 2016, 5,6): típico concurso familiar de preguntas, respuestas y pruebas absurdas. Tuvo una versión española presentada por Carlos Sobera; a pesar de sus espectaculares movimientos unidireccionales de ceja, solo duró una temporada.

- *More than an athlete* (Austin Peters, 2018-2019, 6,2): dos temporaditas siguiendo la vida de LeBron y su séquito.
- *Shut up and dribble* (Gotham Chopra, 2018, 6,9): serie documental de tres capítulos sobre cómo los jugadores de la historia moderna de la NBA lideran cambios sociales más allá de las canchas.
- *Madam C. J. Walker: una mujer hecha a sí misma* (Kasi Lemmons, 2020, 7,2): biopic de la primera mujer afroamericana en convertirse en millonaria gracias a su línea de productos de belleza y para el cabello.
- *I promise* (Marc Levin, 2020, 6,3): serie documental sobre el primer año de la escuela lebronista.
- *Elite youth* (varios directores, 2020, 8,8): sigue a los *prospects* más buscados mientras compiten en la Nike Elite Youth Basketball League.
- *Cuadernos de entrenador* (varios directores, 2020, 8,3): entrenadores de leyenda como Doc Rivers o José Mourinho explican sus reglas para triunfar en la vida.
- *Neymar: el caos perfecto* (Ben Bernhard, 2022, 6,6): pues eso.
- *Cambiando las tornas con Robin Roberts* (Adrian M. Pruett, 2021, 6,2): *talk show* en modo autoayuda televisiva.
- *The crossover* (varios directores, 2023, 5,6): las aventuras de unos gemelos hijos de un exjugador de baloncesto.
- *Redefined: J. R. Smith* (Philip Knowlton, 2023, 7,1): miniserie documental acerca del excompañero de LeBron en Cleveland, con tendencia a no tirar cuando tocaba y a tirar cuando no.

La productora pertenece al grupo de empresas The SpringHill Company, un invento de LeBron y Maverick Carter fundado en 2007 que «is a global consumer and entertainment brand created to empower greatness in every individual». Ahí es nada. También forman parte de este conglomerado Uninterrupted, que combina una plataforma estilo The Players Tribune para dar voz a los deportistas y una marca de sudaderas, camisetas, gorras, etc., y Robot Co., una agencia/consultora de marketing.

Para regar todo esto, LeBron es propietario de una marca de tequila. Mira que hay bebidas, ¿eh? Pues los candidatos a GOAT también tienen que competir en esto. Tequila Lobos 1707 es la firma en la que ha invertido, junto con sus socios Maverick Carter, Rich Paul y los jugadores Anthony Davis y Draymond Green. En los playoffs de 2021 sorprendió con una acción de *product placement* un poco extraña: colocó una botella bajo su asiento de primera fila mientras asistía a un partido entre Phoenix Suns y Milwaukee Bucks, con lo cual logró publicitar el tequila en *prime time* por su *beautiful face*.

En el campo de batalla que podríamos denominar *Tequila War* se impone LeBron: Lobos 1707 logró el premio al «Best Reposado Tequila» en The San Francisco World Spirits Competition, el concurso más importante de bebidas espirituosas de Estados Unidos. «Algo de vainilla y frutos secos en nariz. Dulce pero ligeramente secante en boca, con notas de caramelo, frutos secos y madera curada. Final largo, dulce y afrutado», dijo el jurado sobre el tequila envejecido en barricas de Pedro Ximénez. ¿Quién quedó entre los tres finalistas? Cincoro, por supuesto.

Es evidente que LeBron se mueve con la misma habilidad y capacidad de arrasamiento dentro y fuera de la cancha. Ha llevado a cabo inversiones estratégicas, ha forjado alianzas poderosas y ha aprovechado su marca para generar un impacto social. *Well done.*

NUESTRO VEREDICTO

PACH: LeBron, por mucho. Sabe hacer crecer sus inversiones, está metido en industrias creativas y practica la filantropía con éxito, ayudando a los niños en peligro de exclusión. Jordan pegó el pelotazo con los Hornets y poco más. Hasta en el tequila le gana.

PITI: Es evidente que los «riquinos» lo son también por su capacidad de ocultar los beneficios y sobre todo las pérdidas en inversiones que no hayan ido tan bien. Y creo que Jordan es de esos, de no verbalizar el fracaso ni aunque le muelan a palos. De lo que sabemos, el proyecto social de LeBron es completo; su entorno parece más profesionalizado y preparado que el de Michael. Estamos con LeBron y sus inversiones económicas, sociales e inclusivas.

13

EL UNIVERSO *SPACE JAM*

En *GOAT* somos devotos del Tomatómetro, el medidor de rottentomatoes.com, que evalúa la calidad de las películas utilizando la opinión de cientos de críticos de cine. Si al menos un 60 por ciento de las críticas de un film son positivas, su Tomatómetro luce orgulloso un tomate rojo, que certifica su *frescura*. Pero si está por debajo del 60 por ciento de impactos positivos, un manchurrón verde indica que la *peli* está *podrida*. Algunas películas ostentan un fresquísimo y rojísimo tomate en su perfil, acompañado de un perfecto 100 sobre 100, como *Doce hombres sin piedad*, *Toy Story*, el *Estiu 1993* de Carla Simón, *Historias de Filadelfia* o... *Terminator*. Que de los críticos tampoco hay que fiarse mucho.

Así, sin mirar, ¿qué dirían ustedes que marca el Tomatómetro de *Space Jam* y *Space Jam: nuevas leyendas*? La versión original apenas alcanza un pobre 43 por ciento (bastante podrido el tema) y la secuela roza el 25 por ciento (dramático). Pero junto al Tomatómetro, siempre aparece la valoración de los usuarios de la web. Y aquí la cosa cambia: 63 por ciento y 75 por ciento. El respetable público considera que la versión de LeBron es mejor que la de Jordan. Que san Gabino les conserve la vista.

Escribiendo desde la envidia más absoluta, siempre apetece imaginar esas reuniones creativas en las que alguien piensa: «¿Y si organizamos un partido de baloncesto con Michael Jordan en el equipo de Porky Pig junto a Bugs Bunny, Piolín, el Correcaminos...?». Y este héroe no solo lo piensa, sino que tiene las narices de preparar un documento para *vender* la idea a sus jefes. Y lo consigue. Nosotros, que estamos acostumbrados a participar en *brainstormings* con bastante más *storming* que *brain*, admiramos la capacidad creativa y de persuasión de estas personas. Sobre todo cuando la broma va a costar 90 millones de dólares de producción.

Hay que decir que el *brainstorming* original tuvo lugar en la agencia Wieden+Kennedy, la de Nike de toda la vida. Porque la idea de mezclar al Jordan real con el Bugs Bunny dibujo animado ya había sido realizada por la marca del *swoosh* en su exitosa campaña Hare Jordan. Funcionó tan bien que repitieron al año siguiente con el combo Bugs & Michael enfrentándose a... unos alienígenas gigantes. Jim Riswold, del que hablamos en el capítulo Ad-Stars, recuerda que «para mí, lo mejor del spot es que, una vez que se emitió en televisión, Michael me lo agradeció personalmente y me dijo que era el anuncio favorito de sus hijos..., por Bugs Bunny, no por él». O sea, que esta cosa de combinar *cartoons* + baloncesto + imagen real en partidos intergalácticos ya estaba bastante testada. Pero a alguien se le debió ocurrir que estos spots podrían convertirse en un largometraje. Algunos dicen que fue Bob Daly, el presidente de Warner Bros., tremendo fan de Michael Jordan, que al ver los spots pensó en el potencial de la idea como película. Otros creen que fue el agente de His Airness, David Falk, que presentó el proyecto a la productora para generar *hype* en el retorno de su protegido a las canchas tras su retiro beisbolero. Por no hablar de su porcentaje en los milloncejos de dólares en *merchandising*[14] que podría generar el film, claro. Sea cual sea el origen, resultó un fabuloso negocio para Warner, ya que Nike les pagó por el uso de los personajes en la campaña, por el desarrollo de la animación de Bugs Bunny y los Looney Tunes para adaptarla a los tiempos modernos, y por ese extraordinario test de mercado con fuego real que supone probar una idea emitiéndola en los descansos de la Super Bowl dos años consecutivos. Al público le gustaba el plan, estaba claro.

El director de los spots, Joe Pytka, es una leyenda de la realización de cine publicitario y de videoclips, con más de cinco mil piezas producidas a sus espaldas. Son las ligas menores en términos de dirección cinematográfica, pero, al haber lidiado con Jordan y con Warner, esperaba una llamada de la productora para ponerse al frente del proyecto. Esa llamada no llegaba. ¿Acaso no confiaban es su habilidad para dar el salto a la dirección de un largometraje de 90 millones de dólares de presupuesto? Los productores no solo tenían dudas sobre la capacidad de Pytka para contar historias de más de treinta segundos, sino que «no se fiaban de cómo iba a quedar la mezcla de animación y acción en vivo. Sé que Robert Zemeckis le había dicho a uno de los productores que *Roger Rabbit* fue lo más difícil que había realizado y que nunca pasaría por algo así de nuevo. Por lo que no creo que se dieran cuenta de lo complicado que era el proceso», como comentó el director a *Enternainment Weekly*.

14. Se vendieron 78 referencias de *merchandising* de *Space Jam*, desde tartas hasta cortinas de baño, consiguiendo 1.200 millones de dólares de ingresos. Se considera que el impacto económico global de la franquicia a lo largo de los años es de entre 4.000 y 6.000 millones de dólares.

Pytka acabó subiéndose al barco cuando faltaban muy pocos meses para comenzar el rodaje. Además de las dificultades técnicas, se encontró con diversos obstáculos para llevar a cabo el casting. Los actores *buenos* no querían participar en una película de dibujos animados. Por ejemplo, Wayne Knight —el Newman de *Seinfeld*— no era la primera opción para interpretar el papel de Stan Podolak, el chico para todo de Jordan en la ficción (nota crítica: no nos extraña, está fatal en la *peli,* sobreactuadísimo; solo es interesante la escena en la que se quedan sin jugadores y tiene que salir a la cancha, recordándonos en hechuras al mítico Corny Thompson). Pytka propuso a Michael J. Fox, el estudio se negó. Luego a Chevy Chase, pero el tema de la animación no le convencía, como a otros actores que se quedaron por el camino. Incluso Bill Murray tuvo muchas dudas. De hecho, solo firmó para participar en la escena del campo de golf. Pero cuando vio el increíble sistema creado por la producción para que los actores interactuaran con los dibujos, se animó y reescribieron parte del guion para que también pudiera jugar con los Tune Squad. Acierto total.

El director generó la atmósfera necesaria para que Jordan estuviera lo más cómodo posible rodando con dibujos animados. Es decir, hablando a la nada. Contrató a un grupo de actores que ocupaban las posiciones de los Looney Tunes vestidos con trajes verdes, que le daban la réplica correspondiente imitando las voces de los *cartoons*. Los rivales, los Monstars, eran interpretados por jugadores de baloncesto elevados sobre plataformas. Y si improvisaban algo en el estudio, grababan la acción y un equipo de animadores dibujaba en directo cómo se iba a ver la escena. También se construyó una cancha completa en la que Jordan aprovechaba los tiempos muertos para entrenar y echar pachangas con Magic Johnson, Reggie Miller, Cedric Ceballos, Pooh Richardson e, incluso, con Joe Pytka: «En una ocasión, Michael me preguntó que por qué nunca iba con él en los partidos y le respondí que me gusta tocar el balón de vez en cuando».

Ya advertía el propio Pytka que la premisa de la película es bastante tonta: para liberar a los fenómenos Looney Tunes de las garras de un maléfico empresario (con la voz de Danny DeVito en la versión original) que los ha secuestrado para reanimar su decrépito parque de atracciones, el *dream team del cartoonismo* formado por Bugs Bunny, el Pato Lucas, Casimiro (hasta la investigación para este libro desconocíamos la existencia de este personaje), Sam Bigotes, el Correcaminos, el Coyote, Porky, Silvestre, Piolín, Lola Bunny, el Gallo Claudio y su archienemigo el Perro George, Pepe La Peste, Speedy Gonzales, el Diablo de Tasmania y Elmer *convence* a Jordan para que abandone su retiro beisbolero y los ayude en un partido a vida o muerte en el que se juegan su libertad. Una idea tonta, puede ser, pero que conectó con el público y que es objeto de culto de toda una generación. Y un generador de dinero de considerables dimensiones, porque fue la novena película que más recaudó en 1996: un poco más de 250 millones de dólares. Por delante, obras maestras como *Rescate* o *El profesor chiflado*.

Lo importante para el propósito de este libro: ¿qué tal lo hace Michael Jordan interpretándose a sí mismo? Pues bastante bien. A toro pasado, y tras conocerle un poco mejor en *The last dance*, se podría inferir que actúa en una versión *misterwonderfulizada* de su persona. Pero te lo crees. Te imaginas que los cortes en los que se acordaba de la santa madre de Porky por defender en modo Mike James se quedaron en la sala de montaje, así como los entrenamientos de los Tune Squad que se perdió por ir a jugar al golf mientras fumaba un puro. El legendario crítico del *Chicago Tribune*, Gene Siskel, lo veía así: «Michael tiene muchas características positivas para convertirse en una estrella del cine. Es muy guapo, sus ojos brillan y tiene un aura de superestrella. Todo lo que necesita para tener una carrera en el cine es seleccionar bien los guiones. Aceptar papeles secundarios y seleccionar buenos directores con los que trabajar». Nunca lo sabremos, porque Jordan no volvió a actuar después de *Space Jam*. Pero estamos seguros de que, si hubiera escuchado algún mínimo comentario negativo sobre su capacidad interpretativa de, pongamos por caso, Robert de Niro, lo habría utilizado como sustancia motivante y en estos momentos la familia Jordan luciría orgullosa veinticinco premios Oscar en sus vitrinas.

Durante la gran noche de estreno en Nueva York, His Airness calificó su propia actuación: «Soy un actor en proceso de aprendizaje, no puedo decir que sea bueno. Esto es un reto completamente distinto. He participado en anuncios, que suponían jornadas de cuatro o seis horas. Este es un proceso muy largo, muy meticuloso, especialmente cuando estás tratando de combinarte con un personaje animado al que no puedes ver». Pytka, por su parte, evaluó el nivel actoral de la estrella en términos baloncestísticos: «Una actuación muy sólida: 15 puntos y 7 rebotes».

La película es una sucesión espídica de gags y videoclips, no sabemos si por la querencia del director a contar todo en historias cortas o por las exigencias del guion. La yuxtaposición de los personajes reales y los animados está muy lograda, a pesar del tiempo limitado en el que se produjo el film, creando un espectáculo visual hipnotizante. Destaca en especial la maravillosa equipación de los Tune Squad, una clara referencia que considerar por parte de los equipos de Euroliga que visten temporada tras temporada esos anodinos uniformes. Sin embargo, algunos críticos no están muy de acuerdo. Nigel Floyd, de *Time Out*, lo resume así: «Las escenas son increíblemente simples y la ejecución es descuidada, con un final que se ve venir días antes. Visualmente, es un desastre: los intentos de combinar animación 2D y 3D con imágenes de acción en directo y generadas por ordenador consiguen escenas aún más difuminadas que la trama».

Algunas de estas escenas no están tan difuminadas. Son las que Piti califica como *jugada cruasán* en sus retransmisiones. Por ejemplo, el momento en el que los alienígenas deciden construir su equipo absorbiendo las cualidades de algunos de los mejores jugadores del mundo (Barkley, Ewing, Muggsy Bogues, Larry Johnson y... Shawn Bradley) y dejándolos para el arrastre. Resulta bastante divertido ver a Charles Barkley deambulando por la cancha transformado en un Sertaç Sanli cualquiera. En cambio, a Bradley no se le nota la diferencia con su performance real.

Tras el éxito rotundo en taquilla de las aventuras de Jordan en el país de los dibujos, *Space Jam II* parecía una apuesta segura. La idea era repetir el enfrentamiento de Michael y los Looney Tunes, esta vez contra el ejército de un malvado llamado Berserk-O! y sus lugartenientes O!-No y O!-Sí. Pytka y Joe Cervone, el director de los segmentos animados de la película original, estaban a bordo. Mel Brooks firmó para interpretar a Berserk-O! Pero los productores no fueron capaces de convencer a Jordan para que participara en la secuela. El proyecto se vino abajo hasta que alguien sugirió reemplazar al astro de los Bulls por Tiger Woods, a lo que Pytka se negó alegando la falta de carisma del golfista. David Falk tampoco estaba muy convencido: «*Space Jam* funcionó porque era la película de Michael. Esa fue la única motivación para hacerla: era algo pensado para él. Y ahora otras personas creen que es apropiado hacer una nueva versión; hay muchos remakes en Hollywood, seamos realistas. Estoy seguro de que será divertido de ver y tendrá éxito, pero para mí solo existe un *Space Jam*».

Después, se sucedieron los intentos de producir una secuela que combinara acción real y dibujos animados, con conceptos cada vez más pintorescos: *Spy Jam*, con Jackie Chan a los mandos; *Race Jam*, con el mítico piloto de la NASCAR Jeff Gordon; O *Skate Jam*, protagonizada por Tony Hawk, a la que frenó el fracaso en la taquilla de *Looney Tunes: de nuevo en acción*, con Brendan Fraser, Jenna Elfman y Steve Martin. De todos ellos, *Varsity Bugs* fue el proyecto que estuvo más cerca de ver la luz. Una propuesta del guionista Brian Lynch (*El gato con botas*, *Minions*) en la que los Looney Tunes son obligados a volver al instituto porque Warner Bros. exigía que todos sus trabajadores contaran con el graduado escolar. En el guion, la escena inicial era la misma que en *Space Jam*, solo que, en lugar de Michael Jordan compartiendo con su padre su sueño de ser jugador de baloncesto, aparecería un actor que compartiría con su padre su sueño de ser director de instituto. Muy buena pinta.

Por fin, después de algún otro infructuoso intento liderado por Dwight Howard, Warner Bros. da luz verde en 2014 a *Space Jam: nuevas leyendas*. La producción comienza cinco años más tarde bajo la dirección de Terence Nance, que fue sustituido por Malcolm D. Lee a las pocas semanas, debido a «diferencias en la visión creativa» con los productores. Suponemos que es lo mismo que le dijeron a Phil Jackson cuando le echaron de la presidencia de los New York Knicks.

Dos directores en menos de un mes y un guion redactado por seis guionistas, seis, de la acreditada escudería de los Hermanos Warner: Juel Taylor (*Creed II*), Tony Rettenmaier (*Cabarete*), Keenan Coogler (*Creed III*), Terence Nance (*Omniboat: a fast boat fantasia*), Jesse Gordon (*El ascenso de las Tortugas Ninja*) y Celeste Ballard (*Superperdidos*). Entendemos que tal número de escritores de guion es muy necesario para poder echarse la culpa unos a otros y diluir la responsabilidad.

Como el *Space Jam* original, la película es un vehículo orientado a la mayor gloria del protagonista, en este caso LeBron. Pero, a diferencia del film de Jordan, donde su destreza sobre la cancha era el centro de atención, aquí se pretende ir un paso más allá; además de loar sin fin sus hazañas bajo las canastas, también se trata de presentar al jugador de Akron como un hombre de familia con valores intachables. La cinta no solo se centra en la competición: James y su hijo Dom han sido secuestrados por el malvado Al G. Rhythm y atrapados en un multiverso Warner. El motivo detrás del rapto es la venganza contra LeBron, que se burló de su idea de insertar una versión digitalizada del Elegido en las mejores películas de la productora. Para escapar, debe ganar un partido a los Goon Squad —nos negamos a llamarlos

Malotes—, dirigidos por su propio vástago. El conflicto más relevante se produce entre Dom, que pasa bastante del baloncesto y que prefiere desarrollar videojuegos, y su padre, que no lo entiende y le recrimina que pase más tiempo encerrado en su habitación que en la cancha.

Tal vez LeBron pretendiera aprovechar esta megaproducción para reivindicarse ante el universo como un padre estupendo. Spoiler: sale mal.

Por lo demás, se corre el peligro de enfermar por sobreexposición al universo Warner. Demasiadas estrellas invitadas, más de cien. ¿Cuántos *cameos* recomienda la Organización Mundial de la Salud que aparezcan por minuto en una película? Los supera, seguro. Aquí todo bicho viviente susceptible de merecer un Funko aparece en un momento u otro del metraje. Incluso, bastante sin venir a cuento, el café de Rick, de *Casablanca*; el tornado de *El mago de Oz*; Baby Jane Hudson, de *¿Qué fue de Baby Jane?*; el universo Harry Potter a tope; Pennywise, el payaso de *It*; ¡los drugos de *La naranja mecánica*! Cada producto del catálogo *warneriano* de propiedades intelectuales se reduce a un meme visual de usar y tirar. Si la ves en el cine, es casi imposible que proceses tanta información, y dejas de prestar atención a la trama para buscar con frenesí a los personajes famosos, los fragmentos de películas y demás referencias nostálgicas. Demasiada promoción de los artículos a la venta para un solo visionado.

No está todo mal en esta secuela, claro que no. Los Goon Squad ofrecen algunas de las acciones más espectaculares del film. Los avatares están resueltos de manera fantástica, tomando cualidades y apodos de los jugadores reales y elevándolos hasta el infinito y más allá:

- Chronos: basado en el Dame Time de Damian Lillard, es un robot que tiene la capacidad de detener el tiempo a su antojo mientras que él hace lo que le da la realísima gana.

- White Mamba: basada en Diana Taurasi y doblada por ella misma, es una serpiente que utiliza su cuerpo para enrollar e inmovilizar a sus oponentes.
- The Brow: lo que estabas pensando, es el avatar de Anthony Davis. Mitad hombre, mitad pájaro, utiliza sus plumas como dedos y mantiene una gran rivalidad plumífera con Piolín.
- Wet Fire: inspirado en los Splash Brothers y con la voz de Klay Thompson, dispara fuego y agua, destrozándolo todo a su paso.
- Arachnneka: arácnida mutante inspirada en Nneka Ogwumike. Trata de echar sus redes sobre su antagonista, Lola Bunny.

El partido del siglo entre Tune Squad y Goon Squad es una montaña rusa de emociones, desde lo insoportable (el rap de Porky) hasta lo excelente (el árbitro *negreirizado* que mueve el tablero para que el equipo de los malos anote una canasta de 33 puntos), pasando por el Multiplicador ACME, que transforma el balón en cientos de balones y, por tanto, en cientos de puntos para los buenos. Es nuestra parte preferida de la película, siempre que consigas abstraerte de esa búsqueda de *celebrities* entre el nutrido público asistente y prestes atención al juego.

Sorprenderá, quizá, que escribamos en este libro sobre Leonardo Sbaraglia, el actor argentino, pero nos viene bien como introducción a la crítica al despliegue actoral de LeBron en esta película. Sbaraglia debutó en el culebrón juvenil *Clave de sol*, éxito insospechado en la Argentina de finales de los ochenta. En él «interpretaba» al típico papel de galán joven, el guapete/ligón de la pandilla de amigos. Entrecomillamos «interpretaba» porque los cámaras que grababan la serie le llamaban Maderaglia por su rigidez e inexpresividad ante cualquier reto interpretativo. Pues bien, lo de LeBron en *Space Jam: nuevas leyendas* es un poco así. No deberíamos descartar que le apodaran Cementames o algo similar. Qué incapacidad para transmitir cualquier sentimiento, madre mía. Facciones de hormigón armado, oigan. En la publi no es tan malo.

El jurado de los Golden Raspberry Awards, los míticos Razzies, sostiene la misma opinión, por lo que otorga a LeBron el galardón al peor actor del año. Sam Adams, en *Slate,* difiere: «*Nuevas leyendas* está mucho más afinada y es mucho más atractiva que la original, en gran parte porque James es aproximadamente cincuenta veces mejor actor que Jordan». Y Bilge Ebiri, de *New York Magazine*, tampoco está de acuerdo: «Sin duda, es un mejor actor de lo que nunca fue His Airness, así que ya ha superado una de las deficiencias de la película anterior. También tiene la ventaja de trabajar con el experimentado director Malcolm D. Lee, un profesional subestimado que puede hacer que las cosas pasen, lo cual es un paso adelante en comparación con Joe Pytka, el director de la película original, quien, a pesar de ser un aclamado realizador de anuncios de televisión, de alguna manera no podía encuadrar adecuadamente un primer plano».

Nadie podrá acusar a LeBron de intentar engañarnos. Apenas quince minutos después del inicio de la película, cuando le plantean al alero de los Lakers la idea de Al G. Rhythm de convertirlo en el rey del multiverso Warner, mediante una serie de franquicias condenadas al éxito (cambiarán el concepto de entretenimiento para siempre, dicen) como *Batman vs. LeBron, LeBron de Tronos* o *LeBron y la Cámara Secreta,* el ídolo de Akron mira a la representante del estudio con gesto circunspecto (no tiene otro) y señala: «Mira, yo juego al baloncesto, y los deportistas, eso de actuar..., como que no... Con el debido respeto, esta idea es malísima. El algoritmo es una estupidez. Es una de las peores ideas que he oído nunca. Está en el top 5, fijo». Avisados estábamos.

Está por ver el legado que nos dejará *Space Jam: nuevas leyendas*, aún nos falta perspectiva. Los fanáticos incondicionales seguro que encuentran muchas cosas que les gustan y disfrutarán descubriendo nuevos *huevos de Pascua* en cada visionado (busquen a Pepe Pótamo, uno de los mejores *namings* de la historia de Hanna-Barbera, por ejemplo). Quién sabe, igual se convierte en una pieza de culto para los más jóvenes de la generación Z y los de la alfa, igual que *Space Jam* lo fue para los milenials.

Leímos en algún lado que *Space Jam* es un anuncio que se cree una película y que *Space Jam: nuevas leyendas* es una película que se cree un anuncio. No está mal tirada.

NUESTRO VEREDICTO

PACH: Jordan por goleada. Mejor película, mejor animación, mejor actuación, resucitó a los Looney Tunes... No es fácil, pero LeBron consigue que el personaje LeBron te caiga peor, aunque se trate de una película animada para niños. Sin embargo, quizá este sea el capítulo decisivo del libro en la lucha por el GOAT. Solo hay que responder a esta pregunta: si nos jugáramos el futuro de nuestra supervivencia en la Tierra en un partido contra unos extraterrestres, ¿a quién seleccionarías? ¿A Jordan o a LeBron?

PITI: Aunque solo sea porque la original es la película preferida de Laprovittola y la de mi apreciado cuñado (sí, ambas) Miguel, me debo al film de Michael Jordan. Toda creación tan compleja es poliédrica en sus reacciones ante el gran público. El mismo Nicolás Laprovittola, con el mismo baloncesto, no es valorado igual en Madrid que en Barcelona...

La secuela de LeBron me dejó exhausto como me dejó *Hustle*, ambas con el nexo de LeBron. Entre solamente Lola Herrera en el escenario en *Cinco horas con Mario* y los cientos de cameos de las andanzas de Juancho y de LeBron que duran casi otras cinco horas combinadas debe de haber un punto medio y la posibilidad de no abrumar a la afición... Menos gente, que nos acordemos luego de algo.

EL GOAT
RANDOM

14

COMPAÑEROS CURIOSOS

Son muchas temporadas en la liga y, por tanto, una infinidad de compañeros han compartido el Moussel con nuestros candidatos a GOAT cuando a alguno de ellos se le ha olvidado coger el gel de uno de los veintitrés cuartos de baño de sus mansiones. Algunos nos llaman la atención más que otros, por sus historias de vida, por sus capacidades (o discapacidades) baloncestísticas o, cómo no, por la nomenclatura. Hemos elegido cinco compañeros curiosos de cada uno.

El quinteto de Jordan: LaRue, Hodges, Higgins, Dele y Corzine. Tremendo combinado.

Base: Rusty LaRue

Merece figurar en esta lista solo por un *naming* tan espectacular, pero es mucho más que eso. Bueno, tampoco mucho más. Un poco más.

LaRue fue el primer deportista desde 1952 en participar con Wake Forest en campeonatos de la NCAA en tres deportes distintos: béisbol, fútbol americano y baloncesto. Chúpate esa, Sport Billy. Como *quarterback* batió el récord de la universidad en el número de pases en un partido; como escolta, el de mejor porcentaje de triples. Era el clásico dos metido en un cuerpo de uno: 1,88 siendo bastante optimistas y una estructura física más bien frágil. Enfrentó su *canijismo* con valentía, orientando su futuro profesional al baloncesto en lugar de al fútbol americano, y tuvo la suerte de debutar en la NBA con los Bulls de *The last dance*, sustituyendo a Steve Kerr, lesionado. Participó en catorce partidos de la temporada regular, aunque no en los playoffs. No estaba el Tío Phil para experimentos.

Al menos, asistió en primerísima línea de banquillo al tiro decisivo de Jordan ante Bryon Russell: «Solo verle encestar el tiro, ver a todo el mundo levantándose de sus asientos y la euforia de darse cuenta de que había acertado el lanzamiento de la victoria [...]. En una cena de equipo nada más terminar la temporada, Phil Jackson fue uno por uno, invitando a cada jugador a hacer un brindis. Yo lo hice por el equipo, porque, básicamente, habían arruinado el resto de mi carrera, porque a partir de ahí todo iría cuesta abajo».

Bingo para LaRue.

Escolta: Craig Hodges

El 1 de octubre de 1991, George H. W. Bush se preparaba en la Casa Blanca para recibir la visita de los vigentes campeones de

la NBA, los Chicago Bulls. Uno de esos actos tan emocionantes en los que se pronuncian discursos sobre los valores del deporte en cuestión, del trabajo en equipo y que si patatín y que si patatán, para acabar con una foto con la autoridad de turno sosteniendo una camiseta personalizada con su nombre. Recuerden, si no, la visita de Boston Celtics a Madrid, que culminó con la entrega a nuestro actual soberano por parte de Larry Bird de una elástica céltica en la que se leía BORBON 1. Así, sin tilde. ¿Consideraba la NBA que Felipe tenía menor rang
o que Fernando Martín? A juzgar por la ausencia de tildes, sí.

Hodges, conocido activista social, atisbó una oportunidad de oro para llamar la atención sobre el hecho de que estuvieran dedicando tanto dinero y recursos humanos a la primera guerra del Golfo que se estaba librando en Irak, en lugar de emplearlos para acabar con la pobreza, la brutalidad policial y todos los tremendos problemas que sufrían las ciudades norteamericanas. Asistió a la recepción vistiendo un *dashiki* blanco que contrastaba con los formales trajes y corbatas de sus compañeros. Llevaba en la mano una carta de ocho páginas dirigida al presidente, que entregó a uno de sus asistentes. En la NBA, la liga de la corrección política por excelencia, el gesto no gustó nada.

Un tiempo más tarde, cuando se produjeron los seis días de caos y violencia[15] en Los Ángeles tras el veredicto del caso Rodney King, Hodges acusó a Jordan de pasar del tema: «Cuando le preguntaron a Michael por lo ocurrido en L. A., su respuesta fue

15. Un jurado compuesto por personas de raza caucásica puso en libertad a los policías acusados de dar una paliza brutal a Rodney King cuando lo detuvieron. La secuencia había sido grabada en vídeo. Se produjeron seis días de tumultos y saqueos en Los Ángeles, en los que 63 personas fallecieron, 2.383 resultaron heridas, más de 12.000 acabaron detenidas, y los daños materiales se estimaron en más de 1.000 millones de dólares.

que no estaba al tanto de lo que estaba pasando. Puedo entenderlo, pero, al mismo tiempo, está claro que te estás escaqueando. No podemos ponernos de perfil con esta situación. Esto es una guerra. Estamos en guerra cuando ves lo que ha pasado en Los Ángeles, lo que va a suceder en Chicago, en Newark. La pobreza es infernal». Y aquí se acabó la carrera deportiva de Hodges, dos veces ganador del concurso de triples del All-Star, que aún mantiene el récord del certamen con diecinueve triples anotados de forma consecutiva. Parece que *mojarse* políticamente no gusta en la NBA, y enfrentarse con Jordan, menos.

Alero: Rod Higgins

Agárrese con fuerza al cómodo sofá en el que está sentado porque tenemos una exclusiva impresionante que incluso puede provocarle algún disgusto cardiaco: ¡Cory Higgins, el que fuera escolta del CSKA y del Barça, es nada más y nada menos que el ahijado de Michael Jordan! Seguro que desconocía usted esta noticia que le trae *GOAT* en rigurosa primicia informativa. Ningún comentarista ha mencionado jamás este dato en las retransmisiones televisivas de los partidos de este jugador.

Rod Higgins, su padre, era el mejor amigo de MJ dentro del vestuario de los primeros Bulls, esos a los que los *insiders* de la NBA bautizaron como los Travelling Cocaine Circus. Rod se encargaba de mantener fuera de todo esto a Su Alteza Aérea: «Lo que el resto hacía fuera de la cancha, ya sea estar de fiesta o lo que fuese, para Michael no existía. Sus bebidas favoritas eran el zumo de naranja y el 7-Up». La realidad del inicio de esta larga amistad entre los «compadres» es que, en el primer entrenamiento de pretemporada, Jordan aún no tenía coche en Chicago ni sabía cómo volver al hotel. Rod le acercó y quedaron para el día siguiente. No esperábamos esta versión autoestopista de Jordan.

Había sido elegido por Chicago Bulls en el draft de 1982, en el puesto número trigésimo primero de la segunda ronda, justo por detrás de Wallace Bryant, el mítico pívot nacido en Torrejón de Ardoz. Un *journeyman* de confianza durante las trece temporadas que prolongó su carrera, que comenzó en los Bulls dos cursos antes que Jordan. En realidad, solo coincidió con él toda la temporada 84-85 y cinco partidos de la 85-86.

En esa temporada, Higgins logró un récord de la NBA que aún se mantiene, casi cuarenta años después: es el único jugador que ha vestido cuatro camisetas diferentes en un mismo curso. Tras ser cortado por Chicago antes de comenzar, firmó por Seattle SuperSonics, donde le fue regular: doce partidos y veintidós puntos en total. Después, una travesía por el desierto de los ignotos Tampa Bay Thrillers de la CBA, para conseguir un contrato de diez días con los Spurs. Finalizado este, le renovaron, para cortarle antes de que finalizara. No parecía ser su temporada, pero New Jersey Nets le ofreció otra oportunidad. Tampoco resultó: dos partidos, seis puntos. Y ahí es cuando los Bulls de su amigo le llaman de nuevo para acabar el curso. Bastante memorable todo: cuatro equipos distintos, treinta partidos y menos de cien puntos en total.

Lo fascinante de este deporte es que, por mal que te vaya, en muchas ocasiones acabas encontrando tu sitio. A Rod, ese lugar se lo dieron los Warriors de Don Nelson, donde ejerció de contrapeso defensivo y chico que juega en cualquier posición de los Run TMC, el inolvidable trío de artilleros formado por Tim Hardaway, Mitch Richmond y Chris Mullin. Con este último, su hijo Cory ejerció de recogepelotas y pasador en el calentamiento, mucho «padrino, búfalo», pero solo Piti se hizo eco en sus comentarios de la cercanía con tan legendario tirador.

Al retirarse pasó algún tiempo como entrenador asistente, pero subió muy rápido a los despachos. Primero con Golden State y luego en Charlotte, la franquicia de su amigo Jordan, de la que llegó a ser presidente. Allí sufrió un trago peliagudo: cortar a su propio hijo, el *ahijadísimo*. «Cuando tomas la decisión de fichar a tu hijo, sabes que este día puede llegar. El jugador también lo sabe. El aspecto personal es el aspecto personal. Pero cuando das el siguiente paso y ves que es un negocio, siempre sabes que esto podría pasar». Todo bien, pero nos gustaría saber cómo se lo contó a Concetta, la mamá del chaval.

Sin embargo, incluso las más bellas historias de amistad tienen un final. Jordan y Higgins separaron sus caminos cuando no aceptó la oferta de renovación de los Hornets. Michael lo explicó así: «Los puntos fuertes de Rod son trabajar con los entrenadores y los preparadores físicos, viajar con el equipo. Era mi zona de seguridad con los entrenadores. No quería abrumarlos con ideas, así que todo lo hablaba con Rod... Negociar no es uno de sus puntos fuertes. A veces, cuando los equipos llamaban para proponer traspasos, pasaban por encima de Rod para llegar a Rich Cho, el *general manager*». O sea, que primero le utilizabas como correveidile y luego permitías que le puentearan. Mal, Michael, Mal.

Ala-pívot: Bison Dele

En la noche del 13 de junio de 1997, los Bulls se alzan con su quinto anillo en una serie memorable contra Utah Jazz con (otra) actuación fabulosa de Jordan en el quinto partido. En las fotos se divisa al equipo celebrando en el parquet del United Center bajo la proverbial nube de confeti. Todas las miradas se enfocan en Michael, que presume de su trofeo de MVP recién conquistado. Junto a él, un jugador parece como distraído, como si la celebración no fuera con él. Es Brian Williams, un ala-pívot de 2,09, con fama de que esto del baloncesto no le gusta mucho, pero que resultó clave para el equipo de Phil Jackson durante estos playoffs.

Williams, que en 1998 cambió su nombre a Bison Dele como

homenaje a sus antepasados indígenas, era el típico talento natural para jugar a esto de la canasta que parecía necesitar una transfusión de sangre para desarrollar todo su potencial. A pesar de esto fue nombrado All-American tanto en la *high school* como en la universidad. Fue elegido con el número diez del draft de 1991 por Orlando Magic, pero durante su segunda temporada comenzó a sufrir una depresión profunda. En una ocasión se desmayó mientras defendía a Shaquille O'Neal en un cinco contra cinco. Otra noche se tragó quince pastillas para dormir y luego estrelló su coche contra un poste. Sin embargo, un año antes de llegar a los Bulls había promediado 15,8 puntos y 7,6 rebotes con los Clippers. El éxito de la temporada en Chicago le llevó a firmar con Detroit Pistons, pero solo aguantó dos cursos, retirándose a los veintinueve y dejando de cobrar 36 millones de dólares por los cinco años que le quedaban de contrato.

Dele empezó a vivir su vida, dando vueltas por el mundo hasta que se enamoró de Tahití. Compró un barco y convenció a Serena Karlan, su gran amor de siempre, para que se fuera a vivir con él. El 6 de julio de 2002, el Hukuna Matata (así, con «u», se equivocaron al escribir el nombre) zarpa de un puerto de Papeete, la capital de Tahití, rumbo a la isla de Raiatea, a veinte horas de distancia, y de allí a Hawái. A bordo viajan Bison, Selena, el capitán del barco, Bertrand Saldo, y Kevin Williams, el hermano mayor del jugador. El barco desaparece. Los cuatro pasajeros desaparecen.

Dos meses después, Bison Dele reaparece en Phoenix mientras compra 460 monedas de oro con un cheque por valor de 152.096 dólares. El banco alerta al asistente de Dele, que llama a la policía. Se trataba de Kevin, su hermano, que se hacía pasar por él. Lo detienen y explica que ha comprado el oro para su hermano, que estaba perfectamente la última vez que lo vio. Queda en libertad y aprovecha para huir. Diez días después lo encuentran agonizando en una playa mexicana, tras administrarse una sobredosis de insulina para suicidarse.

Antes de morir, le confesó a su novia su versión de lo que sucedió en el barco: los hermanos se pelearon y Dele golpeó sin querer a Serena, que se dio con la cabeza contra una pieza de acero y murió en el acto. El capitán Saldo fue a informar de la muerte por radio, pero Dele se puso nervioso y lo mató golpeándole en la cabeza con una llave inglesa. En ese momento, Kevin disparó a su hermano en defensa propia. Después, pensando que nadie creería su historia, arrojó los tres cadáveres por la borda y navegó de vuelta a Tahití.

Efectivamente, nadie te cree, Kevin. Escoria.

Pívot: Dave Corzine

A los que seguíamos desde el otro lado de *Cerca de las estrellas* el ingreso de Michael Jordan en la mejor competición basquetbolera del mundo, nos sorprendía mucho encontrarnos en nuestra pantalla Telefunken de veintiocho pulgadas con un pívot al que parecía que no le resultaría fácil ser titular en el Cacaolat Granollers, pongamos por caso.

¿Cómo podían coexistir en el mismo equipo dos figuras tan antitéticas? Uno, la gracilidad personificada, la potencia controlada, la elegancia gacelesca. El otro, un Rompe-Ralph en modo apisonadora, un muro de carga, la incapacidad de levantar los pies del suelo. La belleza del contraste.

Corzine, pívot rocoso de 2,11, solo tenía veintiocho años cuando Jordan llegó a los Bulls, pero los que veíamos las (escasísimas) imágenes de ese equipo no le echábamos un mes menos de cuarenta. Cuando debutó en la NBA con los Bullets, la prensa de Washington le apodó el Leñador. Pintiparado, que diría un repipi.

Llegó a Chicago en la temporada 82-83 tras un intercambio con San Antonio por Artis Gilmore, con todas sus patillas incluidas. Jugó aquí siete temporadas, y fue titular en 285 de sus 556 partidos; participó como *jordanaire* en el despegue de la franquicia hacia la consecución de su primer anillo, aunque no pudo disfrutarlo al ser traspasado a Orlando Magic por los derechos de dos segundas rondas, una de las cuales sería aprovechada en draftear a Toni Kukoč. Negocio redondo.

Corzine fue testigo en primera línea de la eclosión del fenómeno Jordan: «Larry Bird y Magic Johnson elevaron el juego a un nivel mucho más alto. Cuando Michael llegó, magnificó eso. Antes de Michael, realmente nadie prestaba atención a los jugadores visitantes. Pero, a medida que crecía su fama, las multitudes se hacían cada vez más grandes y tenían que desplegar equipos de seguridad para sacarlo de los hoteles. Ser parte de esa época y ver crecer la fama y la fortuna de Michael fue una experiencia interesante para mí». Y, claro, tira para casa en lo que se refiere al propósito de nuestro libro: «Como compañero de equipo, yo diría que Michael es el mejor de todos los tiempos. Afirmaría que Kobe Bryant era lo más parecido a Michael Jordan que se puede ser. LeBron es un jugador con el que es difícil hacer comparaciones, porque creo que es único en el sentido de que domina físicamente, además de las habilidades que tiene. No sé si hay otro jugador que tenga el talento de LeBron y su tamaño y fuerza, él domina a la gente y punto. Pero en cuanto a atleticismo puro y belleza baloncestística, no creo que haya nadie mejor que Michael Jordan».

El quinteto de LeBron: Telfair, Perrantes, Moon, Traylor y Pollard. Todo un All-Star.

Base: Sebastian Telfair

En la portada de la revista *SLAM* de agosto de 2004 aparecen los rostros juveniles de dos estrellas del baloncesto de *high school*. Ya tienen que ser buenos unos chavales de diecisiete años para ocupar el lugar de privilegio en el magacín más *cool* del momento. Además, la portada es lo que vende. O eso dicen.

A la derecha, el más alto y fuerte parece necesitar hacerse pequeño y esconderse tras su cara de niño. A la izquierda, el más bajito sabe que ha llegado, que pertenece —incluso antes de anotar una bandeja en un partido medianamente competitivo— a la élite del baloncesto. Mira desafiante. El futuro es suyo. Un titular acaba de hacer estallar el ¿merecido? *hype*:

The takeover. Sebastian Telfair & LeBron James
are about to rule the world. Imagine that.

Porcentaje de efectividad de *SLAM* en esta portada: 50 por ciento.

A toro pasado es fácil criticar la elección de estos dos jugadores como iguales, pero la realidad es que Telfair fue una de las estrellas más grandes de las competiciones de *high school*, una auténtica leyenda en el baloncesto neoyorquino antes de cumplir los dieciocho, donde llevó a Lincoln High a ganar tres campeonatos de Nueva York y un título estatal. Las comparaciones con LeBron no iban tan desencaminadas, muchos *sites* le eligieron mejor *prospect* de la clase de 2004 por delante de James. Incluso ambos fueron elegidos co-MVP en el Adidas ABCD Basketball Camp de 2001.

El momento de escoger universidad había llegado y las más grandes se peleaban por reclutarle. Tras un proceso largo de deliberaciones, decidió aceptar la oferta de Louisville, donde tendría la oportunidad de formarse con el legendario Rick Pitino. Sin embargo, su decisión se vio alterada por un trágico incidente: un tiroteo con varios muertos en el complejo de apartamentos donde residía su familia. Había que saltar directamente a la NBA para salir de allí cuanto antes.

Llegaba a la liga con un libro —*The jump: Sebastian Telfair and the high-stakes business of high school ball*, de Ian O'Connor— y un largometraje documental —*Through the fire*, dirigido por Alistair Christopher y Jonathan Hock— bajo el brazo. Tal vez demasiado *hype* para un base juvenil de 1,80 sin tiro exterior. Nunca alguien tan pequeño había dado el salto a profesionales desde la *high school*. El chico lo valía, decían. Quiénes somos nosotros para contradecir a Sonny Vaccaro, el ejecutivo de Nike que logró firmar a Michael Jordan: «Es uno de los mejores jugadores de baloncesto de *high school* que he visto en mi vida». Y no es solo una frase. Vaccaro, ahora desde Adidas, le consiguió un contrato de 15 millones de dólares por tres años,[16] antes siquiera de haber pisado una cancha profesional por primera vez.

Y es primo de Stephon Marbury, base injustamente caído en el olvido y creador de las Starbury, las peores zapatillas jamás diseñadas para jugar a este deporte.

Cuando Portland seleccionó a Telfair en el puesto número trece del draft de 2004, justo detrás del pívot de tumultuosa carrera Robert Swift,[17] todos tenían grandes expectativas para él. Se daba

16. Sebastian fue detenido en abril de 2007 cuando llevaba su Range Rover sin permiso de conducir, cincuenta kilómetros por hora por encima del límite de velocidad. La policía encontró una escopeta de calibre 45 debajo de su asiento. Se declaró culpable y fue condenado a tres años de libertad condicional. Tras esta condena, Adidas rompió su acuerdo con Telfair, ejecutando la cláusula de moralidad.

17. Robert Swift, pívot pelirrojo de 2,15 sin un centímetro de su cuerpo libre de tatuajes, fue elegido por Seattle SuperSonics directamente del instituto, donde había promediado 18,8 puntos, 15,9 rebotes y 6,2 tapones. Una historia de lesiones y de malas compañías le llevan a caer en la adicción a la heroína y a las metanfetaminas. Abandona el baloncesto después de cinco temporadas en la liga para convertirse en luchador de la MMA. No lo consigue, se declara en bancarrota; cuando le desahucian, su casero encuentra agujeros de bala en las paredes, munición real por todas partes, gusanos en el fregadero, más de cien cajas de pizza y más de mil botellas de licor. Entonces decide, con muy buen criterio, mudarse a casa de su *dealer*. Le detienen como cómplice en algunos robos y por posesión ilegal

por hecho que sería All-Star (no pasó), que anotaría veinte puntos por partido (nunca llegó a diez) y que se convertiría en uno de los referentes de la nueva era de la NBA junto a LeBron (otro *fail*). Telfair aguantó diez temporadas en la liga, pero fue dando tumbos de equipo en equipo. Incluso tuvo un breve paso con su amigo LeBron en Cleveland, la temporada previa a *La decisión*, participando en cuatro encuentros.

Telfair es el ejemplo viviente de la máxima *too much, too soon*. Tiene que ser muy difícil saber gestionar toda esa presión siendo un adolescente e intentando salir y sacar a tu familia de un entorno marginal.

El cuento, aunque aún no se ha acabado, parece que no terminará con un «y fueron felices y comieron perdices». A las 2.45 de la madrugada del domingo 11 de junio de 2017, el agente Christian Valenzuela avistó un Ford F-150 estacionado ilegalmente en una mediana de hormigón que divide las vías este y oeste de la avenida Atlantic de Brooklyn. Dos hombres estaban sentados en los asientos delanteros. El coche empezó a moverse cuando se acercó el agente Valenzuela, que detectó un arma en el interior. Rápidamente hizo salir a los dos pasajeros y encontró dos bolsas de marihuana y una pistola semiautomática del calibre 45 cargada. Junto a ella había un cargador con nueve balas más. En el maletero, dos pistolas y un fusil de asalto semiautomáticos, doscientas noventa y seis balas y dos cargadores. El conductor vestía un chaleco antibalas. Era Telfair. El pasajero, su primo Jami Thomas, de dieciocho años. Allí, a diez minutos de las canchas donde comenzó todo, se acabó la carrera de este prodigio condenado a tres años y medio de cárcel.

---

de armas e ingresa en prisión, donde decide desintoxicarse. Intenta volver a la NBA, pero solo consigue la oportunidad que le presenta su amigo Mike Huete, jugador del Círculo Gijón Baloncesto, de LEB Plata, donde juega tres años, para acabar su carrera deportiva en el Llagar Begoña-APS Fisioterapia CB Barrio de la Arena, de primera autonómica.

Escolta: London Perrantes

La carrera profesional de London Perrantes en la mejor liga del mundo no es lo que podríamos calificar como una historia de éxito. Hasta el momento. Perrantes sigue, cuando escribimos este capítulo, repartiendo su magia por las canchas griegas en las filas del Kolossos H Hotels de Rodas. Se podría marcar un *comeback* rollo Michael Ray Richardson, pero hasta ahora se tiene que conformar con 14 partidos jugados con LeBron en los Cavaliers de la temporada 17-18. 66 fastuosos minutos en total: 2 de 10 en tiros de dos; 0 de 3 en triples y 7 puntazos.

Entonces ¿cómo es posible que un jugador de este calibre aparezca en una enciclopedia de este nivel sobre los dos mejores jugadores del mundo? El *naming*, amigos. London Perrantes disfruta de uno de los mejores nombres de todos los tiempos en el deporte de las canastas. Simplemente, como devotos de esta suerte que somos, necesitábamos que conocieran este dato.

Alero: Jamario Moon

Otro que va sobrado de *naming*. Y de historia. LeBron puede presumir de haber compartido vestuario con un jugador de los Harlem Globetrotters. ¿Le enseñaría a encestar triples con el codo? Lo desconocemos.

Esta es la historia de cómo llegar a la NBA después de dar vueltas y vueltas, sin rendirte nunca hasta que cumples tu sueño. Moon abandonó el Meridian Community College, tras ser suspendido por problemas académicos, para presentarse al draft de 2001, aunque sus pruebas con Toronto y Phoenix no habían impresionado a nadie. No fue elegido, claro. Estaba demasiado verde para ser profesional.

En realidad, le había engañado Joel Hopkins, el hombre que

reclutó a Tracy McGrady para el instituto Mount Zion. McGrady pasó directamente a profesionales mientras Hopkins se embolsaba una jugosa comisión por el camino. Esperaba repetir la jugada con Moon, pero le dejó tirado. Aquí comienza una aventura que le lleva a pasar por dieciocho equipos en ocho ligas distintas, durante seis temporadas. ¿Récord mundial, quizá? Tomen nota:

01-02: Mobile Revelers (NBDL), Dodge City Legend (USBL). Ligas de verano con Philadelphia 76ers, Los Angeles Lakers, Utah Jazz.

02-03: Mobile Revelers (NBDL).

03-04: Huntsville Flight (NBDL), Oklahoma Storm (USBL), Harlem Globetrotters.

04-05: Rockford Lightning (CBA), Kentucky Colonels (ABA), Rome Gladiators (WBA).

05-06: Albany Patroons (CBA), Fort Worth Flyers (NBDL), Marietta Storm (WBA), Fuerza Regia de Monterrey (México).

06-07: Gary Steelheads (USBL), Albany Patroons (CBA).

Los Raptors necesitaban un alero de sus características. Jim Kelly, miembro del equipo de *scouting*, se acordó de él y le invitó a un campus para agentes libres. El entrenador Sam Mitchell, escéptico al principio, cedió: «Sí, durante unos treinta segundos se nos pasó por la cabeza: ¿por qué a nadie más le ha gustado este chico? Bueno, ese es su problema. A nosotros nos gustaba, así que lo fichamos. Y eso que alguien le dijo a alguien de nuestra organización que Jamario Moon no sabía leer. Nunca habló con él. Nunca fue a verlo entrenar. Nunca estuvo a menos de diez metros de él, pero dijo que no sabía leer... Es increíble cómo empiezan esas cosas y cómo se propagan como el fuego».

En su primera temporada en los Raptors, con veintisiete años, fue titular en setenta y cinco de los setenta y ocho partidos en los que participó; así, por fin, consiguió un hueco en la liga. Moon era un alero de los que saltan muchísimo, con unas capacidades atléticas fuera de lo común (si tienen dudas al respecto, busquen «Jamario Moon inhuman rebound» en YouTube, uno de los tres mejores rebotes de la historia de la NBA según *The Jam*). Aunque tuvo que centrarse en el apartado defensivo para conseguir su objetivo de ganarse bien la vida con el baloncesto.

Cinco temporadas después, jugaba con Charlotte Bobcats el último de sus 286 partidos en la NBA. Le dio tiempo a coincidir con LeBron en Cleveland en la temporada anterior a *La decisión* e, incluso, fue el hombre que le sustituyó como titular al inicio de la siguiente temporada. No era lo mismo, todo hay que decirlo. Después, otro río de equipos *random* en los que sigue sumando puntos, rebotes y pasión por el baloncesto a los cuarenta y tres años; ahora mismo es una de las figuras de la BIG3, la liga de 3x3 creada por Ice Cube en 2007:

12-13: Los Angeles D-Fenders (D-League)
13-14: Olympiacos, Guaros de Lara (México)
14-15: Los Angeles D-Fenders (D-League)
15-16: Indios de Mayagüez (Puerto Rico)
16-17: Parque Hostos (República Dominicana), Atlético Aguada (Uruguay)
17-18: Albany Patroons (CBA)
18-23: Triplets (BIG3), 3 Headed Monsters (BIG3)

Ala-pívot: Robert Traylor

Nadie lo conocía como Robert, para todos era Tractor, su bien ganado apodo debido a su inmensidad física: 2,03 y 140 kilos en su mejor momento.

La historia de Tractor comienza mal y acaba fatal. Fue uno de los jugadores, junto a Chris Webber, Maurice Taylor y Louis

Bullock, acusados de recibir más de seiscientos mil dólares de manera ilegal por parte de Ed Martin, un benefactor de la Universidad de Míchigan. Todos los partidos que jugó Traylor como universitario fueron declarados derrotas, y tuvo que devolver sus trofeos de MVP del NIT de 1997 y de la Big Ten de 1998.

El 24 de junio de 1998, la casa de los Vancouver Grizzlies se vestía de gala para recibir al comisionado Stern y su draft de la NBA. No se presentaba como una de las elecciones más ilusionantes, a pesar de la presencia de Vince Carter, Paul Pierce o Jason Williams como candidatos. En la Green Room se rumoreaba sobre la posible elección de Traylor en los puestos de lotería: esa combinación de potencia bruta y agilidad siempre llama la atención de los *general managers*. Y así sucedió. Tras la selección de Carter por Golden State Warriors y su intercambio por Antawn Jamison, el comisionado se acercó al púlpito para pronunciar las palabras que todo jugador quiere escuchar: «Con la sexta elección del draft de la NBA de 1998, Dallas Mavericks selecciona a Robert Traylor, de la Universidad de Míchigan». Tres puestos después, Milwaukee elige a un desconocido Dirk Nowitzki, del DJK Würzburg. En el diecinueve, a Pay Garrity. Un poco después, se produce uno de los diez traspasos más infames de siempre, según la revista *Sports Illustrated:* Traylor a Milwaukee; Nowitzki y Garrity, a Dallas. Con la belleza adicional de que Garrity acabó siendo intercambiado por Steve Nash.

No es culpa de Traylor, claro que no. Quizá se le podría considerar algo culpable de ingerir más McMenús gigantes de una sentada de los que debería y de que su carrera en la NBA acabara pronto. En su última temporada en la liga, coincidió en Cleveland con un tierno LeBron de segundo año y logró participar en setenta y cuatro partidos antes de ser operado de una malformación en la aorta.

Después de un largo proceso de recuperación, intentó volver a las canchas en la temporada 06-07..., en el Gestibérica Vigo de LEB Plata. Le entrenó un mítico de nuestro básket, Quino Salvo, que era como otro «tractor», pero en posiciones exteriores. No queremos pensar lo que sucedía cuando se cruzaban dos carrocerías de tal porte por los pasillos de los pabellones de Vigo. Fueron solo diez partidos, pero le dio tiempo a merendarse a un Roberto Dueñas que se estaba recuperando de una lesión en el Joventut y jugó algunos partidos en El Prat, su equipo vinculado. Menudo duelo en la tercera categoría del baloncesto español.

A pesar de sus esfuerzos, el retorno a la NBA quedaba muy lejos. Tuvo que conformarse con jugar en Turquía, Italia y México, hasta que a los treinta y cuatro años sufrió un ataque al corazón en su apartamento de Isla Verde, Puerto Rico, cuando formaba parte de la plantilla de los Vaqueros de Bayamón. Descanse en paz.

Pívot: Scot Pollard

En estos tiempos de *clickbait*, sorprende poco encontrarse con Scot Pollard mientras uno va navegando por ahí. Siempre, eso sí, en artículos como «Los looks más raros y extravagantes de la NBA», o «No te creerías los pelos que lleva este jugador». Pollard, cual Mister Potato viviente, manejaba como nadie las técnicas combinatorias de patillas, bigote y perilla, realzadas siempre por un corte de pelo imposible: *mohawk*, *mullet*, coleta, doble coleta, cresta punk, cabeza pelada... Andrés Montes, maestro del mote por antonomasia, le apodaba Cumbres Borrascosas Pollard por su parecido capilar al protagonista de la serie de televisión basada en la novela de Emily Brontë.

Aquí le conocemos por este apodo y por ser un pívot suplente de 2,11 que jugó once temporadas en la NBA, aunque solo una (06-07) con LeBron en unos Cavaliers que llegaron hasta la final, pero fueron barridos por los Spurs. Scot rascaba —nunca mejor dicho— los minutos que le dejaban Ilgauskas y Varejão. El típico jugador de equipo que te ponía unos bloqueos estupendos y que, si se la dabas dentro de la zona, algún ganchito sí que te metía.

En Estados Unidos se le conoce más por dos historias paralelas al baloncesto. La primera ocurrió una tarde en la que Pollard no estaba convocado por los Cavaliers debido a una lesión. Sentado junto al banquillo y con las pintas que llevaba siempre, era un blanco apetecible para las cámaras de televisión. En un momento del calentamiento le enfocan en un primer plano y se le escucha decir: «¡Eh, chicos! ¡Drogaos!», haciendo un chiste malo con la campaña «Hey kids, don't do drugs». Pollard se justificaría: «A lo largo de mi carrera se me conoce por ser un bromista. Bromeo con los aficionados, los amigos, los árbitros y el equipo de televisión. Se convirtió en algo habitual que contara algunos chistes subidos de tono a los chicos del camión (productores, directores, editores, etc.). Así pues, cuando había una pausa en la acción, los cámaras se acercaban a mí y me hacían contar un chiste subido de tono o una anécdota solo para ellos [...]. Así que miré a la cámara y dije: "¡Eh, chicos! ¡Drogaos!". Después de decir eso, me di cuenta de que la lucecita roja estaba encendida e inmediatamente pensé en el error que acababa de cometer. Estaba en la televisión regional, no solo en el camión de la tele». Se lio la mundial, claro.

La otra también tiene que ver con la tele, pero, en este caso, la metedura de pata es más continuada. Participó en el *Supervivientes* local y se convirtió en uno de los personajes más odiados de todas las ediciones del concurso, uno de esos villanos de manual que aparecen de tanto en tanto en ese tipo de programas. Un *bully* implacable, saboteador de pruebas, traidor de sus amigos, misógino..., una joyita. Él afirma que estaba actuando, que era un personaje ficticio creado para intentar ganar el reality. Pues nos lo tendremos que creer. O no.

NUESTRO VEREDICTO

Empate técnico. La selección es tan arbitraria que resulta imposible dar ganador a uno o a otro.

15

AVISTAMIENTOS DE GOAT POR ESPAÑA

A pesar de que España es el segundo país más importante de la Unión Europea en términos de producción de caprino con 2,6 millones de cabezas, los GOAT baloncestísticos se muestran esquivos en su relación con nuestro país. Tecleas con afán en tu buscador de confianza «Michael Jordan en España» o «LeBron James en España» y aparecen links de sus visitas veraniegas a nuestras afamadas playas. Adrián Córdoba, en *As*, destaca en mayo de 2023: «Jordan se encuentra en Marbella, donde ha sido visto con gorro, camisa y unas bermudas con cuadros. Allí ha podido descansar, disfrutar de las playas y acudir a algunos restaurantes como La Milla, un reconocido restaurante en la playa de Nagüeles, donde, al revés que otros famosos, no ha ido escondiéndose». Lucas Sáez-Bravo, en *El Mundo*, en septiembre de 2021, relata sobre James: «La estrella de la NBA pasó el viernes por España para degustar los vinos jerezanos. Visitó el Castillo del Puerto, venenció y degustó atún de Barbate y tortillitas de camarones, aunque se tuvo que llevar la paella al avión de vuelta a Estados Unidos». Ibiza, Marbella, Jerez..., poco baloncesto y mucha diversión.

Podemos establecer el 30 de agosto de 1990 como la fecha de comienzo de la relación de los GOAT con España. Esa tarde, Michael Jordan participó como estrella invitada en el partido de presentación de la temporada de la Liga ACB en Barcelona. Raro, raro, raro, que diría el padre de Julio Iglesias, ¿no? ¿Un jugador de la NBA en activo jugando una pachanga veraniega en España?

Nike tuvo *la culpa*. Acababan de crear la sociedad American Nike para darle vida a la marca en España, de la mano de César Galcerán, un alero que había jugado en la Liga Nacional —la proto-ACB—, en el Cotonificio y en el Espanyol. Galcerán aparece en segundo plano en muchas de las fotos de la gira española de His Airness. Jordan ya llevaba una semana de gira europea con Nike por Italia, Francia, Inglaterra y Alemania. Para dar realce a la apertura de su filial española —tenían un conflicto de marcas interesante—,[18] Nike decide que Jordan juegue este partido de presentación y que luego ya se entenderían con la NBA. Si hay que pagar una multa, se paga. Se acordó que jugaría dos tiempos de quince minutos, uno con cada equipo:

18. En 1979, Nike se había aliado con la compañía Comercial de Exclusivas Deportivas (Cidesport), propiedad de la familia Bertrand, vinculados al sector textil desde el siglo XIX. La distribución de los productos Nike en España se realizaba a través de esta firma, que producía los tejidos e importaba el calzado desde Estados Unidos. En 1989, Nike decide no renovar el contrato y se encuentra con que Cidesport había comprado la marca Niké, una empresa textil de Sabadell cuyo logo era la diosa Niké de Samotracia. Entonces Nike decide montar American Nike, porque Niké ya estaba registrada, y contrata como director de Marketing a César Galcerán..., primo hermano de los Bertrand. Resultado: hasta 2008, cuando se llegó a un acuerdo judicial, en España existieron prendas legales de una marca Nike que no era la Nike del *swoosh*.

EQUIPO NARANJA: José Montero, Joe Llorente, Brian Jackson, Mark Simpson, Ramón Rivas, Audie Norris, Antonio Martín, Carl Herrera y Walter Berry. Entrenadores: Chus Codina y Alberto Pesquera.

EQUIPO AZUL: José Miguel Antúnez, Chichi Creus, Jordi Villacampa, Mike Smith, Ricky Winslow, Dan Bingenheimer, Kevin Magee, Mark Davis y Corny Thompson. Entrenadores: Manel Comas e Iñaki Iriarte.

Jordan fue el máximo anotador de ambos equipos (16 y 21 puntos), a pesar de jugar solo una parte con cada uno de ellos. Un par de mates, unos cuantos triples lejanos, alguna asistencia sin mirar..., y el público que no paraba de gritar: «¡Michael, Michael, Michael!». No salió a hombros, pero casi. La portada de *Gigantes* resumió la faena del diestro de Wilmington: «JORDAN MARAVILLÓ EN ESPAÑA: ¡TO-RE-RO!».

En una rueda de prensa multitudinaria comentó: «No me importaría acabar mi carrera deportiva en España. Es una liga muy competida y se juega un baloncesto de alto nivel [...]. Por ahora no entra en mis planes participar en los Juegos Olímpicos de Barcelona, pues fui medalla de oro en Los Ángeles 84 y solo me motivaría si me enfrentara a la Unión Soviética, porque nunca lo he hecho». El Maestro João aprobaría este comentario. También Pedro Barthe en la retransmisión demostró grandes poderes de futurólogo de los cestos: «Un Jordan que está a un paso de conseguir lo que muy pocos han logrado: apenas hay cinco jugadores en la historia del baloncesto norteamericano que hayan hecho el triple. Él ganó la liga universitaria en el 82 con North Carolina, ganó el oro olímpico en Los Ángeles en el 84, solo le falta el anillo de la NBA, que va a ser muy difícil porque él se siente muy bien en Chicago. No piensa cambiar de equipo, va a ser muy muy difícil que lo consiga con los Bulls, los Toros de Chicago, como no se refuercen mucho». Fue campeón esa misma temporada.

No se trataba del primer encuentro baloncestístico de Jordan con nuestro país, por supuesto. En aquellas noches de Los Ángeles 84 en las que nadie dormía, a la selección de Antonio Díaz-Miguel le tocó sufrirle tanto en la primera fase como en la mítica final que marcó el inicio del llamado boom del baloncesto, donde soñamos en competir en popularidad con el fútbol, aunque no pudo ser. En aquella primera fase nos jugábamos el primer puesto del grupo; hasta entonces habíamos contado todos los partidos por victorias: a la Canadá de Triano, Kazanowski y Wiltjer (83-82); a la Uruguay del Tato López (107-90); a la Francia de Dubuisson y Dacoury (97-82); y a una China de jugadores desconocidos (102-83). El 4 de agosto de 1984, Jordan lideró las operaciones de derribo de un combinado español que opuso una inesperada resistencia hasta el descanso (41-46) a base de colocar una zonita de ajustes que se les atragantó a los discípulos de Bobby Knight. La cosa acabó 68-101, con una exhibición de nuestro protagonista, que hizo lo que le dio la gana: 24 puntos en 23 minutos con 12/14 en tiros. No había triples, recuerden.

España superó a Australia en cuartos (101-93) y derrotó a la Yugoslavia de los hermanos Petrović y de Dalipagić (74-61) en aquel recordado encuentro de semifinales que inspiró a Los Nikis su *El imperio contraataca*:

> Mira cómo gana la selección.
> España está aplastando a Yugoslavia
> por veinte puntos arriba.

Tocaba vérselas de nuevo en la final con Su Majestad Aérea. Los de Díaz-Miguel no opusieron mucha resistencia, estaban en modo celebración, y no era para menos. Después de todo, ya habían recibido una paliza en la primera fase. Pero, por si acaso, Jordan no se distrajo ni un instante del objetivo. Bobby Knight cuenta en su autobiografía que, antes de dar la charla motivadora en el vestuario, encontró una nota en la que se leía: «Entrenador, no te preocupes. Hemos aguantado demasiada mierda como para perder ahora». Y reconoció la letra del escolta de North Carolina. El resultado fue 65-96: la primera medalla de oro olímpica al cuello de nuestro candidato a GOAT. Su seleccionador no dudaba de las cotas que iba a alcanzar, porque llamó a su amigo Stu Inman —*general manager* de los Blazers— para que le escogiera con su segunda elección del draft. Inman le recordó que el equipo necesitaba un pívot. Knight contestó: «¡Pues que juegue de pívot!».

También pasó por encima del combinado español la apisonadora Dream Team en Barcelona 92. La ciudad condal era una fiesta, con hordas de cazaautógrafos colapsando las entradas de los hoteles y los restaurantes por donde se rumoreaba que iban a pasar los jugadores. Así nos las gastábamos en la era preselfis: bolis BIC (naranja y/o cristal) en lugar de iPhones 15 Pro Max. Barkley, Jordan y algunos más decidieron sumergirse en la noche barcelonesa y experimentar todo su esplendor, en lugar de quedarse en la *family room* del hotel Ambassador —actual Silken Ramblas, por si están con ganas de visitar lugares históricos— en el que se alojaban. La rutina del genio de los Bulls comenzaba con entrenamientos matutinos, aunque casi siempre se los saltaba para ir a jugar dieciocho hoyos (por lo menos)[19] en el campo de

19. Gorka Guillén, hijo del mitiquísimo doctor de las selecciones españolas de fútbol y baloncesto —que en paz descanse—, era un chaval de quince años que jugaba en el Real Club de Golf de El Prat y que conectó con Jordan porque hablaba inglés. En una entrevista en golflick.com deja claro la obsesión de His Airness por el tema: «Jugábamos dieciocho hoyos por la mañana; luego, él jugaba con los socios del club partidas de dinero, y a última hora de la tarde jugábamos los dos solos algunos hoyos sueltos, algún día llegó a jugar cuarenta y cinco hoyos... Al día siguiente de conocerle, estaban Payne Stewart (jugador profesional campeón de la PGA y de dos US Open, fallecido en accidente de avión a los cuarenta y dos años) y él a las nueve de la mañana en el *tee* del hoyo uno, y nos pidieron

golf de El Prat. Después del almuerzo, si hay partido, partido. Y, si no, duelos de pimpón a muerte, en los que Laettner se mostraba invencible: «Normalmente, le ganaba, mi rival más duro era el comisionado Stern». Jordan se enfadaba tanto que llegó a pedir que le pusieran una mesa en su habitación para entrenar. Después, cenita y a la *family room* a jugarse una pasta a las cartas, en timbas lideradas por Michael, Magic, Barkley, Pippen y Ewing.

En lo deportivo, la primera fase se convirtió en un paseo: 116-48 a Angola; 103-70 a Croacia; 127-83 a Brasil; 122-81 contra la España del *angolazo*. A Pepe Arcega le tocó defender a Jordan: «Yo lo único que pensaba era en no lesionarle, porque si lo lesionaba iba a salir en todos los periódicos del mundo», bromeaba en *Mundo Deportivo*. En realidad, el paseo se prolongó hasta la final: 115-77 a Puerto Rico en cuartos, 127-76 a Lituania en semifinales y 117-85 a Croacia en la lucha por la medalla de oro.

Poca épica baloncestera y mucha fuera de las canchas. Sin embargo, cuando el camino de LeBron se ha cruzado con el de la selección, la competición ha estado mucho más ajustada. La primera vez era tan solo un *yogurín* de paseo por Atenas: diecinueve añitos, debutando en la NBA. El seleccionador Larry Brown no contaba con él, parecía que le habían impuesto su convocatoria: «Estar separado de tu familia durante treinta y ocho días y que no te den la oportunidad de jugar que te habías ganado en justicia es un bajón», dijo, y lo demostró en el partido de cuartos de final contra España. El combinado de Pesquera se clasificó primero de su grupo, pero Estados Unidos acabó en cuarta posición al caer derrotada por Puerto Rico (92-73) y por Lituania (94-90). Salió cruz en este cruce tan inesperado y nos volvimos para casa sin casi

---

a Román Taya (otro jugador profesional) y a mí que si queríamos jugar con ellos. Nos jugamos cien dólares. Nos ganaron en el hoyo dieciocho, cuando fui a pagar a Stewart no quiso cogerme el dinero, pero Jordan se llevó con satisfacción el de Román».

ver jugar al Elegido (7 minutos, 0 puntos): 94-102 en una exhibición de un Stephon Marbury, con 31 puntos, que venía anotando en la primera fase 4,2 puntos de promedio y un 13 por ciento de acierto en los triples. Magnífico día para despertar.

Siguiente encuentro: los Juegos Olímpicos de Pekín, el Redeem Team. En la primera fase, 37 puntos arriba para los americanos, con 18 de LeBron. Y en la final..., ya se sabe: la mejor final de siempre en unos Juegos. No lo decimos nosotros, lo dicen la web de la FIBA y Jerry Colangelo: «Ha sido uno de los más grandes partidos de todos los tiempos en la historia olímpica. La calidad y el calibre de los jugadores en esta final ha sido extraordinaria. Han subido el listón y van a ser incluso mejores en la próxima edición». Sí, 30,2 puntos de diferencia de promedio en sus victorias, pero si no llega a ser por Wade no redimen nada.

LeBron no es el macho alfa de ese equipo. En la final ha sumado 14 puntos, 6 rebotes y 3 asistencias, pero no se ha echado la escuadra a sus espaldas. Se ha encontrado con un Kobe que es mucho Kobe y ha aceptado un rol más secundario. Sin embargo, en la selección que representa a Estados Unidos en Londres 2012 ya se ha convertido en el líder absoluto e indiscutible, y lo demuestra hasta en los amistosos. El que nos interesa tiene lugar en el Palau Sant Jordi de Barcelona dentro de la «Ruta Ñ 2012», un extraordinario ejercicio de *naming* para denominar los partidos de preparación de toda la vida. Se cumplían veinte años desde que el Dream Team deslumbrara en Badalona y tanto LeBron (25 puntos) como Carmelo Anthony (27) se mostraron como dignos herederos de la selección con la que debutaron los profesionales en el baloncesto FIBA. España ilusionó en el comienzo, logrando apuntar un 22-13 en el marcador. Pero a falta de cinco minutos para el descanso, con empate a 30, un contraataque de King James y 5 puntos seguidos de un Carmelo en racha llevan el electrónico hasta el 38-48. En los dos últimos cuartos ya no hay competición: 78-100 para los estadounidenses, que desatan la euforia del selfi en la ciudad, pero en mucha menor escala que sus antecesores olímpicos.

Siguiente escala, Londres. Del señor James dependen las posibilidades de éxito de la primera aventura posredención y, ahora sí, se pone a los mandos de un equipo construido para el *small ball* con jugadores que te mataban desde el perímetro. Cuentan solo con tres interiores: Tyson Chandler, Kevin Love y Anthony Davis, un universitario al que te daban ganas de invitarle a un bocadillo de patatera a ver si engordaba algo. LeBron acaba jugando de cinco en varias ocasiones.

En la fase de grupos, 98-71 a Francia; 110-63 a Túnez; 156-73 a Nigeria (récord olímpico de anotación, con 37 puntos de Anthony en 14 minutos); 99-94 a Lituania; 126-97 a Argentina. En cuartos, 119-86 frente a Australia, con LeBron apuntándose el primer triple doble de la historia del olimpismo (11 puntos, 14 rebotes y 11 asistencias). En semifinales esperaba Argentina, que volvió a no ser rival: 109-83. Por fin, la final esperada: España.

GOAT envió un corresponsal a tan magno evento: Piti asiste a la final olímpica en el O2 londinense y cuenta la estremecedora anécdota de verse sentado entre Fernando Romay, el hombre que taponó a Jordan en 1984, y Roberto «Bobby» Gómez, que se pasó el partido recriminando al espectador asiático que tenía al lado que se había quedado con la localidad perdida por otro periodista mítico, Santiago Segurola, pionero de las retransmisiones NBA en España. Vaya cuadro olímpico, no callaron ni un segundo.

El equipo dirigido por Sergio Scariolo impone un ritmo alto de juego que no permite correr a los norteamericanos. Un Navarro aún dolorido del puñetazo en el estómago de Nicolas Batum, y muy resentido por sus problemas físicos que le han aquejado durante todo el campeonato, comienza anotando tiros imposibles. Españita les corta la fluidez a los *yankees* y limita bastante esas rachas demoledoras con las que revientan a sus rivales. Aquí no pasa nada de eso y el marcador se mantiene igualado durante todo el encuentro, gracias a la producción de Pau Gasol, con 17 puntos casi consecutivos en el tercer cuarto. En el último periodo, James se pone a los mandos de las operaciones. Con cuatro faltas, después de dejar casi tuerto a Pau con un arañazo determinante, ejecuta siempre la jugada perfecta, la que el equipo necesitaba. Es imparable y generoso con sus compañeros. Se va pareciendo cada vez más a Magic y menos a Michael. Un mate de esos que hacen retumbar hasta las sillas del cuarto anfiteatro y un triple desde casi nueve metros cierran el partido: 107-100. Durant ha anotado 30 puntos y LeBron se ha encargado de meter todos los tiros decisivos, para acabar con 19 puntos, 7 rebotes y 4 asistencias.

Para el equipo norteamericano, el partido ha sido incluso más difícil que el de Pekín, como resume Rudy Fernández: «Hemos estado bastante cerca, lo hemos dado todo, nos hemos olvidado de las lesiones y hemos plantado cara a uno de los mejores equipos de la historia. Y creo que hemos visto más cerca la posibilidad de ganar que en la final de Pekín». Krzyzewski estaba bastante contento con King James: «Lleva con nosotros desde 2006 y le he visto crecer, no gracias a nosotros, inmensamente. Es el mejor jugador, el mejor líder y es tan inteligente como cualquiera de los que juegan ahora mismo. Hemos desarrollado un vínculo muy estrecho porque confío en él para que sea eso para mí. Y lo ha sido. Hizo dos jugadas tremendas, el mate y el triple, y siempre juega con inteligencia. Y aguantó con cuatro faltas en los últimos cinco minutos del partido».

LeBron también rezumaba felicidad, no era para menos: «Como jugador individual, ha sido mi mejor año (campeón de la NBA, MVP y oro olímpico). No doy nada por sentado. He podido representar a mi país de la manera correcta y hacerlo con un gran equipo, uno de los mejores, si no el mejor equipo jamás reunido». Espérate, que ahora resulta que este es el bueno, ni el Dream Team ni el Redeem Team.

La estrella nacida en Akron siempre ha respetado mucho a los españoles. Es una pena que estos dos monstruos del baloncesto hayan coincidido tan poco con jugadores de nuestro país en su mismo equipo. Jordan no compartió vestuario con ninguno. Y LeBron solo con dos. El primero fue Calderón en la temporada 17-18, cuando llegaron a la final contra los Warriors. Calde cuenta su opinión sobre King James en *The Athletic*: «Desde fuera ves que es buenísimo, uno de los mejores de la historia. De cerca es incluso más, está obsesionado con el baloncesto. El tiempo que dedica, ser el primero en llegar a entrenar, en prepararse, en cada partido. Es impresionante. Todo en él es trabajo. Da igual que esté enfermo, que le duela la barriga, etc. Tiene la calidad suficiente para realmente controlar un partido él solo y decidir. Va un paso por delante de todos. Y siempre está proponiendo, es como tener otro base u otro entrenador más, está siempre dándole vueltas a la cabeza a cómo mejorar el equipo».

Con Marc Gasol coincide en la campaña 20-21 en Los Ángeles. En un partido ante los Wolves de Ricky Rubio y Juancho Hernangómez, el pívot consiguió su mejor actuación, que acabó en récord de la NBA: 12 puntos, 8 asistencias, 7 rebotes y 4 tapones en tan solo 21 minutos de juego. Nadie había firmado unas estadísticas así en tan poco tiempo. LeBron estaba maravillado: «Hay algunos jugadores que ven las jugadas antes de que sucedan. Lo tienen en su cabeza, tienen el pase..., y Marc es uno de ellos. Ve el juego de una manera muy similar a como yo lo veo». Fue la última temporada de Marc en la NBA.

Rascando, rascando, la última conexión con España que se nos ocurre es un poco *random* y está dedicada a los muy cafeteros: ¿con qué jugadores que hayan militado en clubes ACB han coincidido nuestros candidatos a GOAT? Ahí va, como postre de este capítulo, un listado que despierta recuerdos y alguna que otra sonrisa.

COMPAÑEROS DE JORDAN

	COINCIDIÓ CON JORDAN EN LA NBA	JUGÓ EN ESPAÑA
George Gervin	Chicago Bulls 85-86	TDK Manresa 89-90
Pete Myers	Chicago Bulls 86-87 y 93-94	CAI Zaragoza 88-89
Fred Cofield	Chicago Bulls 86-87	Fórum Valladolid 88-89
Elston Turner	Chicago Bulls 86-88	Cacaolat Granollers 89-90
Granville Waiters	Chicago Bulls 86-88	FC Barcelona 88-89, Caja Bilbao 89-90
Jack Haley	Chicago Bulls 88-89	Grupo IFA Espanyol 87-88
Dennis Hopson	Chicago Bulls 90-92	CAI Zaragoza 92-94
Greg Foster	Chicago Bulls 94-95	DYC Breogán 89-90
Brian Cardinal	Washington Wizards 02-03	Pamesa Valencia 02-03
Anthony Goldwire	Washington Wizards 02-03	FC Barcelona 99-00, Pamesa Valencia 05-06, Sant Josep Girona 08-09

COMPAÑEROS DE LEBRON

	COINCIDIÓ CON LEBRON EN LA NBA	JUGÓ EN ESPAÑA
J. R. Bremer	Cleveland Cavaliers 03-04	Unicaja 04-05
Jérôme Moïso	Cleveland Cavaliers 04-05	Real Madrid 06-07, DKV Joventut 07-09, Bizkaia Bilbao Basket 09-10

	COINCIDIÓ CON LEBRON EN LA NBA	JUGÓ EN ESPAÑA
Robert Traylor	Cleveland Cavaliers 04-05	Gestibérica Vigo 05-06
Anderson Varejão	Cleveland Cavaliers 04-10 y 14-16	FC Barcelona 02-04
Jiri Welsch	Cleveland Cavaliers 04-05	Unicaja 06-10, Asefa Estudiantes 10-11
Martynas Andriuskevicius	Cleveland Cavaliers 05-06	Meridiano Alicante 07-11, Prat 17-18
Jawad Williams	Cleveland Cavaliers 08-10	Alta Gestión Fuenlabrada 05-06
Coby Karl	Cleveland Cavaliers 09-10	DKV Joventut 08-09, Granada 10-11
Carlos Arroyo	Cleveland Cavaliers 10-11	TAU Cerámica 01-02, FC Barcelona Lassa 15-16
Norris Cole	Miami Heat 11-14	Unicaja 21-22
Justin Hamilton	Miami Heat 13-14	Valencia Basket 15-16, Baxi Manresa 22-23
Derrick Williams	Cleveland Cavaliers 16-17	Valencia Basket 20-21
Edy Tavares	Cleveland Cavaliers 16-17	Real Madrid 17-
Jordan McRae	Cleveland Cavaliers 16-17	Kirolbet Baskonia 17-18
John Holland	Cleveland Cavaliers 17-18	Cajasol Sevilla 12-13
Ben McLemore	Los Angeles Lakers 20-21	Río Breogán 23-

NUESTRO VEREDICTO

PACH: Jordan. Está de coprotagonista con nuestro país en dos momentos históricos: Los Ángeles, que cambia la historia y la percepción del baloncesto en España, y Barcelona 92, que cambia la historia de nuestro deporte en general. La épica de LeBron las dos finales de los Juegos Olímpicos en 2008 y 2012 es fabulosa, pero lo de Barcelona pasa una vez en la vida.

PITI: El partido de Michael Jordan para estrenar la Liga ACB 90-91 es pura fantasía. Mi admirado Moncho Monsalve de *speaker* arengando a las gradas y Chus Codina traduciendo a un Jordan nada saturado aún de folclores varios. Además, en 1983 hubo una gira de USA por Europa con motivo del quincuagésimo aniversario de la FIBA y Jordan se enfrentó dos veces a la selección europea entrenada por Díaz-Miguel y compuesta, entre otros, por Corbalán, el Lagarto de la Cruz y Epi. En Budapest y en Ginebra. No fue avistado en territorio patrio, pero ese duelo en las alas de MJ7 (le hicieron usar el 7) contra Super-Epi (también llevaba el 7) fue premonitorio de lo que pasaría más tarde. Me quedo, por el sabor añejo, como el que tiene su tequila, con Su Alteza Aérea sobrevolando la península.

Apéndice 1
OPINIONES AUTORIZADAS

RAY ALLEN: En mi opinión, MJ es el GOAT. LeBron es un producto de MJ, así que mucho de lo que hay en LeBron, en su ADN, viene de Michael. Cualquiera que diga que LeBron es el GOAT, debe de estar creciendo en la era actual, y cree lo que cree basándose en lo que siente y en lo que LeBron significa para él, y eso está bien. Pero es la forma en que MJ influyó en el juego, dominaba la liga y metía miedo a todo el mundo, porque era un jugador imparable.

GILBERT ARENAS: Si les das a Jordan o a Kobe esos equipos de los Cavs, ni se clasifican para los playoffs.

WADE BALDWIN IV: LeBron es mejor que Jordan en todos los aspectos. Duele en el alma, pero es así.

CHARLES BARKLEY: Michael es el uno; Oscar Robertson, el dos; y después Russell, Wilt y Kareem, sin ningún orden determinado.

SHANE BATTIER: En mi opinión, LeBron es el mejor jugador de todos los tiempos. Soy parcial, lo sé, pero se me permite serlo. Y sé que lo dijimos con Kareem Abdul-Jabbar, lo dijimos con Wilt Chamberlain y lo dijimos con Michael Jordan, pero no creo que volvamos a ver a alguien como LeBron James.

CADE CUNNINGHAM: Me resulta difícil poner a alguien por delante de LeBron, porque es el mejor jugador que han visto mis ojos. He visto todo lo de Michael Jordan, el tío es diferente. No puedo discutir el hecho de que alguien piense que es el GOAT, pero para mí lo es LeBron.

LUKA DONČIĆ: Es MJ.

CHANNING FRYE: No voy a mentir, no era fan de Jordan. Soy de Phoenix. Soy de Barkley, de Kevin Johnson, de Thunder Dan. Así que, por mucho que todo el mundo se escandalice, nunca he tenido a Jordan entre mis mejores jugadores de todos los tiempos... Tengo a LeBron por encima de Michael, sin ninguna duda.

DRAYMOND GREEN: Creo que LeBron juega con mucho poder. Creo que es posiblemente el mejor jugador de todos los tiempos. Si miras su currículum, es impecable.

ALLEN IVERSON: Por mucho que quiera a Michael Jordan, LeBron James es el Elegido. Él es el Elegido. Ese hijo de p*** es el Elegido.

MAGIC JOHNSON: En primer lugar, no hay que quitarle ningún mérito a LeBron James, porque es un gran jugador de baloncesto, uno de los mejores de todos los tiempos. Es, probablemente, el jugador de baloncesto más completo de todos los tiempos. No obstante, si hablamos de «quién es el mejor de la historia», sigue siendo Michael Jordan.

GEORGE KARL: Cualquiera que esté debatiendo el estatus de GOAT de Michael no se da cuenta de que en el juego moderno promediaría un triple doble de 40 puntos por partido.

JASON KIDD: En mi opinión, LeBron va a pasar a la historia como el mejor en hacer esto.

BILL LAIMBEER: Voy a ser muy claro: creo que LeBron es el mejor jugador que ha existido. Mide 2,06 metros, pesa 130 kilos, corre como el viento y salta fuera del pabellón, y lo que es más importante, cuando llegó a la liga, desde el primer día, supo implicar a sus compañeros para ganar. Y eso es algo que Jordan tuvo que aprender durante mucho tiempo.

ZACH LAVINE: Recuerdo volver de la escuela y ver todos sus mejores momentos: *Come fly with me. Michael Jordan playground.* Obviamente, todos los niños veían *Space Jam*. Era el ídolo de todos los ídolos. No creo que nadie pueda acercarse a su legado o a su grandeza. En mi mente siempre tengo a MJ como el mejor jugador de la historia, porque, sin él, después no habría nadie. Él nos inspiró.

CEDRIC MAXWELL: Ahora LeBron James es el GOAT. Es el GOAT no solo del baloncesto, sino de ciertos asuntos sociales: ha estado involucrado en cada uno de los temas sociales importantes.

TRACY MCGRADY: Creo que, si quieres empezar un equipo, me quedo con LeBron, porque es capaz de coger talentos menores y elevarlos. Por su mentalidad de pasar primero, por ser capaz de elevar a su equipo en cuanto a estilo de juego. Mike sale a jugar intentando conseguir 30 o 40 puntos. No busca mejorar a su equipo.

DIRK NOWITZKI: Es tremendo que pueda seguir jugando así en su vigésima temporada. Su capacidad atlética es increíble. Siempre digo que Michael Jordan es el GOAT. Pero... como que me estoy quedando sin argumentos para Michael.

HAKEEM OLAJUWON: Cuando la gente empieza a comparar a LeBron con Jordan..., bueno, no es una comparación justa. Jordan era un jugador muy superior en una liga muy dura, y era muy creativo. Eso no le quita mérito a LeBron, porque es un gran jugador, pero no es una comparación justa, porque Jordan es un jugador muy superior.

SHAQUILLE O'NEAL: Voy a tener que decir Michael Jordan porque Michael allanó el camino para todos los grandes jugadores que tenemos ahora. Y 6-0 en las finales sin un hombre grande como Dios manda. Pasó por mucho. Se tomó un año sabático. Volvió y ganó tres anillos seguidos. Definitivamente, es el mejor jugador.

KENDRICK PERKINS: No voy a debatir nada cuando se trata del GOAT. Viejos, *haters*, troles..., no participéis en esto. Siempre lo creí, y ahora más que nunca: felicidades a mi hermano LeBron.

SCOTTIE PIPPEN: Los números no mienten, está ahí. Probablemente, no alcance a Jordan en términos de MVP, pero, en cuanto a estadísticas, LeBron está ahí mismo, y cuando miras en todos los aspectos, no solo la anotación, compruebas sus asistencias y sus rebotes, posiblemente esté por delante de Jordan.

RONY SEIKALY: El debate es interminable, pero la única razón por la que le daría ventaja a Michael Jordan es porque tenía más mentalidad de asesino. Si olía un poco de sangre, iba a por ti y estabas acabado.

ISIAH THOMAS: Mi GOAT es Kareem Abdul-Jabbar. No hay ninguna persona en la historia de todos los deportes, desde la escuela primaria a la secundaria, a la universidad, a la NBA, que haya tenido una carrera mejor como jugador de baloncesto que Kareem Abdul-Jabbar. Cuando miro sus seis campeonatos, siete MVP, anotó más puntos que nadie en la NBA hasta que llegó LeBron, solo perdió un partido en la universidad, otro en el instituto y no perdió en la escuela primaria. Para mí, eso es ser el GOAT.

JASON WILLIAMS: Si estamos hablando puramente de baloncesto, Bron es el GOAT. Si quisiera, podría liderar la liga en cinco categorías distintas, y MJ no. Bron tiene el cuerpo perfecto + IQ + talento puro para el juego. Si fueras a diseñar al jugador de baloncesto perfecto, lo construirías con el cuerpo, la mente y el conjunto de habilidades que tiene LeBron.

ZION WILLIAMSON: Yo, personalmente, me quedaría con Jordan…, es mi opinión. Jordan es mi GOAT, eso es lo que me enseñaron mis padres.

TRAE YOUNG: Mi TOP 5: 1. LBJ, 2. Jordan, 3. Kobe, 4. KD, 5. Steve Nash.

The Athletic hizo la gran pregunta de forma anónima a 103 jugadores de la NBA en abril de 2023. Resultado de la votación:

1. Michael Jordan: 58,3 %
2. LeBron James: 33 %
3. Kobe Bryant: 6,8 %

Apéndice 2

LA DICTADURA DEL DATO*

	MICHAEL JORDAN	LEBRON JAMES
PUNTOS (RS)	**30,1**	**27,1**
PUNTOS (PLAYOFFS)	**33,4**	**28,5**
REBOTES (RS)	6,2	7,5
REBOTES (PLAYOFFS)	6,4	**9,0**
ASISTENCIAS (RS)	5,3	**7,3**
ASISTENCIAS (PLAYOFFS)	5,7	**7,2**
ROBOS (RS)	**2,3**	1,5
ROBOS (PLAYOFFS)	**2,1**	1,7
TAPONES (RS)	**0,8**	0,7
TAPONES (PLAYOFFS)	0,9	**1,0**

* Todos los datos de este libro están actualizados al fin de la temporada regular 23-24.

	MICHAEL JORDAN	LEBRON JAMES
TIROS LIBRES (RS)	**83,5 %**	73,6 %
TIROS LIBRES (PLAYOFFS)	**82,8 %**	74,1 %
TIROS DE DOS (RS)	51 %	**55,5 %**
TIROS DE DOS (PLAYOFFS)	50,4 %	**54,7 %**
TIROS DE TRES (RS)	32,7 %	**34,8 %**
TIROS DE TRES (PLAYOFFS)	33,2 %	**33,1 %**
PER (RS)	27,9	27,1
PER (PLAYOFFS)	28,6	27,9
USAGE (RS)	**33,3 %**	31,5 %
USAGE (PLAYOFFS)	**35,6 %**	31,8 %
VORP (RS)	**7,7**	7,1
VORP (PLAYOFFS)	1,9	**2,2**

EPÍLOGO

Yo, ... , en plena posesión de mis facultades mentales y tras haber estudiado con atención este libro, DECLARO Y CERTIFICO que el mejor jugador de baloncesto de todos los tiempos, alias **THE GOAT**, es:

- ☐ Michael Jordan
- ☐ LeBron James
- ☐ Otro (especifíquese quién):